# 損傷したシステムはいかに創発・再生するか

## オートポイエーシスの第五領域

河本英夫

新曜社

# 損傷したシステムはいかに創発・再生するか——目次

装幀——虎尾　隆

# 序章　システムの創発と再生へ

システムはしばしば破損し、停滞し、頓挫し、さらに作動そのものが変容し、変貌する。システムの対応可能性を超えた自然の威力の前では、システムはなす術もない。だがシステムは再生し、再組織化し、新たな展開可能性を獲得する。巨大な自然の威力の前では、システムの崩壊は瞬間と言ってよいほど短時間で起きる。だがシステムの再生は、つねに遅々とした歩みである。崩壊と再生の間には、タイムスケールでのオーダーの違いがある。

システムは、初期条件をいっさい新たにして作動を開始することはできない。すでにあるさまざまな要素を選択的に活用しながら、なお新たな対応可能性を獲得していかなければならない。こうした選択的な要素は、設計図に合わせて調達し、取り揃えられ、準備段階で用意されているようなものではない。とりあえず偶然目の前にある素材から進む以外にはない。そこに同時にシステムの能力の形成がある。能力とは、みずから展開可能性を含む作動様式のことであり、比喩的には新たな変数を獲得し、そこからさらに新たな作動のモードを作り出していく働きである。そのため能力には、本来拡張可能性が含まれているに違いない。

そうした場面でのシステムの作動は、つねに選択に直面し、断続的な試行錯誤を経由し、作動そのものを別様に作り出していく。まさに行為のさなかで、そのつど選択的に行為そのものが生み出される。そのとき先々の計画やデザインや見通しは、あらかじめ設定された方針というより、つねに新たな展開可能性の出現に応じて、新たな作動のためのきっかけとなるに違いない。その場面で必要となるのは、たんなる情報や知識ではない。むしろ個々の行為の仕方を拡張するような経験のモードが必要となる。ここで要請されるのは行為能力であり、たんなる認知能力ではない。

認知から誘導できる行為の幅は、実はごく狭い。この狭さには、人間文化の習い性となった大がかりな理由もかかわっている。行為能力に連結した認知能力のなかで最大のものは、間違いなく**触覚性感覚**である。そこには物の手触りによる触覚性識別から、気配や感触のようなものまで含まれている。つまりシステムの能力の拡張を行なうためには、五感を目いっぱい開くだけではなく、とりわけ触覚性の感度を磨く必要がある。ところが人間の知識や情報は、伝統的に視覚と言語を基礎に作られてきた。それが歴史の実情でもある。認知科学は視覚をモデルケースとして探求を進めており、情報科学は言語・記号をモデルとした探求を進めている。事実、理性的探求の基本モデルとなる古代ギリシアでのものごとを直観的に把握する「観照《テオリア》」も、現象学が探求のベースとする直観も、基本的には視覚由来である。こうした文化的伝統が、触覚性の経験領域を見えにくくしている。そのため触覚性の経験のシステム分析から開始し、そこを基本モデルとして別様に進むための回路を見出そうと思う。そこには固有のシステムの発達のモードや記憶のモードや動作のモードがあると予想される。システムの再生は、行為能力そのものの再組織化であり、本書ではこうした局面からシステムそのものの可能性を考察するつもりである。

私自身は、気持ち以外は、すでに全身「老体」である。身体には二度大きなメスが入っている。医師は二度ともガンを疑った。だがいずれもガンは一〇〇パーセントないことが判明した。一度目は腹筋を人工的に切断したために、上体のバランス制御と重心移動をうまく活用することができず、歩行では腹筋をおのずとかばい、足首を使い、おそらく蹴るように歩行している。そのため足首が疲れ果てて長距離を歩くことは難しい。二度目の手術では、右耳下腺腫を切り取り、術後の経過は順調だったが、気温が上がり耳下腺の代謝が盛んになるにつれて、近所にゴミを捨てに行くだけで、歩行と同時に地面が揺れた。耳下腺の増殖が、耳奥の前庭器官、三半器官を圧迫したらしく、地面も床も揺れ、ひどいときには窓のブラインドが風もないのに自動的に動き、室内の黒い鋏が一人で歩いていた。耳周辺の神経系に圧迫があると比較的簡単に幻覚がでた。

自動車をバックさせるとき首を右に一定の度合いで捻ると、車は動いているのに、突如、意識が消えた。神経系を圧迫すると、意識は比較的簡単に消えるようである。耳下腺は、歯よりもさらに神経に近いために、耳下腺が蠢《うごめ》き神経系を圧迫する日は、そもそも頭を使うことが難しい。頭を使うことができるようになるまでに、数日かかることもある。そんなとき、もうこの頭は二度と使えないのではないか、という疑いとも恐れともつかない思いに浸されることもある。過度の杞憂に浸されるのが、病気ということの特徴でもある。頭は調子の良い日もあれば、まったく自分の頭だとは思えないような日もある。夏は酸素吸着率が上がるために、比較的好きな季節だった。ところが暑さで耳下腺が蠢く日は、暑さをやり過ごすことしかできない。歯痛ほど鋭角的ではないが、漠然とした圧迫感となにやら耳元で虫が体積を増しながら這いまわっているような感触である。おそらくこんな日にはうまく眠れていないにちがいない。

だがそれでもシステムは再生していく。いくつもの変化要因を組み込み、なおシステムは立ち上がっていく。ここではシステム再生のためのシステム的条件について考察するつもりである。システムは、どこか眼前にあるようなものではなく、私自身を貫いている。「私」とは、システムの末端にある特殊な自己維持態のことである。私の意識的努力では、歩行も耳下腺も改善しない。ここに行為によるシステムの再生が必要となる。また意識の努力とは異なる行為の工夫が必要となる。そのとき要《かなめ》になるのは、**「経験の可動域」**という事象である。関節や筋肉に可動域があり、常日頃うまく活用しなければ、気がついたときにはその「可動域」はずっと狭くなっている。それと同じように経験にも可動域があり、加齢とともに徐々に経験の可動域は狭くなっている。知識や情報の量が減るのではない。またそれらの選択の技術が劣化するのでもない。むしろある境界内では、選択の技法は改善しているとも思える。だが加齢や体力の低下とともに、経験の躍動する範囲が狭くなっているという感触なのである。障害の余波をおのずとかばっているという面もある。それは選択肢を狭くしているに違いない。経験の可動域を広げ、境界をさらに更新していくためには、多くの工夫が必要である。そしてそもそもこれこそ伝統的に哲学が課題にしてきたことなのである。

システムにどのような損傷があろうと、なお私は一歩踏み出そうとする。踏み出そうと思ったときには、すでに右足は、いくぶんか踏み出してしまっている。歩行は、おのずと進行する「自己運動」である。二歩、三歩、四歩と歩幅を少しずつ変えながら進んで行く。歩幅の変更では、たんに歩幅という距離の判別を行なうような**「認知的選択」**がなされているのではない。むしろ選択そのものを現実に遂行する「**行為的選択**」を行なっている。認知的選択と行為的選択の区別は、行為の形成、能力の形成とりわけリハビリテーションの現場ではとても重要なことである。判別や区別とともに同時に身体をともなう行為を実行する行為的選択は、判別や区別の認知を行なった後、それに合わせて行為を実行する認知的選択とは異なる。踏み出しとは、こうした行為的選択であり、選択することが同時に行為の遂行であるような局面である。

私は、少し立ちとどまり、立ち上がった自分の自己運動を想起してみる。のっそりと立ち上がる自分の身体像が浮かぶ。だがこれは誰の想起像なのだろう。私は自分の立ち上がるところを、自分で見たわけではない。だからこの想起像は、ほとんどがイメージである。だがこのイメージは虚構でも空想でもない。自分で見た自分の動作ではなくても、どこか紛れもなく自分の動作をイメージできる。こうしたイメージは、動作と密接に関連しており、次の動作の手がかりとなるものである。こうしたイメージを「**遂行的イメージ**」と呼んでおく。これは眼前にくっきりと浮かぶ視覚イメージとはずいぶんと異なる。このイメージと直接関連しているのは、動作とともに感じ取っている動作の感触である。(1)

立ち上がったさいの身体の運動の感触は間違いなく残っている。この感触は、動作の後にも想起することができる。運動の感触の想起は、過ぎ去った運動を思い起こしているのであり、立ち上がったときの運動感そのものが蘇るわけではない。現に動作を遂行したさいには直接感じ取れる運動感がある。後にそれを思い起こそうとすると、直接この運動感は想起されるわけではないが、運動の感触は蘇ってくる。この感触は、うまく立ち上がることができたとき、すっと立てなかったときの区別の手がかりになる。感触の想起は、たんに思い起こすことではなく、次の行為の調整機能を果たしている。その意味で感触は、知ることよりも、むしろ行為に関連し、実践的行為能力である。

こうした行為の現実のなかで、いくつも不思議な点が出てくる。立ち上がるという動作のなかで、身体運動の感触があり、その姿をイメージすることもできる。ところがこの運動の感触とイメージ像の間には、どのような接点もない。にもかかわらずこれが同じ動作についての感触であり、同じ動作についてのイメージ像であることには疑いはない。しかしこの同じ動作そのものを記述しようとすれば、運動学的な対象記述となってしまう。姿勢の移動と位置の変化で指標される運動が記述されてしまう。記述とは、たとえそれがどのように詩的であっても事象に寄り添いながら、事象そのものから離れていく。だが感触は、こうした対象記述された運動についての感触ではない。それはまさにみずから動作をおこなうさいのそのさなかでの感触である。動作には内的な感じ取りである感触（動作の内感）と、動作の外に付け足されたようなイメージがある。だがそれらは対応関係のあるような事象ではない。むしろ動作の遂行にとって異なるタイプの手がかりとなっている。内的感じ取りは、動作への**気づき**であり、この気づきは動作への調整機能であり、力を籠めたり、力を抜くさいにつねに関与している。気づきの手前に、動作そのものの感触がある。進行する動作の感触は、およそ動作が「こんな感じ」という場合の輪郭を感じ取っている。こうした感触とともに、また感触をもとにしながら、気づきが起動する。気づきは、基本的には実践的調整能力であり、動作や運動を認知的に知る能力ではない。運動のさなかで運動を感じ取る。これが気づきの基本的な働きであり、運動を知るのではなく、知ることの一歩手前で、すでに調整能力として働いている。気づきは、ひととき意識の自己感触である「クオリア」と関連づけられることが多かった。しかし意識経験のないゾンビとの対照のもとで語られる「クオリア」は、おそらく設定の仕方を誤っている。身体運動や行為は、ほとんどゾンビ状態で起き、またゾンビ状態とクオリアの間には、何段階もの隔たりがある。

他方、遂行的イメージは、動作の予期と同様に、動作制御の手がかりの一つとなっている。イメージにも動作の輪郭をもった感触がともなっている。それはイメージ像そのものではなく、むしろ像の輪郭である。それは動作制御変数の一つなのである。塀沿いの道路で狭くなっている箇所を通り過ぎようとすると、おのずと身体を斜めに傾けてその箇所を抜けようとする。このとき大体どの程度身体を傾ければよいかは、うっすらとわかっている。しかし明確な像があるわけではない。なんとなくわかっているのである。それが感触である。道路幅の知覚だけではなく、そこには身体の輪郭についてのイメージが関与しており、このイメージは感触を基本にしている。

そこで本書では、「感触」と「気づき」と「踏み出し」を基調にして、進んでみる。これらはいずれもいまだ認知科学では容易に手の届かない経験領域である。感触は、基本的に触覚性能力であり、多くの場合運動とともに作動している。これに対して気づきは、行為のさなかでの行為の選択性調整にかかわっている。哲学の伝統でいえば、「意志」の領域で作動している。意志には覚悟や決断以外に、広大な調整能力がある。これらの基本能力をもとに、選択的に経験を起動させることが**踏み出し**である。たとえば投手にとって、一球、一球の投球が踏み出しであり、それは機械的運動の反復とは別のものである。サッカーのストライカーがシュートを打つとき、これも踏み出しである。だが新たな踏み出しは、実は容易なことではない。多くの場合、すでに行なったことのあるいくつかのパターンのなかから選択していることがほとんどである。踏み出しは、行為的な選択であり、つねに行為とともにある。

## 気づきと触覚

気づきは、つねに活動にともない活動の調整の働きをしている。その意味で、気づきと活動との間には距離がない。ここには一般に知覚に見られるように、見る側と見られる側のような隔たり、すなわちノエシス（意識極）―ノエマ（対象極）のような隔たりを含まない。活動とその気づきは、知覚するものと知覚されるものに類似したものはなにもない。そのため知覚をモデルにした直接経験の内的考察である現象学の探求は、そもそも当初より部分的に筋違いの議論となる。

こうした気づきは、どのような「働き」として経験されているかが基本であり、それがまなざしによって開かれる視界の配置のなかで、どのような占め方をするかが問われるのではない。ここに一般的な現象学とは異なる道筋をつけることが必要となる。それはある意味で現象学を拡張することであり、現象学の異なる道筋を見出していくことである。そのさいにもこうした働きには、まなざしに類似したものはないのだから、もっともそれに近い事象を選ばなければならない。おそらくそれは「感じ取ること」を基本とする触覚的な感覚であり、触覚的な経験である。メルロ＝ポンティの『知覚の現象学』をはじめとした身体論の考察は、いまだ「まなざし」のなかでの身体の固有性を語ることにとどまっている。身体はまなざしではないが、まなざしに類似した能力をもち、まなざしのなかで特有の位置を占める。メルロ＝ポンティはそのことを名人芸に近い文学的才能で、繰り返し描き続けた。だが身体に固有のさまざまな能力は、まなざしとの類比で語りうるようなものではないのである。

触覚性感覚には痛みや飢えのような原始的感覚から、姿勢制御にかかわる体性感覚や筋肉や関節の運動感も含まれる。これらはいずれも感じ取ることによって**現実性**が成立している。現実性は、対象でも世界でもなく、まさに行為するものにとってそれとして成立している事象である。メルロ＝ポンティにほぼ全面的に欠落していたのが、触覚性の感覚の特質である。現実性は、当然ながら現われないもの、見えないものを含む。それとして感じ取られているものはまぎれもなく成立している現実性である。(2) しかも感じ取ることの本性上、多くの**無視**（ネグレクト）が起こる。無視の本性は、余分な認知を行なわないことであり、機能的には認知コストを下げる働きをしている。感じ取る働きは、つねに無視と相関しており、そのかぎりで成立する無視を含んだ事象を「現実性」と呼ぶつもりである。この点では、情報処理を基本とする認知科学とも異なる進み方をすることになる。無視は、選択的にコストを削減する最も重要な能力の一つである。たとえば身体も体重もほとんどの場合、無視をつうじて感じ取らないままになっている。平らな床を歩くたびに、体重が感じ取られるようでは、すでに病的である。ところがエレベータが起動する瞬間には、体重が出現する。それが出現しなければ、開始時の身体体勢の制御が難しくなる。これは開始という変化率と持続という変化の継続との違いを感じ取るさいの最も緊要なメルクマールである。これらは無視が内在的に関与する事象である。触覚性の認知は、こうした無視とともに作動する。

伝統的な認知科学や現象学は、知覚を基本にして認知を捉えているために、視点や観点から出発し、特定の見方をとれば、それによって見えないものが生じるというような議論をしていた。これは高次認知能力での認知的選択の場面である。ところが無視は観点や視点から起きるのではない。無視は経験そのものの境界すなわち現実性が出現することに関連している。

こうした無視を視覚で見出そうとすると、運動や移動のさなかでの経験が基本となる。自動車を運転しているとき、路上の小石をいちいち知覚したりはしない。路上の小石まで見えていれば、そもそも自動車の運転はできない。この場合の無視は、速度に応じて起きる。環境情報は、速度に応じておのずと無視されている。だがこの無視は、どちらかといえば注意の範囲を限定することから起きている。非注意をもちいて、視野の測度（測れるものの範囲）を限定するのである。そのため意識的に焦点的な注意を向け、見ようと思えば見ることができる。触覚性の無視と視覚性の無視は、異なる仕組みで起きている。そのため触覚性の無視をそのまま視覚で語ろうとすると、無理やり外から仕組みをあてはめるような議論となる。見えている視界全域も、同時に無視をつうじて無視の残余として成立するというような主張になりがちである。こうなれば、すでにただの大がかりな解釈である。

無視というカテゴリーは、「半側空間無視」から取り出されている。脳卒中の患者で、急性期にはしばしば左側の空間を無視するという病態が出る。これは意識が自己維持し続けるための意識の自己防衛的な反応であることが多い。空間の半分を消しても意識は自己維持しようとしている。そして病態が安定してくると視野の両側が回復する。こうしてみると無視にもいくつかのモードがある。現われないことが事象の自然性を形成するような無視、現われないことが行為にとっての有効な制御であるような無視、あるいは意識の自己維持に付帯する無視というように、大枠での分類ができる(3)。

本書では、一面では触覚性感覚を基本として、認知科学の再編を目指すことになる。「意識」さえそうした働きだと考えていく。触覚性の遂行的行為を軸にして、気づき、注意、イメージ、身体内感、意識にいたるまで、探求の仕方と試みを再編していく。そしてこれはおそらく前例のない企てとなると思われる。現象学を改良しながら、まなざしとは異なった仕組みで進んでいくのであり、そこにシステムの機構を組み込んでいく企てとなるからである。まなざしは、知覚に代表されるように視覚的な高次認知能力であり、その分だけ特定機能に特化した仕組みである。脳神経系科学的にも、生理学的にも、視覚は、明確に決定された仕組みを備えている。そのため多くの経験科学的探究のモデルケースになってきた。ところが触覚は、痛みに見られるように、はっきりと明確に機能分化しない。非分化的な仕組みを備えている。明晰性や判明性のような基準で考察することはできない。また多くの要素と未決定変数を含むかたちで連動して作動している。触覚性感覚は、機能特化しない方が有効に働くシステムである。精密さとは異なる精確さがある。そこにはそうであった方がいい生存適合性もあるに違いない。また脳神経系で触覚性感覚に対応する部位を探し出そうとすると、探求上の制約があることを意味する。特定の感覚だけが働く触覚性感覚は稀で、特定の感覚に対応する脳神経系の部位を指定するような現行のデータ採取では、すでに限界がある。

身体の体性感覚は、それを担う特定の器官さえない。アリストテレスは、『霊魂論』で、特定の感覚器をもたないことを理由に、触覚を五感のひとつにすることに、繰り返し躊躇している。そもそも五感を明示したのは、アリストテレス自身である。ところが触覚については、何度も微妙な点を考え直そうとしている。アリストテレスの可能態―現実態の仕組みから見て、実際の器官が決まらないというのは、およそ困った事態なのである。本来の働き（現実態）から見て、それに固有の器官（可能態）が決まらなければ、生成する働きの基本形を捉えることはできない。こうしたことから触覚性の働きや身体の感じ取りは、感覚生理学的な分析に収まることはなく、こうした場面では、経験のさなかにあって経験を内的に分析する現象学を欠くことができないのである。

触覚の特性のなかで、足の裏の感覚を取り出してみる。ゆっくりと足の裏を床につける。足の裏の各所に床が感じ取れる。一歩踏み出してみる。すると足の裏のごく一部だけで床を捉えており、ほとんどは無視されてしまう。歩行という動作は、多くの無視を行なうことによってはじめて成立する。あるいは足の裏でくまなく床を感じ取っていれば、歩行することも困難になる。足の裏の触覚性感覚で考えれば、この感覚は、行為の継続の必要に応じて、みずからを潜在化し、現われの手前に留めてしまう。生命体としてみれば、おそらく不要な認知のコストを下げることで成立している。感覚としてみれば、触覚は潜在態―顕在態の間を必要に応じて揺れ動いている。それは、目を開けていれば同じように視界が広がっている視覚とは、およそ成り立ちを異にしている。**触覚性の感覚（感じ取ること）は、潜在態―顕在態の間を揺れ動き、みずからの起動を調整している。この調整能力が気づきである。**

また足の裏で床を感じているとき、床の感触と同時に触っている足そのものも感じ取れている。触覚は、つねに二重の感じ取りを行なっている。それが接するということの基本であり、味覚も臭覚も同じように舌や鼻の感触をともなう。ところが視覚で、眼前の花瓶を見ているときには、眼前の花瓶が見えているだけであって、見ている眼が同時に感じられるということはまずない。そんなことが起きれば、どこか眼に異常があるはずである。こう考えていくと、眼の方が特異なのであり、見ること、まなざすことを基本にして形成されてきた現象学や認知科学は、特異な事象をモデルケースとして進んできたことになる。触覚性感覚は、つねに二重に働いており、視覚こそが例外であると考えた方がよい。**世界の側への物の感じ取りと、世界に触れる身体そのものの感じ取りとは、異なった感じ取りであるが、それらは二重に別様のモードで作動する。**

また足の裏の感覚が成立するためには、どんなに静止している場面でも、前方への運動（速度ゼロの場合には、圧力）が働いていなければならない。前方への運動感とともに触覚的感じ取りは成立する。そうでなければ皮膚の変形さえ起こらないことになる。**触覚的感じ取りには、運動が内在している。**感覚・知覚があり、それが後に運動に接続されるというのではない。さらに足を動かすとき、床の滑らかさの度合いを感じ取るためには、程よい速度があることがわかる。早足で歩けば、床の滑らかさはほとんど無視され、認知は生じない。遅すぎると、一つ一つの起伏が感じられて、滑らかさの判別には適さない。認知は、程よい運動速度と相関している。この場合にも、**運動は、触覚性認知に内在的であり、**ふさわしい速度の調整がおのずと行なわれている。つまり意識の関与なしに、速度や圧の調整は行なわれている。このとき感触と気づきが関与している。

さらに触覚性感覚と触覚性運動感は連動しているが、触覚性運動感を細かく形成していくためには、物に触る、足で床を感じ取るように、触覚性感覚を起動することが必要となる。運動や圧の調整は、連動する触覚性感覚をつうじて形成される。手がうまく動かないリハビリ中の患者は、手を動かす訓練ではなく、物に触る訓練が必要となる。手で物に触るときには、運動感や圧覚は潜在化している。それらは現われず、むしろ隠れている。そして隠れることによって最も有効に形成されるのである。**現われざる事象にはいくつかのモードがあり、現われないことによって最も有効に作動し、動作や運動感や圧覚のように働きとして作動するものは、現われないことの固有性がある。運動感や圧覚のように働きとして作動するものは、現われの手前に留まることで自然性を獲得する。**これらは月そのものが明るく現われることによって、まさにそれじたいは真闇に留まるという事象とは、異なる仕組みで成立している。現われないことは、働き一般の特質であり、そもそも生命そのものは現われようがない。それは生きていることと生きていることの現われに隙間がないからであり、隙間のないものはどのようにしても現われようがない。だがこの現われなさにも多くのモードがあり、個々の現われなさに固有の作動様式がある。[4]

こうしたことがらは、見かけ上自明なように見えて、触覚の認知科学、神経生理学、脳神経系科学のさまざまな著作には記されないままになってきたものである。触覚性感覚の経験を詳細に追跡しないまま、いわばただちに機能分析が行なわれてしまっているのが現状である。たとえば触覚を皮膚感覚と取り、表面性の機能だとする一方で、筋肉の運動感は、深部感覚だと分類するのである。しかし運動感をいっさい含まないような触覚性感覚はありえないのであり、触覚とは一つのマトリクスである。触覚性の感覚へと向けた経験科学は、いまだ初歩的な枠組みができていないのが実情である。[5]

物に触る場合、物の手触りは感じ取れているが、触る圧や速度を感じ取っているのではない。だがそれらはおのずと作動している。このとき物を触る動作を行ないながら、手の圧や速度に意識を向けてみる。だがそうするとうまく物に触れないことがわかる。そして手の細かな動きや動作を形成するためには、たんに物を触るなかでおのずと圧や速度を形成したほうがうまくいくというリハビリの現場での事実がある。つまり事実として現われない方が、より対応可能性が広く自在な経験が形成される領域がある。触覚の遂行のさいの感覚とそれに内在する圧や速度のような運動性の感覚は、システムの作動様式では、カップリングの関係である。**カップリング**は、それぞれ独立の作動を行なうものが、相互に決定関係のない媒介変数を提供し合っている作動様式である。ところが現実のシステムの作動では、一方が顕在化し、他方が潜在化するかたちでの作動の方がよりうまく作動が形成される領域が広範にある。感覚の形成は、間接的でかつ行為のさなかの潜在性をつうじて実行すべきものとなる。この事態に的確なモデル的説明をあたえるのが、オートポイエーシスの機構である。潜在性として行為のさなかで働くことによって、機能的には最も有効に起動し、またそれじたいの能力の形成も、潜在態において有効に進行する。現われないことによって最も有効に作動するタイプのシステムの変数がある。触覚や記憶さらには発達の詳細や動作そのもの、さらには能力一般も、こうした作動のモードになっている。システムの定式化から見て、構成素の設定が新たなかたちをとるので、このタイプのシステムを「**第五領域**」と呼んでおくことにしたい。

一般に認知には、その成立がすでに行為と連動している広範な領域があり、それが本書で「認知行為」と呼ぶものである。このとき世界は、認識によって捉えられるようなものではなく、むしろ**認知は世界とのかかわりを組織化するような一つの行為であることになる。こうした行為を捉えるためには、意識のあり方さえ変更していかなければならない。**意識による探求を基本とする現象学は、行為に関して単独で自立した学的視点になることはできない。というのも、意識はつねに行為のさなかに巻き込まれ、行為のただなかにおいて成立している事象を捉えようとすれば、十全な知覚は行ないようがないからである。行為のただなかにあっては、意識は知ることを本分とはしていないのである。行為だけではなく動作や動き始めた感情でも同じことが当てはまっていると考えられる。

だが当面現象学を用いなければ、体験的レベルにある経験の詳細を捉えることはできない。とすると、現象学を補完するための経験を貫くような経験科学的モデルを同時に併用しなければならない。そしてそのためにさまざまな自己組織化のモデルを活用する。このなかでも経験を貫くかたちのモデル設定となっているのが、オートポイエーシスである。ただし現象学とシステムの機構を相補的に活用するさいには、この相補性のモードはかなり多数あると予想される。そしてそこにさまざまな工夫の余地があるのである。

## 発達と能力の形成

システムの再生では、一から初期条件を設定することはできない。システムの再生のなかで、最大の難関であるのは、脳卒中に代表される神経系の損傷からの再生と、発達障害での再生である。発達障害の多くの事象のなかに、脳性麻痺という周産期のアクシデントによって生じる脳神経系障害がある。リハビリの現場で何度か見学したが、病態の圧倒的な多様さと深刻さには、たじろぐほどであった。実際、治療現場で一日見学しているだけでくたくたになり、その後三、四日ほど自分の足が地面に着いていないという体性感覚が続いた。

「発達」は、不思議な事象である。誰しも成長しようとして、現在のように成長してきたわけではない。だが結果として発達は起きている。発達の痕跡は、おととしの五月五日の柱の傷のように、後に比較され判別されて、それとして理解されるだけである。発達はまぎれもなく進行しているが、それを知りうるのは、過去の追憶のなかでだけである。しかも発達障害全般に当てはまることだが、障害児(者)は、みずからに何かが欠けていると感じている様子がない。そうした人たちを障害者と呼んでいるのは、明らかに観察者である。実際、障害者はただ固有の生を生きているだけである。だがそれらが障害であることも、事実である。それを本人は、経験として感じ取ることができないし、おそらく感じ取る必要もない。発達も発達障害も、結果として外的な事実として知りうるが、本人は直接経験することができない。直接経験で知りえない事象は、当人の直接経験に迫ろうとする現象学にとっては、当惑するような事態である。しかしこれらの障害の治療にあたろうとすると、当人の直接経験に変化をもたらすようにかかわるしかないことも事実である。経験できていない領域まで経験を拡張するような介入や仕組みが必要となる。ここに経験の変化や事象の変化にかかわる現象学の拡張が必要となってくる。プロセスを含む事象に対応するためには、固有の現象学の工夫が必要となる。まなざしから触覚性感覚への転換に次ぐ、第二の議論の転換の場面がこれである。プロセスのさなかにある経験は、行為の感触の想起をつうじて調整されている。プロセスのさなかにあるということは、ただ刻々と経験が変化していくだけではない。つねに感触の想起をつうじて、そのつど経験は調整され再組織化されている。

さらに軽度広範性発達障害の場合、当事者は社会内で違和感を感じていることが多い。それは自分の欠損を感じるというよりは、何かうまくいかない、どこか人並みに振る舞えていないという感触である。そのときどこがおかしいのかを感じ取ることはまずない。そのため多くの場合、別の高次能力を活用して、社会内の振舞いを調整していることがある。人並み外れた言葉の数であるとか、立場や観点でものごとを捉えるとかというようなことを行なう一方で、何故自分が人前に立って行動を起こすと問題が生じるのかに気づかず、また問題が生じていることをそれとして感じ取れていないのである。これは本人自身が、みずからの違和感に対応するために、いわば「代償機能」を形成した結果である。代償機能形成は、本人が全力で行なう自己治癒の試みの成果であり、それが病態を難しくしてしまう。

こうしたことは脳神経系の損傷では、広範囲に見られる。片麻痺患者本人はそれぞれかつてのように、思うように歩くことはできないとわかっている。歩行の感触が異なることには気づいている。だが何がおかしいのか、どこがおかしいのかに気づくことはなく、また多くの場合おかしいという感じもない。こうした事態を観察者は、「病態失認」と呼んでいるが、実際、みずからがおかしいと感じ取るのは、かなり回復して後のことである。欠損や障害は、そこから小さな成功を経るのでなければ、それじたいが現実性とはならない。行為遂行の小さな成功の後に、人はみずから自身に気づくことができる。小さな成功をした後、はじめて失敗の理由に気づくことができる。うまくいっていないという感触は、失敗の積み重ねのなかにもある。この場合には、感触と気づきの間の距離は相当に大きい。そうだとすると障害を克服しようとする脳神経系の治療では、到達目標は結果として後に感じ取れることであっても、あらかじめ目標にすべきことではないことになる。またそれを目標にしたところで、それがどうすることなのかがわからないのである。ところが治療目標を欠いたのでは、個々の治療手順さえ決めることができない。プロセスを含んだシステムの作動には、こうした固有の難題がつねにつきまとっている。ここにはいくつものパラドキシカルな事態が含まれている。

ここに視点の移動を組み込んだ工夫が必要となる。たとえば損傷への治療目標は、外的に設定される。それは障害者当人にとっては、自分自身の目標でさえない。治療プロセスにあっては、この目標は括弧入れされ、個々の治療プロセスの継続が、結果として目標に到達するように設定することが必要となる。これは必要な条件を代えれば、すべての学習に当てはまることである。こうした視点の移動を組み込んだ行為の形成を構想するためには、自己組織化やオートポイエーシスの仕組みをたんに理論モデルとしてではなく、経験の仕方そのものに内在する機構として活用することが必要となる。ここでシステムの機構と現象学を内的に連動させて活用するような探求の仕方が要求されるのである。

こうした治療場面では、実は、能力そのものの形成が必要になる。そしてそれは人間にとっての最高の課題の一つである。脳性麻痺患者や、片麻痺患者に必要とされているのは、行為能力の形成であって、立ち方を知ること、歩き方を知ることではない。かりに立ち方や歩き方のマニュアル本があるとして、それらを読んで習得したとしても、それがどうすることなのかがわからないのである。**いっさいの再生は、元に戻ることではなく、新たに自己そのものを形成することであり、既存の能力の復帰ではなく、新たに能力を拡張することが必要となる。**

「能力」とは不思議な事象である。教育や自己陶冶やすべてのエクササイズにかかわる領域で、つねに潜在的で同時に要求される課題になっている。たとえば初等の加法演算をいくつか実行すると、もうこの先このタイプの問題はできるだろうという予感に満ちた確信がある。まだやってみたことのない大きな数の演算も「できる」だろうと、間違いなく感じられる。演算は一つの規則だから、規則の習得が、規則を運用することはどうすることなのかの理解をともなっている。それをつうじて規則に別様にしたがうことも、さらには規則からあえて外れることも可能になる。こうした場面に、個々の経験のみならず、個々の場面を超えた能力の形成が含まれているのだ。

私は、日々さまざまな経験を続けている。不思議なことに、多くのことに少しずつ上達してもいる。ジョギングも料理もさらには呼吸の仕方さえ上達している。無駄な手順が省かれ、最短での課題解決に向けておのずと進んでいるようにみえる。このとき個々の経験とは別に、なにか能力が形成されていることに気づく。だがたんに前例が生かされているというのではない。また失敗を教訓にリスクを回避しているのでもない。個々の経験から学ぶというとき、いったい何が起きているのか。いっさいの経験をへず、能力だけが身につくということはない。だが経験は、たんに個々の経験にとどまらず、そこからなにか「能力」と呼べるほどのものが形成されていく。この能力と呼ばれる領域が、実は途方もなく謎めいている。だが自明なことのように、誰しも能力についてはよくわかってもいるのである。

脳神経系の障害で歩けなくなった患者の訓練を見ていると、明日はきっと数歩歩けるだろうと感じられる場面がある。能力の形成は、現にまだ歩けない場面でも確実に感じ取ることができる。つまりたんなる事実観察では足りていないのである。あるいはアスリートで、飛躍的に記録の伸びる年がある。それまで数年間壁にあたったように停滞していたものが、急速に局面が変わっていくのがわかることがある。能力は、個々の経験に解消されず、能力そのものも形成される。ただこの形成プロセスはたんに経験が蓄積していくようなものではない。こうした能力の形成に立ち入ってみるつもりである。またそれは新たな視点や観点を獲得してより高次の認知が実行できるようになる、というものでもない。

一般に「**学習のパラドクス**」と呼ばれるものがある。学習が可能であるためには、そもそも学習能力が備わっていなければならない。だが学習能力が備わっていれば、わざわざエクササイズを課す必要はない。これが形式論理だけで捻りだされたパラドクスであることははっきりしている。能力を、基層にある論理的前提であるかのようにあらかじめ設定し、前提とその派生態である現実の活動を論理関係だけで接続しているのである。こうした論理関係は、最低限「能力の自己組織化」の問題へと転換する必要がある。自己組織化には相転移が起きる分岐点があり、分岐点の近くまでどのように誘導するか、その分岐点でどの方向に誘導するのが有効なエクササイズなのかを問うのが、学習理論である。この場合、学習とは能力の形成であって、知識の習得や観点や視点の獲得ではない。知識の形成は、学習の部分的成果である。だが能力の形成は、学習に含まれてはいるが、知育とは異なる回路で成立していると予想される。

能力のもとになっているものがどこか本性的に人間に備わっているのだとすると、いずれにしろ生得的能力があらかじめどこかで前提される。これが哲学での各種〈観念論〉の起源である。この場合、個々の経験はこの能力に基づいて行なわれるとされる。それに対して、能力は個々の経験から導かれるとするのが、各種〈経験論〉である。これらはいずれも立場であるから、それにふさわしく経験と理論を組み立てることができる。だが事実として、能力そのものの形成は紛れもなく存在する。能力があらかじめ一覧表のようにパック化されているとは考えにくく、また当面形成余力のある能力もあるはずである。また個々の経験と経験の蓄積を能力とは呼ばない。経験をもつことと、経験と同時に能力が形成されることとは異なる仕組みになっているに違いない。

それまでできなかったことができるようになるという経験はなじみのものである。しかしここでもあらかじめ備わっていた能力が新たに発現しただけだと考えることもできれば、そのつどの異なる能力が形成されたのだと考えることもできる。立場を競うような仕方では、能力の形成の問題に適切に向かい合うことができない。そのため能力を形成することができ、それにふさわしい機構の解明こそが主題となるのである。

「能力の形成」は、いっさいの行為、身体技能、学習、リハビリにとって、最大の課題である。というのも個々の経験が実行できるだけではなく、経験可能性まで獲得しなければならないからである。そしてこれはいまだ問いがうまく立てられていない課題でもある。肩の関節は、それを恒常的に動かし、さらに動かし方の工夫をするのでなければ、可動域が狭まってしまう。それと同じように、経験そのものにも「経験の可動域」というものがあると考えるのである。経験の可動域をうまく拡張するのでなければ、そもそも問いをうまく立てることさえできない領域がある。能力の形成も、そうした領域での課題である。経験の有効な可動域を獲得することで、個々の経験において潜在的に進行する能力の形成に迫るつもりである。こうした雲を摑むような課題に向けて踏み出してみようと思う。それこそが**オートポイエーシスの第五領域**の課題である。

一般に哲学は、何かを知るための学問ではなく、たとえそれが世界の謎や真相や深淵に迫るような場合であっても、それを知ることに留まることが哲学の課題だとは思えないのである。実際、哲学は世界をさまざまに解釈してきたが、それを実行して事足りるのではない。また哲学が、方法的な立場を掲げ、立場や観点からある種の社会的行為として、自己主張することが課題になっているとも思えない。もとより解決しなければならない課題は、まるでそれが人間の宿命であるかのように、日々発生してしまう。そのなかには容易には解決できないもの、解決への努力が解決を困難にしてしまうもの、解決の放棄だけが残された解決としか見えないような多様な課題が、日々出現する。

日々の問題の解決は、当然のことながら生活者の課題である。だが問題解決にも多くの回路があり、技術処理のようにその場しのぎに処理するもの、あまりの容易でなさに先送りするもののように、課題に応じて最短で問題解決を図ることが多い。そうしたなかでも時として、それまで発揮していなかった自分自身の能力に気づいたり、自分自身にもこんな能力があったのかと、それまで活用していなかった能力が発揮されることがある。そのとき本人自身にとっては、何か身の丈を超えた能力が出現したと感じられることがある。

哲学は、個々人の経験のなかで、それぞれの人の能力を発揮しやすくし、いまだ本人の気づいていない能力の発現に寄与し、それをつうじてつねに自分自身を超えていくようなプロセスの可能性を提示し続けることを課題とする。みずから自身の身の丈を超えたものへと向かって、それへのプロセスがまるで副産物のように形となったものが、まさにその人の哲学である。そのため個々人にとって、能力の形成と未知の能力の活用が、そのつどの生活のなかで同時に課題になっていることでもある。哲学は、最終的には、その課題に踏み出し続けるのである。

# 第一章　認知行為的世界

認知と行為がまるで一つのことのように作動する領域がある。実際、物に触れ、物の手触りを感じ取るとき、物の側へと手を押している。そして物の感触を知るのにふさわしいほどの強さを調整するように、前方への手の運動を加減している。こうした調整は、通常意識に上ることもなく行なわれている。ここでは認知と身体運動とが内的に連動するように行なわれている。このレベルの体験領域には、未解明の多くのカテゴリーが含まれていると予想される。こうした場面での探求は、主題にもなってこなかったのが実情であり、また探求のための基本的な構想も圧倒的に不足している。

これらは経験科学的探求領域としては、主に触覚や体性感覚にかかわる。そして触覚については、すでに受容器から神経回路まで詳細にわかっているのではないかと思われるかもしれない。ところが感じ取る働きは、ほとんど誤解に満ちた枠組みのなかで捉えられている。外的刺激が受容器で受け取られ、それが脳神経系で処理され、そのことをつうじて感覚器官にとっての現実が形成される。こうした仕組みが成立するのは、実は、特殊で機能的に分化した感覚機能にとってだけである。典型的には視覚である。しかし触覚や体性感覚は、特定の分化した器官をもたない。ある意味で、触覚や体性感覚は、特殊機能分化しないことによって生命の器官たりえている。これは触覚や体性感覚が、個々の部位を超えた全体性をもつという意味ではない。そうした働きに固有の仕組みを備えているに違いない、ということである。こうした触覚の探求から始め、そこでの定式化を受けて、認知と行為が一つの事象として成立するような局面を取り出していきたい。そうすると視覚や聴覚でも、それらが別の機能を果たしている次元があることがあきらかになる。

## 1　感じ取る自己と世界

### 感覚の分類

一般に感覚機能のなかでも、感じ取る働きが前景に出るのは、体性感覚(触覚性身体感覚)である。触覚性感覚や体性感覚は、規定変数が複数個あるというだけではない。むしろ変数が未決定な振れ幅を残しつづけるように成立しているシステムである。そしてそうした方がいい理由も、システム内在的にあるに違いない。コンピュータで機能システムを作りだすさいには、特定の機能部位をまず作りだす。このときこのシステムは出発点から機能的には特化している。機能特化した部位を寄せ集めて作りだすのが、コンピュータ・ソフトの組立てである。創発系のソフトであれば、そこから複合的な高次機能を自律的に形成していく。ところが触覚、体性感覚関連のシステムは、機能特化しないことを特質にしている。ここに必要なのは、こうしたシステムを分析するために適合的なシステム・モデルの設定であり、またそうしたシステムでの事象を精確に取り出すための現象学的な解明の進め方である。こうした領域では、精密であることが必ずしも精確であることにつながらず、ある種の曖昧さを、曖昧なまま精確に捉えていくことが必要になる。

自分で自分の動きを感じ取る体性感覚のようなものでさえ、現状ではなにか筋違いの方向で検討が進められている。脳神経系の活動部位を指定する検査をつうじて、第一次体性感覚野（中心後回付近）と第二次体性感覚野（第一次体性感覚野と運動野に隣接する外側溝内側上部）の責任部位は判別できている。だが正直なところ、これは相当に粗い調査である。実際サルでは、体性感覚は五野まで調べがついており、人間では体性感覚そのものの経験的な分類がいまだ進んでいないというのが実情である。

触覚性感覚や体性感覚は、体験レベルでの経験は直接的で紛れもないが、それがどのような仕組みなのか。このとき最低限、自分の経験を経験のさなかにおいて捉えていく丁寧な作業が必要となる。経験のさなかで経験の動きを感じ取り、そこに含まれる要素的な事象を取り出していくような分析的な視点が必要となる。ここでの現象学的な手法は、経験のさなかにおいてその経験そのものに距離をとり、**隙間を開く**という「還元」（現象学的還元1）を実行することである。この隙間を開くという行為には、実は多くのモードがある。またこの領域は体験レベルの経験を考察しようとすると、多くの認知科学的な議論が障害にさえなってくる。そのとき認知科学的な既存の知識を一時的に括弧入れし、後に事象の再編のための素材の一部に活用するような「還元」（現象学的還元2）も必要となる。この二番目の還元が、一般には**現象学的還元**と呼ばれているものである。だがこうした事象の場合、現象学的還元をかけながらそこで出現してくる事象のありかたを、何度も考察することになる。事象のある局面が見えてきて、それから一週間、二週間ほど経つと、その見えてきた局面からさらに別の局面が見えてくる。実際、たとえば左手で右手を握り、左手首の関節の働きを感じ取っていくと、次第にそれが細かくなってくることがわかる。このとき現象学的還元は、事象の局面を次々と浮かび上がらせる一つのプロセスとなっている。このことは体験レベルの経験と触覚的生との間の隔たりが、見通し難いほど大きいことに関連している。つまり触覚的生は経験にとって際限のない深さとなっている。また触覚性領域での体験は、潜在性として現われないことを基本にする以上、その現われは感じ取ることをつうじて徐々に現実性を形成することに関連している。つまり一つの現象学的還元から全貌が見えてくるというのではなく、現象学的還元のさなかで事象そのものの性格も変容していくのだ。こうした事態を指して、新田義弘は、現象学は事象に接近するプロセスであると語っていた。

現在の触覚性感覚や体性感覚の分析では、現象学的な考察と認知科学による事実認定が、極端なほど食い違っている。触覚性感覚、体性感覚の認知科学的な分類図式を念頭に置き、リハビリテーション、教育、その他のエクササイズの現場で工夫しようとすると、ことごとく筋違いの方向へと進んでいく可能性が含まれてしまっている。私自身、なんどもそうした途方に暮れるような場面に立ち会ってきた。

感覚の分類はほとんどの概説書で、以下のような分類になっている。

これらは機能性の分類とそれに対応する解剖学的な配置をもとに分類したものである。視覚には、固有に対応する眼という器官があり、その器官に特有の神経系の配置がある。それらを解明できれば、視覚の感覚経験のほとんどを覆うことができる。それは視覚が特殊化し、特定化しているからである。視覚は精密化し複雑でもあるが、ある意味でそれじたいで単離されており、固定されている。また皮膚の触覚性感覚と固有感覚は、別の時期に見出されたものであり、固有感覚は物との接触がなくても成立する身体そのものにかかわる感覚である。二〇世紀の半ばになってシェリントンによって特定され、概念化された。こうした図表は当座の機能分類を示したに留まるとしても、多くの箇所で触覚性感覚の働きを誤解させてしまう。実際、ことがらとして奇妙な点が生じてしまうのである。

たとえば圧覚は、それじたいの成立に運動や運動感が関与している。圧迫や圧力がかかって、まったく押し戻さないのであれば、圧覚は成立しない。押し戻す方向の運動が含まれているのでなければ、感覚そのものが成立することさえない。また皮膚感覚と固有感覚が別個に形成され、触覚や圧覚のさいには、両方が連動して働く、ということはありそうにない。というのも皮膚感覚と呼ばれるものには、運動が内在しており、事実、圧力を感じるということは、実は皮膚の変形だけで起きていることではない。少なくとも皮膚の接点以外の箇所でも、周辺での圧力の感じ取りが行なわれている。ここには皮膚周辺を含めた部位での運動が含まれているのである。工学系の人たちが人工皮膚を制作しようとするさいには、かなり詳細な目配りが必要となる。物に触るさいには、圧覚がいっさいないような触覚はないのだから、「触圧

| | |
|---|---|
| 特殊感覚 | 視覚、聴覚、味覚、臭覚 |
| 体性感覚 | 皮膚感覚・表面感覚（触覚、圧覚、痛覚、温感） |
| | 固有感覚・深部感覚（位置覚、運動感覚） |
| 内臓感覚 | 空腹・満腹感、尿・便意 |

感覚の一般的分類

覚」と呼んだ方がよい、という提案がなされている。そうだとすると「触動覚」「触圧動覚」「触圧動痛覚」のようなものがありそうである。こうした造語が次々と出てきそうなときには、事象をまだ十分に正確に捉えることができていないと考えた方がよい。あるいは触覚性感覚の仕組みが、言語的な分類配置にうまく適合していないのである。

触覚にかんする刺激受容器から脳神経系にいたる回路の概要は、ほぼ明らかになっている。受容器から脊髄、脳幹、視床へとつながり、中心後回付近で、第一次体性感覚野につながり、そこから連合野にいたる道筋である。経路だけを追えば、ほぼこのとおりだと思われる。

受容器についても解剖学的な事実は、ほぼ明らかになっている。四種の受容器（マイスナー小体、メルケル盤、パチニ小体、ルフィニ小体）は、歴史的には一八世紀半ばから今日にまで徐々に見出されてきたもので、反応様式で順番に速順応狭領域、遅順応狭領域、速順応広領域、遅順応広領域の反応モードであることが知られている。これらの科学者たちは、基本的に解剖学者であり、ルーぺや顕微鏡をつうじて解剖学的な単位を記載しており、それらの名前が付されている。それらは微細器官として解剖学的に確定された器官である。ところが問題はその先である。マイスナー小体は、速度にも反応し、神経軸策と受容器との対応は多対多であり、メルケル盤は、速度や圧にも反応し、軸策との対応は一対多であり、パチニ小体は、加速度に反応し、軸策との対応は一対一であり、ルフィニ小体は、圧や刺激の広がりにも反応し、軸策との対応は一対数個である。そうすると四種の受容器が、触覚性受容器としてだけではなく、圧や運動を感じ取る複数変数受容器になっていると考えられる。場合によっては圧や運動を、陰伏変数とするような媒介変数的な働きになっているのかもしれない。そうだとすると四種の受容器を組み合わせてみると、触覚が成立すると同時に、圧や運動を疑似独立変数にして中枢に中継していくこともできる。もっとも考えやすいのは、特定の受容器が圧覚や運動覚をそれとして変数化していることであり、ルフィニ小体がもっともその候補になりやすいが、詳細は不明である(1)。

そこで触覚性感覚や体性感覚を考察するために、再度こうした領域の経験の視界を広げておきたい。たとえば痛覚は、内発性の痛みのように、外からの刺激によって生じる皮膚の感覚だけではない。内発性の痛みには、痺れや緊張がともなうことが多い。内発性の痛みの近くにあるのが、痺れや疲労感である。疲労感は、消尽し尽くさないことの警告になっているが、それじたいは全身に感じられる。

さらに立ち上がるさいに、バランスを失ったとき、バランス喪失はただちに感じられる。平衡感覚は、平衡が失われたとき直接感じられる。歩行しているときも、体勢移動はつねに感じ取れているはずだが、それでは体勢感覚はどこに配置されているのだろう。

あるいはアスファルトから芝生に踏み込んだとき、おのずと足の踏ん張り方を変えている。このときの変化は、漠然とはしているが間違いなく感じ取られている。これは小脳の働きである。アスファルトと土の柔らかさや反発力の違いは、皮膚の変形だけではなく、踏み出す足の体勢感覚や姿勢制御にもかかわっているはずである。そのとき同時に足への力の籠め方や力の抜き方も変えているることが感じ取れる。動きはほとんど同じでも力の籠った歩行と力の抜けた歩行、まるっきり力の入らない歩行は、見た目にも区別ができる。主導筋と拮抗筋では異なる感触となる。

あるいは相撲の中継で、土俵際の攻防の場面では、見ているだけで思わず力が入っていることがある。こうした力覚も体性感覚の一つである。身体のある部位だけ制御が効かない、あるいは登山の一合目ですでに足が思うようにならないと感じられるのも、思うようにならなさという力覚の限界の感触である。

眼前にあるコップを眼を閉じて摑もうとするとき、腕がどのあたりまで伸びたかは、およそ察しがついている。どのあたりにまで自分の腕が移動したのかは、感じ取れている。この移動感や伸びている手の延長感は、どこに配置されているのだろう。世界のなかの身体の位置覚や移動感は、身体内各所の器官そのものの位置覚とは別のものである。

ある棒（五〜一〇センチ程度）の長さを閉眼のまま指でなぞるようにして知る場面を考えてみる。眼を閉じて棒の下端から上端まで指を添わせながら動かしてみれば、おおむね棒の長さはわかる。このとき何を手がかりにして、長さを認定しているのだろうか。指を移動させることで、移動した距離についての移動感（距離覚）は関与している。どの程度の距離を動かしたかは指でおのずと感じ取られている。また指を反らせているときの指先の位置（位置覚）も関与している。なぞっている指の相対的位置によって、位置の違いからだいたいの長さを認定できる。あるいはその移動のプロセスの運動覚（キネステーゼ）で棒の長さを認定していることもある。あるいは思いっきり指を反らせたときには、指の抵抗感の度合も関与しているかもしれない。それは痛みの手前で、無理に指を広げたという度合を手がかりとして認定されるのである。

さらに身体がまさにここにあるという感じ取りは、ここという位置の指定はともなうが、その位置は空間内に配置されるようなものではなく、むしろ「ある」という感触に焦点がある。そうした感触は紛れもないものである。そのとき充実した身体は、「身一点」と感じられているかもしれない。「ゆうがた、空の下で、身一点に感じられれば、万事において文句はないのだ」というのは、中原中也の詩の一節である。[2] 多くの場合、夕暮れにはずっしりと不透明に伸び広がっている身体の感触がある。これはみずから在るというより、綿のようにそこに広がってしまっている身体であり、これは存在感というより、むしろまとまりのなさの感触である。

身体の触覚性感覚は通常自明化されており、また潜在化している。身体が四六時中前景化し、感じ取られているようであれば、すでに異様である。とりわけ肝臓や腎臓、あるいは性器が前景化しているようであれば、すでに病的である。内的に感じ取られている身体は、漠然としていて明証的ではないが、間違いなくなにかそこに在るという感じをともなっている。正坐を長時間続けて足が痺れ感覚がなくなったときには、足が感じ取れない。この感じのなさと対比すると、通常の身体の感じはくっきりしてくる。だがどこまでも視知覚に比べて漠然としており、明証性も確実性もない。このことは身体の内感は、本来知るという働きで機能しているのではない、という予想とつながる。そして実際そうなのである。知ることを含み、知るとは異なる仕方で作動する本性を、触覚は備えている。こうした特質は、認知行為一般の特質でもある。これらは身体が肉や物体でもあるという面にかかわっている。離人症性の疾患では、この「ある」という感触に変容がきている。あるという感触に変容がくると、身体は微妙な緊張に包まれてしまう。ブランケンブルクの名著『自明性の喪失』でのアンネ・ラウは、身体感覚の違和感に苦しむが、全身一種の緊張を帯びてもいる。しかしこの緊張は、運動性の反復を繰り返す緊迫感のようなものではなく、漠然と余分な力が入っていることに近いと思われる。

気配や雰囲気や感触の感じ取りは、基本的には感覚の働きであるが、情感のように感情価が含まれる場合が多い。だが喜怒哀楽のような感情とは異なる。自動車で走っていて、前方に小石が散らばっていれば、そこには異様な雰囲気がある。そのときおのずと自動車の速度を落としている。感情の脳神経系科学を推し進めたダマシオによって、これらは「ソマティック・マーカー」と呼ばれた。外に感じられる感情をハイデガーは、「情態性」と呼んだ。不安や退屈のような感情価を帯びた雰囲気や気配は、知覚とは異なるかたちで直接感じ取られているが、多くの場合、身体運動性の感触をともなっている。

こうしてみると体性感覚やさまざまな触覚性感覚には、たんに分析的に分類配置したのでは、体験されている事実とは異なってしまうものが多々ある。たとえば表面感覚と深部感覚の区分は、皮膚とそれ以外の部位という荒っぽい解剖学的区分が、そのまま活用されている。皮膚表面か筋肉かというような配置を行なっているのである。運んでいる足や動かしている腕の運動感覚は、固有感覚ではあるが深部の感覚ではない。体性感覚では、解剖学的な配置と機能の分類は一対一に対応していない。また特定の機能が単離されて特定されることもない。体性感覚は、実のところ、身体や身体の運動にかかわっており、基本的には身体の感覚である。ところが感覚器の特定という発想からは、こうした身体にかかわるさまざまな感覚が、丸ごと抜け落ちてしまう。

そこで局面を変えて考えていくことにする。身体には、世界に触れるという接触の場面と、身体

| | |
|---|---|
| 特殊感覚 | 視覚、聴覚、味覚、臭覚 |
| 体性感覚 | 接触感覚（運動や力覚を含む）：触覚、圧覚、痛覚、温感 |
| | 身体感覚：位置覚、運動感覚、緊張感、体勢感覚、存在感覚 |
| | 空間感覚：世界内の位置覚、延長覚 |
| | 触覚性力覚：力の籠め方、力の抜け方 |
| 情態性感覚 | 気配、雰囲気 |
| 内臓感覚 | 尿意・便意、空腹・満腹 |
| 生理的原始感覚 | 内発性痛覚、痒み、痺れ、疲れ、体温感、湿度感 |

**本書での感覚の分類**

そのものの固有の感じは、別個のことがらである。接触行為とみずから自身で移動したり運動したりする局面は、別のことがらであり、仕組みも異なっている。世界に接触するさいには、自明のことだが皮膚だけで触れているわけではない。また世界のなかの手の位置や移動の感覚は、別個のカテゴリーとなる。そのとき伸ばした手の位置を眼で確認しなくても、およその位置を感じ取れている。

こうして感覚の配置図を変えておいた方がよい。

こうしてみると触覚性の感じ取る感覚は、多種多様で、これで網羅的に項目を尽くしているとも思えない。体性感覚の多くは、機能的には複合的な働きであり、特定の機能に特化した働きではない。また固有の部位に限定された働きでもない。脳神経系の八割は連合野だが、機能的に特定化した神経領域が連動して成立するような連合野の座が、体性感覚の責任部位だとも考えにくい。脳神経系の発火部位を調べるという調査法は、機能的に特定化した場面では有効である。しかし体性感覚のほとんどは、機能的に特定したのでは失われてしまうような働きである。

## 触覚性感覚の仕組み

触覚には最低限運動が内在する。何かに触るとき、強く押しすぎないように、さらにはほんのわずか触れるだけではないように、おのずと運動と力覚の調整がすでになされている。脳神経系の軽度疾患で、手や指がうまく動かない患者がいる。指を動かす訓練や手を動かす訓練を行なうのが一般的であるが、これでは簡単には手や指が細かく動くようにはならない。そこでさまざまな固さの物に触らせたり、握らせたりしてみる。こうした訓練によって、手や指がかなり細かく滑らかに動くようになる。認知神経リハビリテーションの創始者であるイタリアのカルロ・ペルフェッティが、当初気づいたのは、この事実である。一九六〇年代のことである。指の運動の不備に対して、運動訓練をするのではなく、物に触らせるのである。ここにはいくつもの要素が関与している。動きにくい手や指を一生懸命動かそうとすると、動かすことに力が入ってしまう。この緊張は無理に力の入った状態なので、手や指が細かく動くようにはならない。物の認知を行なわせると、意識は認知の方へと焦点が移り、握るための運動性の働きでは、ずっと力が抜ける。また意識による注意を向けることで反射的な緊張は出にくくなる。だが力が抜けるだけでは、手や指はまだ細かく動くようにはならない。手や指が細かく動くようになるのは、触覚性認知を行なうさいに、同時に意識下で運動の調整がおのずと行なわれることが、決定的である。

そのことをさらに効果的に遂行するために、ペルフェッティは、物に触るさいに閉眼で行なうように治療法を工夫している。人間の場合、視覚での制御が圧倒的であり、視覚で配置をあたえるようにものごとを捉えてしまえば、触覚は背景化してしまう。たとえば眼前にカバンがあり、それを閉眼で触ってみる。手を動かしながら触ると、カバンのどの位置に触れているかはただちにわかる。それは眼を閉じていても、眼前にカバンの視覚イメージを浮かべており、視覚イメージに対応させてカバンの位置をただちに認知してしまうからである。閉眼であっても、視覚イメージを活用してしまうのである。そこでイメージしないで、感じ取ることが必要になる。閉眼での作業では、誰しもイメージを浮かべてしまうが、そのイメージを括弧に入れるようにして、「感じ取る」ことを前景化するのである。感じ取ることを焦点化すると、物の起伏、物の固さ、表面のざらつき等々の認知のために、手や指の運動や接点の取り方がおのずと調整され、細かく動くようになる。ここには物の認知の主題化とともに、運動の調整を意識下で行なわせるということが実行されている。**運動機能回復を、視覚や意識の制御下で行なわないことはとても重要なことである。意識の制御下で訓練を行なうことは、大脳前頭葉の指令の下で訓練を実行させることである。これでは多くの場合、代償的な運動機能回復にしかならない**[3]。

だがこうした物を触ることによる運動機能回復訓練は、ただちに誤解された。物の情報探索を行なえば、情報が運動を誘導し、運動が導かれるというのである。こうした誤解は、触覚性感覚の特性を考慮せず、視覚情報をモデルにして、それに合わせて考えようとしていることに由来している。いつものような誤解である。視覚のように、物の情報を知覚で認知すれば、そのことによって頭頂連合野付近で運動性の神経と連動し、運動に転換されるというような説明がなされる。これは言語のように線形性を基本にした表現手段で表わそうとすると、どうしてもこうした説明になってしまうことにも、いくぶんか由来している。触覚で起きていることを記述しようとすると、人間の言語はどうしても不具合になる。一般に身体行為にとって、人間の言語は適合性が低い。

さらには情報探索が、運動を誘導するというそれじたいが誤解としか考えられないような立論にも由来している。情報探索は、運動選択の手がかりとなったり、運動制御の手がかりとなるのであって、情報が運動を誘導するというのは、ただの文学的な比喩である。運動しながらの情報の知覚は、それが運動のさなかで行なわれている以上、捉えたと思ったとたんに現実とはずれている。ということは情報の知覚は、運動のための予期と運動制御の手がかりにしかなっていない。運動のための予期とは、運動の継続のための手がかりであり、運動制御とは運動の継続のための微調整である。

## メルロ＝ポンティ

もう一つの重要事項は、物に触ることとは、物の感触を感じ取るとともに、触っている手や指そのものも感じられていることである。これを物に触ると同時に、物に触られているというようにパラフレーズすることはできる。触ると同時に触られているというのである。あるいは物に触るという能動性と物に触られるという受動性が、両義的に進行すると言い換えることもできる。これがメルロ＝ポンティに見られる「身体の両義性」である。これは触るという行為を、まなざしをモデルにして言い換えたために生じたことである。このことをメルロ＝ポンティ自身は、自分の手でもう一方の自分の手を触るという場面で行なっている。そのため触る手と触られる手が反転し、能動的であると同時に半面で受動的であるという局面で身体を捉えようとしたのである。ところが物に触るさいには、物の感触と触れている手や指の感触とは、同じ感触や感じ取るという語を用いる場合でも、異なった内実である。このあたりの場面では、人間の言葉はほとんど不足している。

自分の手でもう一方の手を触る場合、もう一方の手を触ると同時に触っている手そのものも感じ取り、そこでは一方が触覚性感覚（能動性）であり、他方が体性感覚（受動性）であるために、これらが反転することはない。もう一方の手に視点を移動させ、握られている手の側で、握っている手を触覚的に捉え、握られている手そのものをみずから感じ取ることもできる。ここでも触覚性の感覚と体性感覚が同時に働いている。身体の能動、受動の反転は、自動的に起こることではなく、視点の移動によってもたらされている一種の虚構である。というのも視点の移動によってもたらされる事態は、二つの視点の出来事が同時に起こることはないというのが原則だからである。しかしながら触覚性感覚と体性感覚は、異なる感覚として密接に連動しながら同時に作動する。この事態がはっきりするのは、一方の手だけに手袋をはめて、他方の手を触り、そこで反転が起きるかどうかを確認する場合である。手袋をはめた手は、他方の手を詳細に触ることができるが、他方の手は一方の手を感じるのではなく、むしろ手袋の生地、がさつきを感じてしまう。

物に触る場合には、触覚性感覚が前景化し物が焦点化されれば、触っている手の体性感覚は背景化（潜在化）し、手そのものがいわば透明になる。触覚性感覚で物がうまく捉えられなければ、手を動かしたり圧力のかけ方を変えたりする。その場面では触っている手そのものが前景化している。こうして物に触れるさいには、仕組みとしては触覚性感覚と体性感覚は身体の本性上二重に働いているが、それらの二つの働きは、必要に応じて前景化、背景化がおのずと進行する。そしてそれらは機能的には等価ではない。これが能動と受動が反転しない理由である。

メルロ＝ポンティの晩年の論考「絡み合い――交叉配列」では、反転するものの間には、第三の拠点もしくは転換点はないという主張を明示している。反転図形の場合の第三の拠点が、視点そのものである。しかしそうした第三の拠点は存在せず、触れることと触れられることは、「交叉」状態にある。これは正確な記述である。しかしそこで何が起きるのかの仕組みに立ち入るためには道具立てが圧倒的に不足している。少なくとも知覚するもの（能動）、知覚されるもの（受動）の交叉ではない。ちなみに「交叉」（キアズマ）とはどのような関係なのかを問おうとすると、言葉の言い換えしかできなくなる。言葉の言い換えしかできない場面では、すでに道具立てが不足しているか、道具立てがことがらに不適合か、端的に道具立てが誤っているかである。だがメルロ＝ポンティには、それらの疑念を感じさせないほどの文学的比喩能力があった。彼は道具立ての限界で、比喩で語る力が抜群だったのである[4]。

認知科学的には、二つの働きの「同時」ということが強調されるが、実は同時に起こることの内実が問題となっている。**すなわち触覚性感覚の感じ取りと体性感覚の感じ取りは、つねに身体の二重性として働き、これをつうじて身体の境界が別様に形成される。そのため触覚性の境界と体性感覚性の境界がずれることがある。**事実、触れるさいには自分の手の感触があるのに、触れられるときには自分の手の感触がないということも起きるのである。

## 触覚性感覚のマトリクス

こうした事情を含んで、触覚性感覚の仕組みを定式化しておきたい。

触覚性感覚（運動の内在）——運動の調整

触覚性感覚（運動の内在）——身体体性感覚（気づき）——力覚の調整

……遂行的イメージ

「触覚性感覚（運動の内在）」のように括弧に入れてある場合には、数学的には陰伏関数で表記されるかもしれない。しかし括弧内の事象は現われないのであり、まさに現われないことによって有効に働く。こうした連動系を定式化しておくことは、たとえば軽度脳損傷患者のどこの経験が変容しているのかを確認するために好都合であり、また治療においてどこがターゲットになるかを判別するために有効である。つまりこうした定式化は、事態の分析性を高め、マトリクスとしての事態の連動の仕方を示している。こうしたマトリクスが、オートポイエーシスでの「構成素」の触覚性感覚の設定となる。オートポイエーシスの場合、作動を継続するために断続的に構成素を産出しながら、動きを継続していく。そのときの構成素は、感情のシステムではかなり複合的なものになっていた。触覚性感覚では、それはさらに複合的なものになっていく。このマトリクスのなかで、実線でつながっているところは連動系であり、破線の個所は場合によっては連動系として活用されることを意味する。

こうした定式化に倣って、空間感覚を定式化しようとすると、かなり複雑になる。そのことの理由は、身体の動きが世界内での環境とのかかわりをそのつど変更していくこと、それによって多くの要素が介在してくることである。この場面では、視覚的な要素は圧倒的に重要な制御変数であるが、閉眼でも成立する場面での定式化を行なっておく。

……環境とのかかわりの感触（気づき）……イメージ

空間感覚（位置覚、運動覚、延長覚）＝身体運動（気づき）

……身体体性感覚（気づき）

感じ取ることに関連する働きには、働きそのものの強さや度合いを感じ取る働きがともなっている。これを「気づき」と呼んでおく。「気づき」は便利な用語だが、実践的な行為調整能力であり、情報を知るという単独の働きではない。その意味では、認知の場合の反省に対応するのが、働きにとっての気づきであり、気づきを反省能力から分離するのは、知ること以上に、より有効に行為することにかかわっているからである。

認知は、基本的に真／偽の区分を行ないながら作動するが、実践的行為能力は、有効／無効、ひいては成功／失敗の区分を行ないながら作動する。そのため実践能力の最大のものは調整能力である。そして能力の形成の場面では、前進／停滞という二分法コードとなる。これらの二分法コードは、伝統的な真、善、美を二分法コードで置き換えたものである。たとえば身体にスポンジをあてて、それを感じ取るさい、スポンジの固さを知ることが認知であり、スポンジをうまく感じ取れているかどうかにかかわるのが実践能力であり、さらにスポンジを新たな感覚で感じ取れているかどうかにかかわるのが制作である。

　空間の感覚では、身体動作がすなわち空間の感覚の形成であり、身体動作によって認知が導かれたのではなく、また認知から身体動作が特定されたのでもない。身体動作を行なうことが同時に別様に一つの認知を形成しているのであり、この場合の身体動作は、運動が同時に認知でもあるという関係になっている。そのことが‖で表示されている。腕を一定の高さまで持ち上げてみる。それは身体にとっては腕という部分の運動性の移動であるが、同時に空間内の位置移動でもある。空間内に位置移動を作り出さなくても腕の力を入れたり、抜いたりすることはできる。そのため腕の感触の差異は、必ずしも空間的な位置移動ではない。だが腕を上げる行為は、身体にとっての経験と空間内の経験がどちらにも解消できないように出現する。こうした局面が世界に多様性を生み出す仕組みの一つである。これじたいは典型的に、「二重作動」の一つのモードである[5]。二重作動は、経験科学的には一つの働きが同時に別様の機能性をもつことであり、哲学的にはなにかの遂行が同時に非因果的に別様の事態を進行させることである。また神経科学的には、一般に連合野と呼ばれているものにも、連合の新たなモードが見つかるという発見的な指示である。当初こうした二重作動の仕組みを私は、オートポイエーシスの論理的機構から導いていたが、その時期には触覚性感覚こそ二重作動の典型例だとは気づいていなかった。

　言葉をもじれば、運動とは「つねに同時に」（immer zugleich）認知でもあるという事態である。

このつねに同時にという事態は、多くのカテゴリーを含み、それが世界の多様性をもたらす基本的な仕組みになっている。ドゥルーズの「差異化」は世界の個体化と多様性をもたらすための原理的な仕組みとして導入されているが、それじたいはこうした二重作動の仕組みのごく一部を提示したものである。哲学は伝統的に根拠や前提を探求するという仕組みのなかで、「つねにすでに」(immershon)含まれている事象を分析してきた。ところが根拠や前提だけではなく、現実性そのものの成り立ちが問われるようになると、現実性のなかに含まれる機構の分析が必要となる。これを実行するのが、システム哲学である。身体の運動が同時に空間的な理解にもなるという仕組みのなかには、因果関係や動機－帰結のような線形の関係に解消できないものが含まれている。二重作動には、独立変数をもつ異なる機能系が連動するような「カップリング」も含まれてはいるが、運動が空間的な理解につながるような場合は、カップリングではない。二重作動は、身体動作や感覚が別様のモードへと多様化する場面で働き、カップリングは多様化したものがどのようにして多様性を維持したまま、まとまりを形成するかにかかわっている。

また二重作動は、どのような意味でも、ものごとを二様に捉えることができるという「ダブル・アスペクト」ではない。ダブル・アスペクトの典型が、図形のゲシュタルト転換であり、同じ図柄が複数個の別の見え姿をもつという場面である。複数の見え姿は、観察者が外から捉えたものである。それは基本的には視点を移動させて、異なる視点から捉えることを意味する。視点を移動させている観察者そのものに対応して、二つの見え姿が同じ図形の見え姿であるという場合の「同じ図形」そのものが出現している。ダブル・アスペクトは、たんに認識の概念であり、認識のなかで出現するものごとの二面性のことである。これに対して、二重作動は行為のさなかで、ある一つの行為が、同時に別様な事態を成立させることである。腕を持ち上げるとき、それは一面ではたんなる運動であるが、その行為の遂行のさなかに距離覚、延長覚、位置覚のような別の事態が出現し、これによって身体は世界の現実のなかで運動としてだけではなく、同時に知としてもかかわることができる。

こうした触覚性感覚、体性感覚の再編にともなう意義を確認しておきたい。第一に、感じ取られているものは、触覚的なざらつきや滑らかさを含めて、度合いであり、力の籠め方や力の抜け方も度合いである。ざらつきや滑らかさは、視覚的な形状を思い起こさせるが、それは度合いを視覚的な配置の下に置くことができるからである。度合いは一般に、強度であり、身体感覚は主要には強度的に感じ取られている。空間感覚は、場所的な配置の度合いをともなう。腕を何度か前方に動かしたとき、より遠く、より近くというような体幹からの相対的な度合いの違いは感じ取れている。この度合いの違いは、空間的な座標軸の上に、位置を指定するようなものではない。座標軸以前の身体にとっての場所的な配置があり、それはより遠い、より近いという度合いの違いになっている。度合いの世界は、いまだ量化されていない。それは量を指定するための座標軸が設定される以前に作動している感覚だからである。これらは身体や触覚にかかわる基本的な能力である。

第二に、感じ取られている度合いは、すでに動かした腕の相対的な距離のように、量化された指標と対応がつけられている。身体や触覚の度合いは、空間的な座標軸のような量化されたものと、ただちに対応がつくわけではない。働きの度合いの感じ取りは、感情の強さと同様に、直接表象することはできず、眼前に知覚することもできない。そのため何かと連動させなければ、それとして知覚することもできない。この連動のもっとも近くにあるのがイメージである。全身から力を抜くとき、刺を抜くように力を抜くのか、コンニャクのように抜くのか、綿のように抜くのか、堰き止めた水の堰を切るように抜くのかは、力の抜き方のモードを指定している。これらのイメージが力の抜き方の手がかりとなるのである。

働きの感じ取られている度合いと量の間の対応関係は、膨大な訓練の結果形成されたものであり、毎日のように対応関係を形成しなければならないほどである。そのときほどよい対応にコツのようなものが摑めることがある。アスリートでもたとえば一一〇メートル・ハードルでは、ハードルとハードルの間の走りは、通常の走りに比べ歩幅が詰まってしまう。だがうまくできたときの感触が摑めることがある。しかしひとたびその感触を摑んでも、ただちにそれがいつも実行できるというわけではない。

第三に、進化的には、触覚性感覚は近接感覚であり、視覚は遠隔感覚である。そして遠隔感覚の方が近接感覚より、進化的には高次の機能だと言われる。だが機能が高度化することは、機能の特定化を含む以上、何かを犠牲にしているはずである。その代表的なものが、現実性そのものの調整機能である。声を出すさいに大声で話すこともあれば、ひそひそと話すこともある。ところが眼前のものを見るさいに、たとえば大声で話すように見るとか、ひそひそ話すように見るということはできない。比喩としてそれらを語ることはできるが、「ひそひそと見る」というのはどうすることなのかがわからないのである。視覚は、高度に特定化していて、すでに眼前の風景は見えてしまっており、目を閉じればそれは見えなくなる。ちょうどオン・オフのようになっており、調整機能によってさまざまな度合いで出現する中間段階がない。このことが視覚を情報処理機構として扱いやすい理由である。すでに世界は見えてしまっているというのが視覚の特性であり、視覚は世界の現われと地続きになっている。フッサールが「現象学」を構想したのは、こうした見るという働きがすでに世界と地続きになっている「現われ」という場所である。そうだとすると体験レベルの経験の解明を目指す現象学は、他の感覚の場面では、解明の手法も道具立てもおのずと変更していかなければならない。

第四に、触覚性感覚は、体性感覚をつねにともなうことによって、内外の区分を行なっていたが、こうして形成される空間は、境界によって内外を区分される以上、基本的には同心円的な球形の空間となる。これはアリストテレス空間である。アリストテレスの場合には、運動の基本形を円運動だと考えたことによる。しかし触覚性感覚は、境界を基本にして作動する以上、形成される空間は球形となる。これに対して視覚的な空間は、位置と位置の相互関係から形成され、幾何学空間となる。いわゆるデカルト空間である。たとえば家屋の空間は幾何学的に設定される。乳幼児は、面に寝かされることで面の空間に適応していかなければならない。だが身体は障害が起きれば、しばしば本性にしたがって丸まろうとする。指も背も腕も丸まろうとする。身体そのものも、身体の形成も球形空間をベースにしている。キャベツや白菜のような植物が自己形成するさいには、同心円的に形成プロセスが進むために球形となり、キャベツの葉は、七二度回転しながらずれては重なり、自己形成する。本性的に球形であろうとするものが、環境内とりわけ人間が形成した環境内では、面に適応していかなければならない。身体の本性から見て、面への適応はつねに身体そのものの課題であり、難題である。足の裏や全身を、ぴったりと面に接触させることは、身体に大きな負荷をかけるのである。

**触覚性現実**

触覚の現実をさらに一般化して述べてみる。触覚的空間のイメージを感じ取ってみよう。私が呼吸をし、隣人がその排気の一部を吸い、隣人の排気の一部をさらに私が吸う。この隣人との距離が十分に近ければ、呼吸している空気のかなりの部分は、呼気・排気の出し入れをつうじて密に共有されている。生きているということは、ごく近くに生存するだけで、唇を使わなくてもディープ・キスをしていることである。これは触覚的世界の基本である。触覚的世界は、性器結合以外にも多くの見えざる仕方でネットワークを形成し、密な間接性、知覚以前の運動態、発見のたびにさらに何かが見えてくる底なしの潜在性を基調とする。

現在の人間文明のなかでは、身体は幾何学的建築のなかで形成される。身体は気づいたときにはすでにこうした建築空間に適合している。それは動作や仕草にも影響をあたえる。進化的に見れば、遺伝子や言語文化とは異なる仕組みで、身体、身体動作、仕草が形成され伝達されていく。ゲノムでもミームでもない伝承される身体がある。それを「ソーム」（ソマティック・ミーム）と呼ぶことができる。これはゲノムやミームに比べて容易に記号化や情報化ができない。だが生活世界のネットワークの基礎となるのがこうしたソームなのである。

触覚的な世界は、まるで視覚空間の見えざる裾野のように広がっている。触覚で形成される世界は、視覚的な多重性とは異質なものであり、身体のほとんどは触覚的世界に属している。そしてより良い呼吸のしかた、より良い真似のしかたがあるように、より良く自己を形成するための治療や学習があり、より良く生きるための日々の触覚的な工夫があるに違いない。触覚的世界を描こうとすれば、描くことの本性上大幅に視覚化する以外にはないので、ずいぶんと工夫が必要である。眼前に椅子がある。この椅子は視覚的に捉えられている。ではどうやればこれを触覚的に捉えることができるのか。紙でも布でも毛布でもよいので椅子を包んでみるのである。この包んだ感触が触覚的知覚である。触覚はそこに何かがあるということを感じ取る存在論的な感覚であり、それが何であるかを知る対象知覚ではない。そこに何かがあると感じ取ることは、新たに触覚的な内外区分を行なうことであり、すでに外に区分されたものを知る場面では、知覚になっている。この何か新たなものがあるという感触が触覚的な感度である。

触覚的世界の変容は、本人にとっては否応がない。それは視点を切り替えるようにして、事態や局面を変えていくことができず、また視点の転換を行なった程度ではどのようにも対応できない現実がある。実際、口腔感覚変容（匂いと味の変化）と身体感覚の変容が連動していることはよく知られている。テレンバッハは、口腔感覚の変化を三つのタイプで示している。第一に匂いと味がはっきりしなくなり、一過的に匂いが完全になくなることが体験されるような場面である。この場合同時に身体感覚の稀薄化をともない、まるで自分の身体ではないかのように身体が表われ出てしまう。本来秘蔵され、隠れていたはずの身体が知覚野に表われ出るが、それはまるで他人事のような身体感覚である。感覚全般の薄れとともに、行為のなかに、身体の違和感が前面化する。だがこの違和感は、身体感覚の薄れとして感覚されるのである。

第二に周りの雰囲気をいやな匂いが満たしていると感じられたりする。物の匂いではなく、匂いだけが単独で周りを満たしてしまう。この段階で雰囲気は物との関連を離れ、むしろ雰囲気だけが支配的になる。自己臭が気になる場合でも、他人にはまるで感じ取れない自己臭を、本人だけがまるで自己主張のように言い立てていることがある。本人はない匂いに満たされているが、この匂いに満たされた身体には強い嫌悪が向けられている。嫌悪される自己身体は、逃れようのない身体でもある。匂いそのものではなく、この逃れようのなさが抑えることのできないいらだちを生む。

第三に身体感覚の変容が、口腔感覚の変容とともにある種の気味悪さとして訴えられる場面がある。自分の体が蛆《うじ》でいっぱいになっていると思ったり、体が蛆に食い尽くされると訴えたりするのである。この場合には、身体の体性感覚変容が、ある種の過度のイメージと連動している。ブランケンブルクの『自明性の喪失』のなかで描かれているのが、この触覚性現実の変容である。意味の変化のずっと手前で、物の手触りがなく、身体が自分の身体のように感じられない。本人は「どうすればよいのかわかっているのです。しかしどうしようもないのです」と訴える。触覚性体性感覚の変容は、身体の変容だけではなく、自己へのかかわりの組織化と世界へのかかわりの組織化に決定的な欠損を生みだす(6)。

これらは感覚の変容であるため、それを言語化することによっては、本来事態を変えることはできない。言語的な詳細な記述は、感覚の変容を安定させることはあっても、そこに変化をもたらしてくれはしないのである。

## 触覚性言語

「今日は身体が重い」と感じられることがある。もちろん体重そのものが激変したのではない。通常身体の重さは感じられない。首から上は相当の重量がかかっているはずだが、それが恒常的に重いと感じられることはまずない。等速度の慣性系のなかでは、一般に重さは出現しない。しかし寝返りを打つさいにも、止まっていたエレベータが動きを開始するさいにも、変化率が出現すれば、身体にはそれとして感じられる「重さ」が出現する。ここにはいくつかの問題がある。一つは、触覚性感覚については、必要がなければ感覚的な現実を無視するという鉄則が働くために、視野内に判別される重さの意味(科学的意味)と感じ取られている経験が食い違ってくることである。重さも、ランニング中の速度感も、歩いた時の歩幅も、感じ取られているものと計測される量とは、まるで異なったものである。通常これらは「体感」と呼ばれており、そのつど一般的な意味とは異なる局面で理解していかなければならない。言語には基本的に公共性の要請があり、公共化できる局面で理解されている。ところがそれは触覚性の現実に対応していない。つまり身体や運動や動作や行為にかかわる言語は、つねに二重に理解する訓練を積まなければならない。たとえば身体の重さは、体重計で計量されたものと、自分自身で感じ取っているものとは、同じ重さといってもまるで異なっている。語に対しての経験の仕方を変えなければならないのである。

もう一つは、こうした触覚性の現実には、三人称表現と一人称表現のギャップとは異なるギャップがあることである。三人称と一人称の表現には、どこかで変換関係が残っている。そのため一人称の固有性ということが成立している。ところが触覚性現実は、一般的な意味と対置される本人の固有の意味合いという対比によるものではない。この落差は、決定的に大きく、両者の間での変換関係が効かない。身体や身体運動について、身体が在る感じがしない、歩行を行なっている感じがしないという事態は、リハビリの現場で繰り返し直面する言葉であるが、それぞれの患者に固有の個人的な事態というより、身体や身体動作に起きる変容の仕方が一般的な変容ではなく、意味論的内実の限界の一歩先にあることを意味している。触覚性の変化は、意味の変化から推定されるものの一歩先にある変化である。

こうしたことに関連して、臨床上の事実を述べておきたい。発達障害児で、いくつになっても首の坐らない子どもがいる。しかもこうした障害児はかなりの数いる。椅子に腰かけることはできるので、その子たちの腹筋や背筋はできている。ところが首が坐らないのである。首の筋力がないわけではない。むしろ頭の重さを感じ取れないところに、首が坐らない理由があると感じられる。重さを感じ取ることは、単純な事実でも簡単な身体行為でもない。片麻痺患者の歩行では、容易に一歩踏み出せない患者がいる。患側の足に、体重を乗せることはできている。しかし上体の重さを感じ取れていなければ、足を一歩踏み出すさいの重心移動にともなう重さの変化を感じ取ることができない。重さの感じ取りがなければ、足はすっと出てくれない。重さを感じ取ることは、動作の形成にとって、緊要な要素なのである。身体の「支持」が成立するためには、重さの感じ取りを欠くことができないのである。

## 痛み・痺れ・苦痛

体性感覚のなかには、痛みのように詳細に分化しないことが働きの特性になっているものもある。ピンを刺したり、ガラスを踏みつけたりすると、痛みが走る。だが痛みに対応して、ピンやガラスの認知が進行するわけではない。外傷性の痛みの原因と痛みそのものとの間には、一対一の対応がない。痛みは触覚性感覚のなかでも、未決定性の度合いが大きい。

痛みは疲れと同様身体にとってのシグナルである以上、なくてすますことはできないが、過度に働きすぎてもいけない。無痛であれば、有害な刺激と必要な刺激とを区別することができない。実際、あるカナダ人女性は生まれながらの無痛で、進行性の関節変性と脊髄変性が起き、それを感じ取れないままであった。衝突性の刺激を避けるために、日々涙ぐましいほどの細心の注意を払って暮らしていたが、やがて炎症性の肺疾患が生じて、短い一生を終えた。また逆に多くの痛みは無視されねばならない。歩行するたびに全身が痛むようであれば、身体を動かすこともできなくなり、食べるたびに胃が痛むようであれば、流動性の食事しかとれなくなる。両極が否定されるように作動の幅が決定されることとは、伝統的にはある種の「中庸」である。ここでは中庸とは、感じ取ることはできるが多くは無視するという、触覚性感覚の最高の働きのモードである。内臓は、多くの場合痛みに鈍感であり、痛みがあっても鈍痛である。場合によっては、胃に穴があくまで気づかないこともある。

痛みの周辺には、類似したモードの触覚性感覚がある。苦痛、苦悩、疲弊、きしみや震えは、漠然とはしているが、はっきりした触覚性体性感覚であり、しかも局所性がない。これらは類似しているだけではなく、連動して痛みのマトリクスを形成している。世界全体が苦を帯びてしまうこともある。それは「世界苦」と呼ばれる、世界全体のきしみである。これはドイツ観念論がこよなく愛した彼らの体系の隠喩である。だが苦は必ずしも不快ではない。快－不快とは独立した苦がある。実際、世界のきしみは、おそらくヘルダーリンの世界総体の疎隔感から始まっており、後にシェリングの場合にはエーテルに満ちた宇宙へと変転する。宇宙全体がきしむのである。共通するのは、世界のなかでの「快に満ちた苦」である。多くの場合、苦痛にともなって、さまざまな情感や情動が引き起こされる。このことから痛みや苦が、一種の感情や情念のかたちをとることもある。また生理的変容のモードとして、痛みに隣接するものに、痺れや緊張がある。慢性化した片麻痺患者では、しばしば患側に緊張とも痺れとも判別できない症状が出ることがある。時としてピンで刺すような痛みが混ざるともいう。こうした痺れの正体はいまでもよくわからないが、患者自身は「漏電」だと語ったりする。実際、ＣＴスキャンでもｆＭＲＩでも、患者には異常は見つからないのである。

痛みは、単独のシグナルではなく、一つのネットワークだと考えた方がよい。というのも筋肉痛で、肩や背を揉んでもらったとき、多くの場合柔らかな圧覚を感じているが、局所的に突如痛みに変わることがある。ここには痛みは含まれているが、痛みだけが単独で存在するわけではない。夏の海で日に焼け、夕方ぬるいお湯につかると、それだけで痛みが出る。皮膚に炎症反応があると痛みの閾値《いきち》が変化する。また頭痛と神経の創発にともなう頭の「苦しさ」は、言語の不明瞭さとは異なる理由で、明確に区分することができない。一般に筋肉痛のような単純な痛みでさえ多くの対応策が講じられてきた。それが痛みに対処する人間文化になっている。痛みを制御することは、それじたい生活の周辺的技法の一つであり、恒常化すれば一つの文化である。

痛みや苦痛を取り除く技法は、伝承となって一つの文化領域を形成している。薬草を収集するためには、多くの地域の多くの人たちの生活の知恵が必要である。そして教わったことを自分で確かめてみることも必要である。紀元一世紀のディオスコリデスは、薬草の一覧を集大成している。分類学の手前に、効能実用性一覧という生活の分類学がある。分類が成立するためには、一般に基準とそれに合わせた配置が必要となる。リンネの場合には、おしべの数のような量化できる基準が設定されている。人為分類と呼ばれる。花にとっておしべの数はほとんど偶然に決まっており、生殖能力にとってはおしべが三本でも五本でも七本でも、大きな違いはない。この分類の手前に、ともかく網羅的に個体の特徴を書きだすという分類の時期がある。テオフラストスの植物記載が、それである。これらに対して本草学（薬草学）は徹底的といってよいほど実用的である。薬草を見分けることは簡単なことではない。舐め、食し、煮出して、ピリピリとした感触がある場合、これを飲み続けると効くと感じ取るか、あるいは人体には危険だと感じ取るかは、最初の分岐点である。場合によってはそのまま死んでしまうこともあるのだから、試食は命がけである。この命がけの効果／過剰効果（非効果）の選択の分岐点を進み続けることを、「文化」という。そのまま食せば死に至る薬草であっても、一部を取り除いたり、処理の仕方を変えて実用に転換させることができる。この処理の進行が第二の分岐点である。さらにどの局部、どの症状に最も適合的か、どの薬草と混ぜるとより効果的かという、多くの工夫の連鎖がある。そのため文化の基層には、多くの無名の被害者と死者がおり、事実、死と隣り合った多くの工夫がある。

痛みは、体験的現実の一つであり、体性感覚の一種である。本性は触覚と同じところから始まっている。だが仕組みは、随分と異なるものである。いくつかの特徴を確認する。痛みが外的刺激から始まるのであれば、この刺激に応じた触覚性感覚がある。お湯に手をつけてみる。暖かい。この暖かさをどんどん強くする。温度を上げてみる。すると温感と同時に、痛みの感覚が生じるようになる。暖かさは、背景化するがなくなるわけではない。また暖かさが、痛みに転嫁するのではない。触覚性感覚質と痛みは独立である。寒さも同じであり、風がともなえば、身を切るように痛い。匂いの感覚は、湿度に密接に関連する。湿度が極端に低く、空気がカラカラになれば、そもそも匂いそのものが消滅する。逆に湿度を上げれば水分に吸収され、匂いそのものが稀薄になり、匂いではなくなる。シャネルの香りそのものをより強くすれば、おそらく痛みが出現する。というのも強いアンモニア性の匂いはごくわずかでも痛みが生じるのであり、特定の匂いの質が強くなり過ぎれば、痛みとなる。だが触覚性感覚のともなわない痛みもある。それが内発的な痛みであり、純粋に神経性のものか、生理的反応をともなうのかは別の内発性を構成する。痛みは、なにかの兆候であるが、それじたいが身体の帯びる他に置き換えの効かない現実である。痛むことは、なにかによって痛むだけではなく、端的に痛いのであり、それは原因から由来する派生的な現象ではなく、たとえ何に帰着しようとも、そのことをつうじては変容させることのできない現実である。痛みは原因に帰着することもできなければ、たとえ構造的に配置しても、配置によってはなにひとつ変化しようのない端的な第一の現実である。このことが医学的な病因論や兆候論とは独立に、「痛みの現象学」が必要な理由となっている。この端的な現実を解消しようとすれば、触覚性感覚のすべてを消してしまうような大がかりな処置が必要となる。それが全身麻酔であり、医療用に処方される麻薬である。

痛みが多くの場合兆候である以上、なにか意味するものに対応した意味されるもののように見える。だがそうだとしても意味するものと意味されるものの間には、ほとんど対応関係はなく、内発性の痛みのように意味するものを特定できない兆候もある。それどころか痛みは、本来意味ではない。むしろいっさいの意味を支えるような体験群に属している。時間的な「今」が意味ではないのと同様、痛みも体験的経験そのものが成立するような体験の契機なのである。そのためそれじたいは紛れもない現実でありながら、さらに立ち入って解明すると別のことがらへとただちに推移してしまうような性格をもつ。すなわち痛みは、いかなる原因にも根拠にも釣り合うことはなく、むしろそのことによって痛みの周辺には、膨大なアナロジーが生まれる。痛み、痺れ、凝り、腫れ、熱《むく》みのような、特徴をすこしずつずらして成立する緒兆候とのアナロジーの連鎖のなかに置かれるのである。これが痛みの多義性と多様性を形成している。

痛みが神経性由来なのか熱由来なのかで、痛みの出現する場所と場所の占め方には、かなり違いがある。こうした領域的な違いは、痛みの発生元と炎症の性質を探る手がかりとなる。この場合、症状と兆候は分離したままであり、多くの場合そこに一対一対応はない。そのため症状に直接関連しない痛みの訴えがしばしばなされる。その場合には、偽薬(プラセボ)でも効果が出る。足がなくても足に痛みが出ることがある。ただしこれは体性感覚をともなっている。ない足が感じ取られており、そこに痛みが出る。これらは神経性の混線から生じる。痛みは紛れもない現実でありながら、しかも多くの回路で出現し、連動領域が広いことに応じて、生体にとって不要とも思える痛みのモードが多く存在する。痛み刺激に関連する責任領域は、一次体性感覚野、二次体性感覚野、島皮質、視床、前帯状回、前頭前野であり、関連領域も広い(7)。つまり痛みをいわば「全身症状」にする神経系の仕組みがあり、そのことの一面が、混線による不要な痛みの出現なのである。そのため痛みを「情報の齟齬」だと言いたい誘惑に駆られる。だが情報の齟齬は、痛みそのものの本性に含まれるものであり、痛みの原因ではありえない。情報の齟齬そのものとして痛みは出現し、それによって関連部位を含めたシグナルとなっている。そのため情報の齟齬を解除しようとする痛みへの対応は、実は別神経に働きかけることで、痛みを抑制しているだけである。歯が痛いとき、思考に集中すれば時として痛みが消えてしまうことがある。

## 2　認知行為のカテゴリー

### 相即

行為と認知が連動する領域では、固有のカテゴリーが生じる。たとえば、とある田舎町の駅で停車している電車のなかで、特急電車の通過待ちをしている。隣にも反対方向の電車が止まっている。特急電車が通り過ぎるとほどなく、「間もなく発車になります」という構内アナウンスが流れる。

列車が動き始めて、隣の列車の姿が背後に流れていく。ようやく動き始めたのだとほっとしていると、隣の列車の末端で、隣の列車の車体によって隠されていた駅の倉庫の建物が視界に広がる。そのとき自分の乗った列車は動いてはおらず、動き始めたのは隣の列車の方だったことがわかる。これじたいはよくある経験だが、実は相当に入り組んでいる。ヴァイツゼッカーが「相即」の説明に取り上げた事例である。

隣の列車の姿が、背後に流れていくとき、まさに自分の乗った列車が動いているように感じられる。そのとき自分の乗った列車の方が動いているという移動感がある。視界のなかでの隣の列車の変化は、身体運動感とおのずと結びついている。これは変化の知覚と身体運動感の連動であり、カップリングである。これをヴァイツゼッカーは「相即」と呼んだ。

物の移動は、変化の知覚につながる。視界に見えるのは、隣の列車の移動である。それは視界がこの列車の車体で覆われているために起こることである。周囲の背景のなかに置いてみれば、止まっている列車は、背景のなかで止まっており、動いているか止まっているかは、ただちに判別される。しかし背景のなかに配置できないのであれば、相対的な移動の知覚は、自分自身の運動に変換されうる。移動の知覚は、物の移動にも自己運動にも変換される。ここに知覚と運動の相即がある。それは散歩しながらの風景の変化の場面でつねに経験していることである。物の移動は、自己運動と相即する限り、自己運動感と連動する。この自己運動の感触は、移動の知覚と連動し、相即する。隣の列車の末端で、背景となる倉庫が現われると、動いていたのは自分の乗った列車ではなく、実は隣の列車だったことがわかり、移動の知覚は背景のなかでの隣の列車の運動の知覚に切り替わり、自己運動感もほぼ瞬間的に気づくこともなく消滅し、静止した自分の列車からの隣の列車の移動だけが知覚される。以前の相即は断ち切られ、新たな相即へと切り替わったのである[8]。

知覚や運動のように異なるシステムがおのずと連動する仕組みは、一般に「カップリング」と呼ばれるものであり、おのずと連動している場面が、「相即」である。この連動のなかで、知覚のもつ特性は、（1）自己運動そのものは、知覚野のなかには出現しないこと、（2）変化の知覚は、物の運動にも自己運動にも接続しうること、（3）自己運動のさなかにあっても、知覚野での変化がなければ、自己運動感に接続されないことがあること（一万メートル上空の機内）、（4）自己運動の継続から見れば、知覚とはつねに運動の継続のための予期であること、（5）知覚から見れば、知覚の有効な働きのために、自己運動との連動はつねに調整されていることが、骨子となっている。**この調整の一つが、相即の断続的な切り替わりである。**

これだけの項目が、相即に関与しているのであれば、相即にはかなり多くのモードがあることがわかる。幼いころ、移動する電車になかで、風景が扇を回転させるように過ぎ去っていくのが見えたことを、私は何度も思い起こす。いつもそう見えたわけではなく、多くの場合には、電車の移動に対して風景が背後に過ぎ去っていくだけである。風景が背後に過ぎ去っていくのは、自己移動感が視点の移動として風景変化の出現の変数として組み込まれていて、自己移動に対して風景が過ぎ去っていくように知覚されるのである。ところがこの自己移動感が変数に組み込まれないと、風景は扇を回転させるように過ぎ去っていく。このことは移動する列車のなかからビデオで風景を撮影したものを、後で室内で見ると、やはり扇を回転させるように風景が過ぎ去ることで確認できる。

いずれの場合にも相即であるが、相即のさいに働く変数が異なっている。すると相即は、かなり大きな変異幅を含んでいるのだろう。それらの変数のうち、どれとどれが規定変数として作動しているかが個々の局面で問われることになる。

## 注意

行為に連動する認知のなかでもっとも重要なものは、注意である。同じ風景や映像を見ても、見える人には無条件に見え、見えない人にはいくら努力しても見えないという事態が起こる。見方を教われば見えるようになるが、その場合には教わったことしか見えない。注意が向かないために、現実そのものが成立していないのである。最寄りの駅から自宅まで歩いて帰るさいに、むかし立ち寄ったことのある店が閉店にしていることに気づくことがある。近寄ってみると三週間前に閉店したという張り紙がある。つまり三週間の間、この事実に注意が向いておらず、閉店という現実が成立していなかったのである。瞬間の判断が要求されるスポーツなどのゲームでは、どの程度の広さで注意が向いているかが決定的である。教わらなければ注意の向かない人は、一般に鈍感だと言われる。注意は世界を知る認知能力ではなく、むしろ世界とのかかわりを組織化する実践能力である。

## 遂行的注意

注意には大別して、三つの働きがある。真暗闇のなかを歩いているとき、足先に何かがあると感じられる。それが何であるかはわからない。そのとき足先に何かがあるという現実が出現している。

あるいはそうした世界が個体化している。これは知る働きではない。何であるかを知るためには、知るものが個体化していなければならない。知ることの一歩手前で現実性の個体化（個物化ではない）が成立していなければならない。これは現実性の成立と対になった働きで、遂行的注意である。行為の継続をつうじて同時に組織化されているのが、現実性の個体化である。知覚は、これにずっと遅れて起動する。知覚は個体化したものが何であるかを知る働きであり、そこには視点や観点がつきまとう。その結果見方を変える、別様の視点で物を見るというようなことが語られる。だが同じ現実を別様に見ても解釈が変わっただけで、世界はなにも変わりはしない。

一般に注意という働きを主題とするさいには、注意に対して焦点化した問いかけになっており、そのため注視や注目を論じてしまうことがほとんどである。ウィリアム・ジェームズもフッサールも、主として注視や注目を論じている[9]。これは選択的で、焦点的な意識とほぼ同義になる。注意が向くとき、多くの感覚刺激は選択的に排除されているはずであり、特定化が起きている。また静止した同じ対象に長く注意を向けることができず、注意の持続には対象の変化が必要である。こうした場面では、集中した注意が論じられている。注意には焦点化や選択が含まれていることは間違いないが、すでに成立した現実のなかで何かを焦点化する場面は、すでにそれは注目である。また注意が受動的であるか能動的であるかの区分も注意の働きにとっては、本質的なものではない。受動的注意では、おのずと気づくという場面が成立しており、能動的注意では、すでにそれじたい注目になってしまっているからである。

こうした注意能力は、運動能力にも感情にも大幅に依存している。一般に運動のさなかでの注意は、運動可能な範囲にしか及ばない。ボールを蹴ろうとしているプレーヤーが注意を向けることができるのは、自分の蹴ることのできる範囲である。ディフェンスの動きに注意が向くのも、対応可能な範囲でのことである。またスペースの広さに注意が向く場合には、キックの精度に依存している。そのため身体技能のエクササイズは、注意の広さの獲得には欠くことができない。注意の範囲が広がるようにエクササイズを繰り返し積むことは、経験の境界、経験の可動域を拡張することである。ところが多くの学習は、成功の保証されたエクササイズを積み上げるように仕向けられている。成功すべき課題があたえられているのである。その結果、失敗すればまるで犯罪を犯したかのように思い悩むことになる。正解とは成功した後に理由づけを行なってはじめて成立するものである。そのためあらかじめ正解を求めるような手順は、本に書いてあることを現実のすべてだと取り違えるような勘違いなのである。

## 選択的注意

第二の注意の働きは「選択的注意」と呼ぶべきものである。これは現実のなかのどこかに注意が向くことである。あるいはおのずと何かの現実に注意が向いてしまっていることである。駅前の雑踏のなかを歩いていると、商店から漏れでてくる雑音と多くの人々の話し声のなかで、突然自分の名前を呼ぶ声が聞こえる。このときすでに選択的注意が働いている。選択的注意は、多くの場合おのずと起動し、日常生活の関心に依存していることが多く、また専門的な訓練を積めば、そこでの関心に依存している。通常は**選択的非注意**の方が問題になる。当然見えていてもよいものを、気づかず見落としてしまっているような場面である。意図して無視しているのではない。ただ気づかないのである。特に観点や視点にとらわれていると、見えていなければならないものがまったく見落とされていることがしばしば起こる。さらに見ようと努力すると、過剰整合性が起きてしまい、気づかないままにその傍らを通り過ぎることになる。実は精神医学系の疾患では、この選択的非注意がしばしば起きる。部屋の入口に花瓶があったでしょうと言われても、そんなものはなかったと言い張るようなことが起きる。

このとき意識を中立化することが有効である。アスリートの場合、走り始めるとき最初全力で力を込めて加速する。一定速度に達したとき、全身から力を抜き、加速しているのだが力みが消えている状態が実現する。これを加速慣性走という。ゆったりしているのに速い走りである。これに類似させて、何かを見ようとして選択が起きると、その段階で意識を中立化するのである。というのも視覚は前に向き過ぎているのであり、前に向かう本性をもつものには、本来つねに中立化が必要である。こうした注意における意識の中立化も、現象学的還元の重要な要素である。

選択性そのものは意識の重要な働きの一つである。車の運転をしながら助手席の人と話をしているさいには、注意を切り替えている。この切り替えができる場所を設定していることが、意識の重要な働きである。選択的に会話に注意を向けているときでさえ、車の運転は現実性を維持しており、自動化した手足の動きの周辺にも注意が向いている。選択的注意が可能になるのは、注意にはそもそも分散しているという本性があるからである。ところが注意の本性を分散だとすると、この分散をより有効に活用できているのか、さらにはまたより注意を分散させるにはどのような回路があるのか、という課題が出てくる。**注意の分散**は、経験の可動域を拡張するためには最も重要な回路の一つである。

## 焦点的注意

第三にじっと見る、しばらく見続けるような場面での焦点的注意がある。細部を細かく見るのではない。ただじっと見るのである。これは見えるもの、見えるはずのものが立ち現われてくるまでじっと佇《たたず》むことに近い。「佇む」という動作は、今日ほとんど消えてしまっている。そのためあらためて獲得しなければならないほどである。意味的にものごとを理解してしまう場合には、作品に対して配置をあたえるような理解をして、それでわかったことにするというのがほとんどである。この作法は作品に対して、経験の速度が合っていない。あるいは作品を経験せず、理解と配置だけで通り過ぎてしまうのである。焦点化は、既存の見方、視点、とりわけ視覚的な理解を括弧に入れ、出現するものの前で経験を開くことである。こうした意識の動作は、現象学での「判断停止」の働きの一つである。

ところが多くの場合、焦点的注意は、集中を上げて注視や注目を行ない、多くのことがらを排除しながら特定のものを見ようとする働きとして活用されてしまう。これではたんなる集中である。集中はことがらを限定することであり、それによって必死に見えるはずのものを見ようとする。顕微鏡の右上部に見えるはずだと教わると、そこを注視し、全力でそれを見ようと努力するのである。そこで周ところがそのやり方では見えないことがよくある。いくら頑張っても見えないのである。

囲からたとえば視野の右上面に視点を移動させ、そこからまっすぐ下に視点を下してみる、というように見方を教わると見えるようになる。焦点的注意を注視や注目のような仕方で活用してしまうと、教わったことしか見えなくなってしまう。運動学習でも類似したことは知られており、集中し、焦点を定めて運動訓練を行なえば、焦点化したところしか改善しない[10]。

リハビリの現場では、すでに回復した能力をもちいて動作を行なってしまう代償行動がしばしば起こる。足をまっすぐに出すことができず、外側だけを地面に沿わせて歩く外転歩行は広く見られる。代償行動でも機能的には歩行になっており、到達点まで至りつくことはできる。一度そうした習慣を身につけてしまうと、ただちにそれが繰り出される。これらは外見的にもはっきりわかるので、この代償行動は治しておいた方がいいことははっきりわかる。実は、認知の場面でも、「**認知的代償行為**」は広汎に行なわれていると考えた方がよい。筋違いの認知、問いを誤解した認知は、ただちに起動されてしまうのではないかと考えられる。作品をわかった気になってしまったり、意味や主題だけを理解してしまい、作品とのかかわりで自分の経験を作動させ、組織化できなくなっているのではないかという思いがある。これらは観点の問題だというわけにはいかない。認知的代償行為が起動して作品にうまくかかわれなくなっているのだとすると、見方を変えるのではなく、経験の仕方そのものを変える必要が生じる。つまり焦点的注意は何かをよく見ることではなく、焦点化のさなかで隙間を開くように、**理解の速度を遅くする**ことでもある。この速度を遅らせることも現象学的還元のモードの一つである。

## ランディング・サイト

ニューヨーク在住のアーティストの故荒川修作は、作品への身体的なかかわりが作品の理解を決定してしまうことをよく知っていた。身体的なかかわりのなかでも、**位置を指定する行為**が、世界とかかわり、作品とかかわるさいの組織化の要になることを見出していた。この位置を指定する行為が、ランディング・サイトである。荒川修作の構想では、物が何であるかは最終的には決まらない。物はそれじたいで変化する可能性を不可欠の特質として備えている以上、何であるかというのは最終的には決着しようのない問いである。そのため『意味のメカニズム』の段階から、すでに物への指示詞のなかに「これでもなくあれでもない」や「あれでもなくこれでもない」が導入されていた。物を認識するさいには、しばしば素材と形との対概念が用いられる。生命体のようにタンパク質が一〇〇日程度で入れ替わっても形は維持されている。素材は入れ替わるが形は恒常性をもつとすると、アリストテレスの質料－形相になる。ところが素材が運動や再編をつうじて、みずから別の物になっていく可能性が、二〇世紀後半に広く認められるようになった。質料－形相は、一対一対応しないだけではなく、自己組織化をつうじてそれじたいでも変わり、新たな形相（新種）さえ生み出される。質料－形相という枠は、今日ではそのままでは維持できそうにない。こうなると物への指示を行なうさいにも、変化の可能性が本来組み込まれている場合には、なにか特殊な工夫が必要となる。

物の内実が何であるかが決まらない場合でも、物にかかわっていくことはできる。実際それに触り、手にとり、場合によっては食べてみることもできる。このとき物の最小の手がかりは何なのだろう。物について知り、分析を行なう前に、物に身体的にかかわる場面で、すでに物の特質を捉えているはずである。この場面での「最小特性」が物の位置（サイト）であり、まなざしの本性は「位置を指定する」行為である。

この場面は、部分的にはデカルトに似てくる。最小特性を決めるという課題そのものが、類似性を作り出すのである。まず環境条件次第で変化する性質を取り除く。光の量が変われば色彩は変わる。そこで世界からすべて色を抜き取る。地面の高度が変われば重さは変わる。そこで物体から重さを取り除く。こんなふうにして条件次第で変化するものを取り除いていくと、物の性質として「延長」が残る。しかし物の本性である延長は、圧力をかければ圧縮される。十分に強い圧力をかければ、点状になる。そのとき物の内実は、延長であるより、むしろ位置になる。位置を指定する働きが、「まなざしのランディング・サイト」である。このとき物の最小特性を知ることがもはや課題になっていないことがわかる。この局面でデカルトとは別れることになる。つまり疑いえないものを知るだけでは話はすまないのである。(11)

物の位置を知るだけであれば、座標軸内での配置を行なえばよい。だが位置を指定するということは、座標軸以前に、そのものとのかかわりを、すなわち物と自己のかかわりの行為を組織化することである。物にかかわる行為の知的側面が位置を知ることであり、ランディング・サイトそのものは認知概念ではなく行為概念、あるいは認知行為概念なのである。この場面はさまざまなかたちで言い換えることができる。ランディング・サイトはそれじたいが一つの行為であり、世界とのかかわりをみずから組織化するさいの世界と自己との蝶番《ちょうつがい》の役割を果たしている。あるいはランディング・サイトの行為に含まれる位置についての知は、それじたい行為の手がかりであり、行為から見れば特定された位置は、行為の予期である。またランディング・サイトはすでに行為的に世界とかかわってしまっているものが、世界とのかかわりをみずから組織化するさいの端緒であり、そこでは行為と知が不可分である。

また自分自身で世界を捉えるさいにも、認識するものは、ある視点から開けていくパースペクティヴをもちながら、同時に「ここ」(da)という位置を占めている。この場合の「ここ」という位置を占める働きも行為の可能性につながっている。認知を行なうことが同時に世界内でのみずからの「ここ」を指定する働きと同時に進行する。世界内で世界を認知的に捉えると同時に、それじたい世界内で位置を占める。これは「認知のランディング・サイト」もしくは「まなざすことそのもののランディング・サイト」である。これがあるために世界内存在が成立し、世界内での実存が成立する。このとき実は、位置を占めることが同時に世界内での自己を形成することでもあり、位置を指定することが同時に世界とかかわることである、というような典型的な二重作動が生じている。ランディング・サイトとは、位置の指定と同時にそれとは別のことがらを出現させる仕組みの総称である。

位置を知る働きは、頭頂葉を主にした背側の回路であり、物が何であるかを知るのは、頭頂葉の腹側回路である。背側に運動野、運動前野、補足運動野が並んでおり、そちら側を通過するかたちで、位置指定が行なわれている。また腹側回路は、感覚野、知覚野を通過しており、こちらの回路で物が何であるかの知覚が成立する。頭頂葉を含めて連合野のニューロンは、一つのニューロンで複数の感覚刺激に対応することが知られている。連合野のニューロンは一般にこうした性質を備えている。頭頂連合野背側回路に欠損が生じ、位置を知ることができなければ、基本的に行為能力に欠損が生じる。実際そうした患者は動くことができない。物が何であるかはわかっても、わかるだけでは動くことができない。ベッドから椅子に移動するような体勢変化はできるようだが、随意運動のかなりの部分に困難が生じる。それに対して、物が何であるかがわからなくても、位置の指定ができれば行為することはできる。実際何かに注意を向けるさいには、それが何であるかはわからなくても、そこにまなざしを向け、位置の指定は行なっているのである。

## 触覚のランディング・サイト

荒川修作とマドリン・ギンズの思考は、彼らが哲学史を知悉していた分だけ、知覚のランディング・サイトやイメージのランディング・サイトを基本にして組み立てられている。そのためか、「ここ」という位置を身体とともに感じ取る「触覚のランディング・サイト」を導入しなかった。あるいは導入し忘れたのかもしれない。身体は、ここという位置の感じ取りを基本にして成立している。ここを感じ取ることが、世界内でどう動くかの予期を同時に起動させる。身体各部位の運動を可能にするものこそ、触覚のランディング・サイトであり、その部位の位置を感じ取り、その起動可能性を同時に感じ取るのである。

触覚のランディング・サイトを強調する理由は、かなり根本的なところにある。荒川修作の構想の要となるのは、ランディング・サイトと「切り閉じ」（クリーヴィング）という二つのキータームである。この二つは、別の時期に考案された。ランディング・サイトは基本的に「まなざし」の原理であり、「切り閉じ」は生命や身体の原理である。この二つは由来も異なり、設定している局面も異なる。これらを内的に連動させるために必要となるのが、身体そのものに生じるランディング・サイト、すなわち触覚のランディング・サイトなのである。

ランディング・サイトは、リハビリテーションの治療のさまざまな場面にすでに入りこんでいる。脳性麻痺という、主として周産期でのアクシデントによって神経系が定常発達しない極めて多様な病態がある。寝返りさえ自分でできない幼児から、ようやく歩くことはでき、少女のような顔をしているので、あとで年齢を聞いてみると三八歳だということで驚かされるような患者もいる。小脳に障害があり、まっすぐに立てない患者もいる。この場合は、定常発達成人での小脳疾患と異なり、まっすぐに立つという経験がないので、体勢のバランスをとるとはどうすることかという局面から作っていかなくてはならない。寝たきりで頭の向きを変えることのできない幼児には、頭の向きを変えるエクササイズが必要になる。こうした患者のなかで、運動能力はあり、手を引いて歩行を行なうと歩くことはできるが、どこかの位置で停止して手を放すとまったく動かなくなってしまう患者がいる。歩行能力には問題はない。ところがこうした患者は、まるで歩行機能を失ったかのように歩こうとしない。彼らには、位置を指定すること、それをつうじて世界とのかかわりを組織化する行為能力に欠損がある。しかもかなり多くの患者にみられる。こうした症状が、「ランディング・サイト喪失群」と呼ばれている[12]。

## 強度

ものごとの変化率は、世界の現実のなかで、他に解消することのできない固有のレベルを占める。何かが変化すれば、すでにそれに対して反応してしまうのが、認知行為の本性であり、すでに反応してしまっている現実がある。変化率に直面する時、その変化の果てを予想してから対応を決めるのではない。背後から急に速度をあげてやってくるトラックの音を捉えたとき、音を知覚したときにはすでに反応は起きてしまっているのであって、自分の位置までやってくる時間を予期して、はじめて動作を起こすのではない。しかも変化率の大きさは間違いなく感じとっている。大きな変化率には、強く反応し、小さな変化率にはほどほどの反応をする。だが一義的な決定関係はない。変化率そのものは、十分な時間をかければ、量的な値に変換できる。長く観察すれば、変化率の値を計量できるからである。だが変化率を感じ取り、すでにそれに反応してしまっている場合には、量的に捉えたものに応じて動作を組織化しているのではない。

こうした感覚運動野で起こる反応は、実は変化率に限らない。緊張の度合いや、意識そのものの緊迫感にも、強さの度合いの変動があれば、反応が起きる。重度障害者施設ソレイユ川崎で、人見眞理さんの治療を見学したことがある。彼女は、脳性麻痺の治療と理論では、おそらく世界で三本の指に入ると思えるほどの技能と洞察力を備えたセラピストであり、私にとっては精神医学での花村誠一さんと同様、リハビリテーションでの最大のパートナーであった。このときの治療対象は、一歳未満の小児である。一目見て、よほどの見る力と見えないものを感じ取る力がない限り、この病態には太刀打ちできないと感じられた。絵模様の入ったパネルを眼の右横に提示し、それを比較的速く、さらにはゆっくりと速度を変えながら目の端で動かしている。小児には、変化率が感じ取れている。視覚能力を作り出そうとするこの治療に対して、ある乳児はしばらく見続けていたかと思うと、右腕から首の付け根あたりに緊張が走り、全身が硬直してきて、あっという間に意識が飛んでぐったりしてしまう。開始時点から肘関節に力が入り始め、胸から喉元に緊張が高まり、喉がゴロゴロと鳴り始めると、やがて意識が飛んでしまう。すると一瞬全身から力が抜けて虚脱状態になる。その直後から意識は回復し、また治療課題に入ると肘から緊張が高まり始める。これは一般的にいえば、発作である。

一時間の治療でこうしたことが十数回起きた。最初の二回は、私はただ見ていただけだと思う。だがこのプロセスにはリズムがあるために、三回目以降は、私の神経系はこのプロセスに完全に同期してしまい、意識が飛ぶ瞬間の場面まで緊張の変動を感じ取れた。その結果それまで動かしたことのない神経が動き始めて、見学の翌日は丸一日眠っていた。眠ることができれば神経は再組織化され回復する。ところがこのときは、目覚めてもなお神経系の一部が動きつづけていると感じ取れた。全身が宙に浮いた感じで、なお何かが形成されつづけているという状態だった。しばらくは自分の使い慣れた車に乗ることさえ控えたのである。おそらく右側頭あたりの神経が動いてしまっている印象だった。そして四、五日間その神経が動き続けて、目覚めても身体全体が宙に浮いているように感じられた。この病態は、見学しているだけで、こうしたことが起こる領域である。この場合、私の認知行為は、幼児の全身の緊張状態の度合いの変動に完全に同期していた。この変動する緊張状態の度合いも強度である。

強度は一般に量化できない度合いであり、量化できる外延量に対して、度合いの変動として捉えられたものである。語義内容は、内包量である。概念的に分析すれば、内包量には外延化されたもの以外のすべてが含まれる。つまり何が出現してくるかわからない事態を指している。歴史的には、外延、内包はアリストテレスによって、概念の二要素だとされた。人間という概念の外延は、人間の集合であり、内包はその概念の本質である。人間の場合には、「理性的であること」だとアリストテレスは規定している。だが中世の途中で、外延は量化可能なものであり、内包は量化の手前で判別された度合いの領域だと再規定された。これをさらに拡張していくと、量化できないが度合いの判別がなされている領域を一般に「強度」と規定することができる。比喩的には、光の強さ・弱さ、色の強さ・弱さのように、感覚的にはどことなくわかるが、量的に語ったのでは何かが違うと感じられる領域や、感情の強さ・弱さのようにただちに感じ取ることができ理解できる領域や、存在の強さ・弱さのような確かさの感触を度合いで示すような領域にまで広がる。その意味で、強度の感じ取りは、科学的な発見の母体であり、芸術的な直観の源泉でもある。だが概念そのものが問題なのではなく、そこからどのような経験を誘導するかである。強度は、どのような時代にあっても、新たな経験にさいしていまだ量化できないところに出現する。それは、尽きることのないアイディアの宝庫なのである。

ドゥルーズは、生成する事象の解明を目指す課題設定のなかで、こうした強度を前面に出して検討を加えた。生成する事象は、いまだそれが何であるかが確定せず、またすでに生成を開始してしまっている以上、生成それじたいを安定した事象を捉えるような仕方では捉えることができない。

そこに多くの工夫が必要となる。どのような仕組みを考えるにしろ、生成そのものは開始条件（潜在的条件）にも解消されず、生成の完了した事象（個体）にも帰着できない。というのも生成が完了するように見えているものでも、なおその次の生成に入っているのかもしれないからである。とりわけ「みずからに成り続けるもの」は、まさに成り続けるプロセスの途上にあり、またプロセスそのものでもある。しかし生成途上にあるものは、それとして感じ取られている。ドゥルーズは、感じ取られている指標の一つを強度だとしている。強度の中心には、まさに変化している事態を表わす微分形の変化率がある。変化率に対しては、誰しもそれが何であるかがわかる以前に、すでに行為によって対応している。強度から現実性の成立までは、多くの周辺条件を含みながらプロセスとして進行する。こうしたプロセスやプロセスの仕組みについての考察が、初期の『差異と反復』には欠けている。それに対してガタリとの共著である後期の著作では、このプロセスについてコード化や領土化で考察することになった。それをうけて脱コード化や脱領土化が構想された[13]。しかしたとえばひとたびコード化し領土化したものでも、みずから自身を内発的に突き崩し、さらに新たな組織化へと進むような自己組織化やオートポイエーシスの仕組みを活用することはなかった。プロセスは、それが進行するごとに、プロセスの接続点でそのつど再組織化を受ける。この接続点には、それぞれ選択性があり、別様に再組織化できるのである。

## 生態学的知覚

知覚を運動に連動する器官だとする主張は、今日では「生態心理学」が大々的に展開しているが、そこでは何の知覚がこうした連動を支えているのかが問われた。知覚は一般に身体運動に連動するという主張じたいは、ことさら取り上げるような立場や観点ではない。ギブソンであれば、風景の変化率が、運動の方向性と運動速度の直接的な調整要因として関与するという。こうした風景全景の変化率がオプティカル・フローと呼ばれるものである。オプティカル・フローは速度や方向を調整するための手がかりをあたえる。また複数の物体が移動するとき、一方が他方を覆い隠すことがある。ギブソンは、何かが何かを覆い隠す、あるいは何かが背景となる何かを覆い隠すことの知覚が、「運動の知覚」だとした。この場合には、運動とは空間の場所的移動ではなく、ある物がある物を覆い隠す遮蔽であることになる。幼児の運動の知覚は、基本的には遮蔽の知覚であることが明らかになっている。しかし遮蔽は、何かの移動を含むが、それじたいは物の重なりの知覚であって、必ずしも空間移動のような運動ではない。空は突如湧き上がる雲によってどんよりと曇ることもあり、決壊して溢れた水が地面を覆うこともある。これらは個物が個物を覆い隠すようなものではない。またギブソンの高弟のマイケル・T・ターヴェイは、手首や腕で振り回す棒の長さが直接知覚できることを示した。しかもその棒の長さの知覚は、棒の重さや棒を振り回す速さとは独立であることが示されている。このとき要点となるのは、知覚が何を変数として実行されているかを特定したことである。知覚は、何かの本質を摑むはずだが、あらゆる感覚質を総合するようにして物の本質を摑むのではない。むしろ逆に派生的な感覚質を排除しているはずである。生態物理学はそこに踏み込んだのである。

ここでの知覚は、「基準感覚質の選択的特定」のことだと言ってもよい。精確には、知覚とは多くの感覚を背景化させ、特定の感覚質を基準感覚質として特定する働きであり、それをつうじて事物の認定を行なう働きである。事実、バナナとカボチャの形が区別できなくても、それらを色や肌《き》理《め》で区別できる患者がおり、物の形がわかり物が何であるかがわかっても、物の位置が捉えられない患者がいる。そのため通常知覚が、ある物を「何か」としてとらえる働きだとしても、この何かは文化的に形成された疑似安定態であり、こうした疑似安定態を作り出すことこそ、知覚の巨大な威力なのである。個体の条件によってそれはつねに選択に開かれている。手首や腕で棒を振り回すさいに、それらの部位にかかる圧覚や運動覚をつうじて棒の長さは知覚されている。そのためここには膨大な身体内感の形成の前史がある。逆にいえば、手首や腕の運動感に欠損が生じれば、この知覚は成功しない。

ギブソンの高弟たちが行なった知覚についてのデータ収集は、とりわけ運動の起動に関与している知覚の変数の抽出にかかわっている。ところが運動の起動にかかわる変数は、実は特定の座標軸に決定できるようなものではない。背後からやってくるトラックを避け、おのずと道路の端に身を寄せるときの知覚は、トラックの音に含まれる接近の加速度、すなわち緊急性の度合いにかかわっている。芝生に足を踏み入れるときの足の踏ん張り方の変更は、芝生からそれとして察せられる土の硬さにかかわっている。知覚は行為の起動にとって最も有効な感覚質をそのつど選択し、そこに度合いと量的な判別を行なうのである。

もう一人のギブソンの高弟であるデヴィット・N・リーは、自分の方に向かって飛んでくる物体との距離が、自分に到達するまでの時間で知覚されているということを明らかにした。空間的な距離は、空間座標軸のような位置と位置の隔たりで知覚されているのではなく、むしろ自分に到達するまでの「緊急性にかかわる量」として知覚されているのである。ただしこの場合でも、この量が空間的な座標軸に変換可能でなければ、その物体を避けたり、受け止めたりすることは難しい。身体行為に連動するためには、空間量にも変換できることが含まれているはずである。というのも自分に接近する物体は、まっすぐ自分に飛んでくることは稀で、逸れたり曲がったりしながら飛んでくる。このとき空間的な変異の知覚が、受け取るさいの腕の出し方や、身をかわすさいの方向を決めているはずである。生態心理学は、運動性の関与する基準感覚質の特定を広範に試みたのである。ただしそれが選択的に指標として取り出されるものであることを明示しなかった。ところがこうした選択的な指標の設定こそ、同時に認知行為のネットワークのなかでの運動の起動や調整を可能にしているのである。知覚の指標の特定は、同時にそれとともに潜在化された認知行為のネットワークで有効な行為と連動している。こうした知覚の特性を見誤ったために、環境情報から身体運動が促されるというような文学的比喩に陥る可能性が広範に生じたのである[14]。

## 3　認知行為と現象学

認知行為とは、認知と行為が同じ一つの事態として成立しているような働きである。だが実際のところ、これは認知行為に対して、まるで外から観望するように語った要約にすぎない。それどころかおそらくすでにことがらをいくぶんか外してしまった記述でもある。身体動作を含む認知は、なんらかの身体動作を行ないながら同時に認知を行なっているような場面では、すべてこうした認知行為的な局面が含まれている。手で机を触るさいにも、強く押しすぎれば、圧覚だけが前景に出て、机の滑らかさを感じ取るには不適切であり、弱すぎれば物に触れているという感触だけがあって、滑らかさの認知とは異なることが行なわれてしまう。ほんとうにゆるく押すと、皮膚表面の変化さえ起こらず、触覚も生じない。こうした記述は、実にわかりやすい。というのも運動と認知を別個に設定し、認知の成立しうる運動条件や認知が運動条件によってどのように変化するかを問うているからである。つまりこれは経験科学的な問い方である。複雑で入り組んだ事態を、別個の変数に分離して、それぞれがどのように関与しているかを考察しているのである。

## 現象学

だが机の表面のざらつきや滑らかさを感じ取っているときには、それだけが事象として現われているのであって、同時に働いているはずの前方への運動感は潜在化し、消えている。身体行為のさなかでの行為の途上にある経験の解明を行なおうとすると、現象学的な考察となる。そこには行為の特質が現われ出てくるはずである。つまり行為のさなかにある者は、行為の全貌は知りようがなく、むしろ有効に行為できるように多くの認知能力を、知るとは別の仕方でおのずと活用しているはずである。ここで起きていることは、経験科学的に解明された事実とは異なるだけでなく、科学的な事実を手本にしてそれに合わせて行為を制御しようとすると、有効に実行できない領域があることを意味する。行為はみずからを継続するようにしか遂行されない。そしてそうした事態と整合的であるような調整しか、行為のさなかでは有効に機能しない。といっても科学的に解明された事実に対して、現象学は内的に考察された事象を明らかにしているというのではない。少なくとも視点の移動を行なえば明るみに出るようなことがらが問題になっているのではない。むしろそれじたいプロセスとして進行するような行為に特有の事象は、経験科学的事実によっては明らかになることはなく、それに固有の解明を行なわなければならない。そのとき科学的事実は、つねに考察の手がかりとなることはあっても、何か現実の行為とは異なることを語ってしまう記述として活用されるのである。

たとえば、行為と認知との独特の関係には、かなり多くのモードがある。ヴァイツゼッカーは、『ゲシュタルト・クライス』で、知覚と行為の連動関係を考察し、動き回りながら部屋の風景を眺めているとき、風景の変化が前景化すれば、動き回っているという行為の側が視界から消えていくことを述べていた。そしてそうした事態を、部屋から出て行きながら部屋のなかを見ることはできないという卓抜な比喩でたとえ、これを「回転扉の原理」と呼んだ。これは身体的な運動と知覚との関係で定式化されており、知覚と運動の「相互隠蔽」という事態を表わしている。この事態は、行為と知覚との「構造的な関係」にかかわっており、現われるものとそれと同時に潜在化するものの基本形をあたえている。知覚は、みずからにともなうさまざまな働きを視界の外に隠してしまう。この隠し方は、潜在化するものがまさに意識の事実とはならないことによって最も有効に機能することを意味し、隠伏的に作動することが、事象の本質でもあることを意味する。

物の表面の微妙なざらつきを探ろうとすると、手にかかる圧を弱くするとか逆に強くするというように、おのずと運動性の働きに変化をつけている。もう少し弱くとかもう少し強くとか、試行錯誤しながら、何度も知覚を繰り返し、ほどよい運動と知覚の成立を探り当てようとする。このほどよさを見出すさいの試行錯誤のプロセスには、知覚や運動のさなかで、まるでピントを合わせていくような「気づき」が働いている。

しかもこうした潜在化したままの働きは、それがおのずと働いている場合には、「気づき」さえ起動しないことが多い。土のグラウンドからアスファルトに出たとき、おのずと足の踏ん張り方を変えているはずだが、それはおのずと進行しているのであって、気づきさえ不要である。ここにはおそらく無視も働いている。一般に身体的、触覚的認知は、生存適合的に認知能力として形成されてきた場合でも、それらが余分な時には起動しないように、潜在化する仕組みを内在化していると予想される。これは回転扉の原理とは異なる仕組みで、身体の事情や諸条件が視界や意識から消え、おのずと潜在化する。

さらに意識そのものの変容に連動するような、注意領域の変貌がある。それによって構造的な非注意領域が生まれてしまう。体験レベルの経験では、いくつかの理由が重なれば、現われそのものがにじり寄るように近づいたり（強迫性）、遠ざかったりするような（離人性）変化が生じることがある。これは経験内容の変化ではなく、むしろ経験することとそのものの変容であり、多くの場合選択可能な経験の境界が移動しており、また多くの場合選択性そのものが消滅する。そのとき意識は当惑するような対処しようのなさに巻き込まれてしまう。意識はもはや何かを知るのではなく、それじたいがこうした変容のなかに巻き込まれる。場合によっては、左視野が欠けていたり、視野の奥行きが欠けていたりする。こうした事態の解明のためには、意識の自然性に依存した考察だけではとても間に合わない。というのもこういう場合には意識の自己防衛のために、それじたいで見えない領域が出現しているからである。

意識はそれとして一つの行為であり、みずからが行為であることを覆い隠すような行為である。この意識による行為の隠蔽が敗れるのは、経験そのものが形成されたり、破綻したりする場合に、意識がその形成のプロセスに巻き込まれる場面である。いわば意識にとって、葛藤と躊躇のさなかでどうすればよいのか見当がつかないような局面を経る場合である。それは学習の場面でも明確である。体験的学習では経験そのもの、さらには意識そのものが形成されることがあり、そのとき意識はみずからに何が起きたのか知りようがない。だが経験は形成プロセスにしたがって進行し続けるのである。

経験は意識の知る働きを超えて、みずから自己形成する。たとえばはじめて自転車に乗ることができたとき、あるいははじめて鉄棒の蹴上がりができるようになったときにも、どのようにしてできるようになったのかが、自分自身にもわからない。しかしできるようになる。ここでは新たな体験の場面が経験にとって出現する。こうした事態は、意識そのものにも、いくばくかの変化をもたらしているはずである。意識そのものの変容にともなう現実性の変化では、それが安定したとき、根本的な非注意領域を生み出す。それは潜在領域というよりは、容易には顕在化しようのない領域である。たとえばもはや自転車に乗ることのできなかった自己に戻ることはできず、蹴上がりのできなかった自己に戻ることはできない。言語を獲得する以前の自己に戻ることもできない。それがどのような自己であったのかも、追憶のなかでわずかに感じ取れるだけである。ここにはプロセスに特有の隠れがある。つまり新たな経験が出現すると、既存の経験はそのもとで再編されてしまい、過去の痕跡としてしか知りようがないからである。

軽度の発達障害や特異な経験の形成を行なった場合にも、同じように構造的な非注意領域が出現する。身体の感覚が他の人とはどこか異なると感じ取っている人たちは、多くの場合それへの対応の仕方をみずから身につけている。膨大な言語表現を獲得するとか、常軌を逸した記憶力を備えているとかである。これはほとんど代償機能形成を行なっているのであるが、この場合自己治癒の最大の努力の結果が、発達であり、自己形成である。そのため代償機能形成の一歩手前の経験領域には、壁に喩えられるような非注意領域が生まれる。そうした人たちに、この非注意領域に注意を向けさせようとすると、いつもなにか「すれ違っている」という感触をもつことが多い。説明しなければわからない人には、説明してもわからない。言葉で語らなければわからない人には、言葉で語ってもわからない。理解を促さなければわからない人には、理解を促してもわからない。こうした経験の感触が生じる非注意領域を抱えた人は、予想外に多い。なにかある現実領域が欠落しているという印象なのである。これは「遂行的注意のパラドクス」とでも呼ぶべきもので、ある事象に注意を向けようとすると、別のところに届いてしまうという感触なのである。

こうして現われざる事象のなかに、構造的な潜在領域、触覚性感覚にみられるような潜在化－顕在化をつうじて現われないことがむしろ有効に機能する領域、さらには意識そのものの変容にともなう非注意領域、さらには発達での微妙な条件変化に対応して、自己治癒の努力による成果として、個々人固有に届かなくなってしまう非注意領域のように、現われとは異なる仕方で作動する経験領域があることがわかる。

そしてさらに、順次展開していくように、発達を駆動していく発達ドライヴや記憶や能力のような、それじたいは単独で作動することがなく、またそれとして現われることもないが、つねに現われにともなってしまうような広大な体験領域がある。

現象学は体験レベルですでに生じている事象や経験を解明する手法である。しかも体験的経験のさなかに入り込み、そのなかに含まれているさまざまな働きを浮かび上がらせる手法である。現に起きている体験的事象を外から説明したり、そうしたことの意味を理解したりするのではない。だから現象学的記述はたんなる反省ではない。経験のさなかで、そのなかに働いているものをそれとして浮かび上がらせるのだから、これは一種の「内視」である。そのため認知行為の解明には、現象学を欠くことができない。

だが体験的レベルの事象は、すでに起きているのであって、しかもそれ以外の事態はまるで論理的に不可能であるかのように事象は出現する。体験的レベルの事象は、選択肢をもたない。たとえば眼前の現われが、突如前方ににじり寄ってきたり、遠のいたりすることはまずない。またそうしたことが誰にとっても起こりうるとしても、経験の延長上にそうしたことがおのずと起こるということはありそうにない。つまり体験的事象は、生きていることと地続きになった経験であり、それが別様でありうることは論理的には想定できるが、実際には起こらないような経験のレベルである。体験的事象は、それが起きて進行していることと、それについての意識的経験との間に隙間がない。

この隙間のないところに隙間を開くように考察・解明の回路を開いたのが現象学である。ところが経験の可能性のなかでは、起こりそうもないことが実際に起こり、経験のなかに配置できないようなことが起こるのである。この場面で、意識の可動域の拡張を含めて、相当多くの工夫が必要となる。

フッサールの進んだ道行きは、なにか認識論的バイアスというようなものにひどく妨げられている。フッサールは認識にもっとも近い場面で意識の働きを分析している。現象学が問うような体験的な知の場面では、意識は体験のさなかで作動しているのであり、その場面にまで迫ることができたことが、現象学の主要な成果である。そしてその成果をつうじて、逆に体験的認識についての「分析の誤解」が明確になってきた。たとえば現象学の手法が確立され、自然への解明がなされる『イデーン』の第二巻では、自然一般への問いに続いて、物の認識に関与する体験的条件を詳細に分析している。このときの分析の仕方は、物の理論的認識が成立しているとして、その認識を成立させている意識の構成的な働きを論理的に調べ上げるというものである。(15)

この場合、現象学は、カントの設定した認識の可能性の条件の解明を、知覚での意識の構成能へと引き降ろして、知覚的認識の可能性の条件を解明するのである。一面では、科学的な理論の前史としての、物そのものの意識による構成を問うている。また他面、感覚質が物の認識にどのように組み込まれるかという知覚そのものの成立を問おうとしている。たとえば物の認識には、時間・空間の指標が不可分に働く。また物の認識には、それをまなざしている身体の位置が不可分に関与している。あるいは身体移動によって物の見え姿は変わる。そうした分析をできるだけ詳細に行なうのである。さらにたとえば物の弾性は物性としてはとても重要だが、物を人為的に押さえて跳ね返すような事象をもとに弾性が把握され、その属性が物の認識に統合される仕方を捉えようとしている。物の知覚は視覚を中心として成立しており、それの前提となる必要条件を解明するのである。ここには視覚的知覚が、認識のモデルケースとして設定されていること、知ることを中心にして、知ることに従属し、知ることに組み込まれるように意識の構成能を分析することが含まれている。

## システム現象学

ところで経験のなかでは、歩行動作や運動のように、意識が全面的に関与することなく作動する行為が多々ある。身体の動きをともなう行為は、意識の関与や意識からの指示がなくても作動しているものがある。歩行動作は経験され、運動もそれとして経験されている。意識の全面的な関与のない事象を解明するさいには、意識による内視という探求手法は部分的にしか効かない。すると、補助的な機構の導入を行なわなければ前に進めない事象はたくさんあることがわかる。意識が全面的に届くことのない事象に対して、ことがらや事象に即した補助機構の導入が必要となる。この補助機構の代表が、自己組織化やオートポイエーシスのようなシステムの機構である。そこにはいくつかの特質がある。

（1）　経験科学的な仕組みは、つねにものごとを対象として捉え、対象として知ることができる。そのためそれを定式化した場合でも、外的なモデル設定のようなかたちをとる。ところがプロセス、創発、形成、出現のような経験の進展についての経験科学的仕組みは、経験そのものを貫いているカテゴリーでもある。そのさい対象として捉えられた経験科学的モデルが、どのような経験に対応するのかを感じ取れていなければ、外的なモデルで説明するに留まることになる。科学的なモデル的説明と、それに対応する経験のあり方は異なる。場合によっては接点がないほど異なるのである。たとえばすでに述べたように、科学的に指標される「重さ」と身体そのものに感じられる「重さ」はまったく異なっている。この違いは、科学的概念（重量）と日常言語（重さ）の違いをはるかに超え出ており、接点がないほど隔たっている。これと類似して定式化された科学的モデルと経験の内実として感じ取られた事象とは異なっている。こうした事象の経験を獲得しておくことが必要となる。そしてこの経験の内実は、経験を貫く経験科学的な仕組みを活用するさいに、直接的な手がかりとして活用することができる。

たとえば自己組織化では、新たな変数の獲得されるような変化が出現する。これは経験のなかで、どのような事象に対応するのだろう。既存の経験のなかで、変数の値が変化するようなものではない。また反転図形の別の側面が見えてくるようなものでもない。一挙に何もかも不連続な経験が出現してしまい、何が起きたのか収拾がつかないような経験である。たとえば眼前の光の明るさが、一挙に五倍もの強さとなり、すべての音がやみ、風景がまるで舞台の書き割りのようになってしまうような経験の変化は、既存のものの変数の値が変わったというより、変数そのものが置き換わった、というような局面である。この場面では、元に戻ろうと思っても戻ることはできず、また別の機会にそうした状態に入りたいと思っても入ることはできない。新たな変数の出現とは、こうした事態に近いのかもしれない。

システム現象学を実行するさいに難しいのは、経験のなかに、科学的定式化での事項に対応する事象を簡単には見出せないことである。それは多くの場合、経験の感触として見出されるのである。「こんな感じ」というのが最もそれに近い。それを見出せなければ、外的な科学的モデルを比喩として、あるいは意味として活用するだけにとどまってしまう。このとき多くの現象学者は、一般に事象ではなく「形而上学」を持ち込んで議論してしまっている、と感じることになる。

（2）　こうした経験を見出すことは、出現する事象が何であるかを語り、記述するだけではない。むしろ経験がどのように進むのかを見出していかなければならない。新たな経験が出現したときには、意識の制御とは独立に、経験そのものがおのずと進んでしまう。いわば**経験の自己組織化**が起こる。多くの場合には、経験は細分化され、細分化の途上に調性能力が形成される。このとき経験は、みずからを新たに個体化するように進むことがほとんどである。この新たに個体化するように進行する経験では、オートポイエーシスが作動している。そのため事象はつねに途上にあるように別様に現われてくる。すでに捉えた事象を繰り返し括弧入れしながら、なおおのずと出現するものを捉えていくのである。

（3）　しかもその途上で、行為の持続的作動のための有効性が獲得されていくだけではなく、同時にどのように行為することが、新たな経験へと入っていくためには必要であるかの感触を手にすることができる。それによって新たに経験の仕組みを定式化したり、新たな経験科学の仮説の提示にきっかけをあたえることができる。こうしたことをつうじてシステム現象学は、経験科学の進展のアイディアをつねに提示しようとするのであって、一つの哲学的図式の提示に留まろうとする哲学的自足を、繰り返し内部から打破していくのである。

一般に体験的行為のほとんどは、意識が働く手前ですでに作動している。意識の自己感触であるクオリアが働く行為はごく部分的なものであり、行為の大半はゾンビ状態で作動している。するとこのゾンビ状態に対応するものは、システム的機構によって準備され、そこに意識が関与する場合には、現象学的な解明が行なわれることになる。この場合、システムの機構を一方で活用しながら、同時に現象学的なまなざしを活用するような解明の仕方になる。こうした解明のプログラムの総称が「システム現象学」であった。システム現象学は、探究の設定の仕方を示唆しつづけるプログラムであり、たんなる立場や観点ではない。またシステム現象学は、身体動作とともになされるような認知を典型事例としており、見て知るような観照（テオリア）を標準事例とはしていない。

自己組織化やオートポイエーシスによってもたらされたいくつかの基本的な変更点を確認しておきたい。アリストテレスの質料－形相体制では、たとえばタンパク質が三カ月程度で入れ替わっても、細胞そのものの同一性は維持されている。質料は入れ替わっても、同一性が維持されている場合の同一性を支えるものが、形相である。しかし自己組織化では、同じ質料からなるものでも、運動をつうじて新たな形相の出現を認めるのである。質料－形相は、それじたいの内部に可変性を含むのだから、形相そのものが新たに形成されうる。これはアリストテレスからの拡張である。

さらに質料－形相が重層的に組み立てられて出来上がる個体は、要素、組織、器官、器官群のように多階層的になっているが、それぞれの水準で新たな形相の出現を認めるのである。つまり多階層的なものは、ボトムアップでもトップダウンでもない仕方でなお創発しうるのである。つまりそれぞれの階層に固有に自己組織化やオートポイエーシスの仕組みが作動する。そのとき実は、階層関係そのものが確固として維持されたものではないことがわかる。階層関係は観察者から見た一種の図柄であり、見取り図である。ところがそれぞれの階層に属するものはそれ固有に作動する。それによって階層関係そのものが消滅する。

また手段－目的連鎖は、生成プロセスから見たとき、生成そのものはどのような開始条件にも帰着されず、どのような目的によっても決定されていない以上、生成プロセスを考察するさいには、ふさわしいものではない。そのことは手段－目的関係を、原因－結果に置き換えても、根拠－帰結に置き換えても、同じように当てはまっている。

あるいは個体の生成プロセスを考えるさい、アリストテレスでは、ものごとを二重に規定することが構想されている。植物の双葉は、花になっていく途上にある。すると双葉は、花の可能態であることになり、花は双葉の現実態であることになる。ここから可能態から現実態に移行することが生成プロセスだとするしばしばみられる誤解が生まれた。だが実際には生成プロセスを語るためには、二つの時間点を設定し、この二つの時間点との関係で前の時点の事態を語るものが現実態にとっての可能態であり、後ろの時点で語るものが可能態にとっての現実態である。このとき二つの時点の設定が、線形で進むように想定されていること、生成プロセスの進む先は、アクシデントによって到達できない場合を含めて、アリストテレスの場合には確定していることが必要である。しかしこれは観察者による規定であり、生成プロセスのさなかにあるものにとっては、事態はまったく別様である。生成プロセスのなかにあるものは、つねに予期をもちそれを手がかりにしながら、みずからの行為を選択する。このとき知覚でさえ、行為のさなかでは予期になるのである。すると多くの哲学のカテゴリーを組み替えなければならないことがわかる。

こうして個々の基本概念の意味合いが組み替えられる。認知行為規則は、身体とともに世界とかかわり組織化する行為のレベルでの規則である。この場合、認知の最大の機能は、行為の継続にとっての手がかりを提供することである。たとえば知覚は、一般に感覚的直観であり、物を明証的に捉えるさいの最大の働きをしている。直観は直接対象に届き、そこから直接性という確信が生まれる。この**直観の直接性**は、現象学がおしなべて事象の解明の前提としているものである。そこからさらに明証性という真理基準が出てくる。だが直観の直接性は、むしろ直観の調整できなさに依存しているのではないかと考えられる。眼前の花瓶のかたちを、直接知覚することはできる。このときひそひそ話をするように、ひそひそと花瓶のかたちを知覚することができるのだろうか。声の大きさを調整するように、直観の届き具合を調整できるのだろうか。この調整ができないのだとしたら、直観の直接性は、すでに行為として実行されている働きであり、それはおそらく生存をかけたほどの働きなのである。つまり直観とは、いわば世界を静止画像のように捉える一種の誤謬に踏み込む賭けなのである。

# 第二章　システムの発達

発達には組織化のさまざまなモードが含まれる。そのためシステム論にとってはまたとない探究領域である。しかも発達は、現状ではまったくモデル的な手がかりが欠けている領域でもある。ここ二十年の間、発達心理学はデータの詳細さという点で、極端な変化を遂げた。膨大な知識や事実が明らかになってきた。発達の段階論を考えるさいには、個々の発達の局面を観察をつうじて細かく記述していく方法が採用される。実際、そうした観察の蓄積は膨大な量に上っている。そして観察事実から見る限り、いくつか不連続とも思えるような変化があることも確認されている。発達を時系列でおさえて特徴を取り出してみる。生後二カ月目で、それまで栄養補給に全力を上げ、それ以外の時間は眠り続けていた乳児（システム）は、母親へ微笑を向けたり、周囲のものへの差異をともなう関心を示し始める。また生後九カ月目で能動的な周囲へのかかわりが出現し、動作や行為はオーダーを更新して一挙に多様になる。そのため語呂合わせで、それぞれ「二カ月革命」、「九カ月革命」と呼ばれてもいる。時系列的に比較的はっきりとした特徴のでる質的変化の系列は、観察者から見た時間軸での指標を取り出したものである。[1] それぞれの局面では、乳幼児というシステムそのものの再編と変貌を含んでいる。そこにはそれまで見られなかった能力の出現が見られる、ということになる。

## 1　発達論の難題

こうした観察ではおよそ誰にとっても明白な変化が取り出されている。そのため経験科学的な区分となる。そこに問題があるわけではない。問題があるとすれば、そこから先である。そうした経験そのものの再編を含むような変化を考察するためには、経験の再編と組織化がどのような仕組みで起きているのか、またそのことはたとえば能力の開発形成の誘導を行なう発達障害児の治療で、どのような介入の仕方を可能にするのかという問いである。前者の問いでは、発達ということが可能となるような仕組みを再考し、再度どのような構想が可能かを吟味してみなければならない。そのさい発達は、何の発達なのかという一見自明に見える問いが再度焦点となってくる。ジャン・ピアジェでは、感覚運動制御、さらには世界への操作的制御によるかかわりのモードの形成が、発達論の主題となる。また精神分析医のダニエル・スターンでは、それとして感じ取られているまとまりとしての「自己」の形成が、発達論の主題となる。発達は、たんなる加齢とも一般的な意味での身体の成長とも異なるはずである。そうであれば、発達とは何の変化なのかという問いが再度前景化する。一言でいえば、それに相当するのが「能力の形成」である。だが個々の経験と能力は別のものであり、個々の経験から能力がどのようにして形成されるのかという難題が、さらにその先に待ちかまえている。発達段階論は、発達論の重要な課題だが、発達段階論だけで単独に成立する課題ではない。そのためここでは、発達論全般の議論のなかで、発達段階論に焦点を絞ることにする。ある意味で発達段階論は、図式的な発達論の派生的な問題なのである。

発達論も発達段階論も、個別的事実は際限なく増大するものの、理論的には明確に立論しにくいほどの道具立ての不足につきまとわれている。圧倒的に何かが足りていないというのが現状だと思われる。実際、何が足りていないのか不明なほどである。発達論、発達段階論は、そこから検討しておかなければならない事象であり、課題である。まず発達論の難題がどこにあるのかを検討する。さらに神経系の再編の仕組みをモデルとすることで、新たな道具立てを提示することにしたい。また発達障害児に対してどのような能力の形成がありうるのかについて、重度発達障害児の事例によりながら、発達障害児への治療的介入に含まれる発達そのものの難題を取り出してみる。

一般に脳性麻痺と呼ばれる障害は、周産期（妊娠二二週から生後七日未満までの期間）のアクシデントによって生じることが多い。生まれ落ちるときに酸欠になったり、何かの外傷性の障害を負うことに由来することが多く、その場合には遺伝性の欠陥ではない。だがそれによって生じる病態は、驚くほど多様であり、部分的な障害によって発達は多くの多様な回路と段階を経ると考えられる。遺伝的決定から少しくらい外れても、発達は進行するが、そこにはあまりにも多くの未決定性が含まれている。発達を駆動する何かを想定しておかなければ、そうした事態を考えることは難しい。それを発達ドライブと呼んでおくことにする。これは遺伝的に決定されているわけではなく、それじたいでも形成プロセスを含むが、それ単独で規定することは難しい。こうした病態に迫るためにも、発達論そのものの組み直しが必要だと感じられるのである。

## 第一の難題

発達論を難題にしている基本項目を取り出してみる。第一に、発達する乳幼児そのもの（システム、以下同様）では何が起きているのかという問題がある。発達段階論は、観察者が明確に区分できるものを取り出すことによって成立している。そこに不連続なほどの形成段階があるというように取り出すのは、やはり観察者である。九ケ月頃、システムには環境世界への積極的、能動的なかかわりがはっきりと見られるが、このときシステムそのものには何が起きているのか、という問題である。少なくともシステムは自分自身で革命的な変化が起きたと感じているはずもなく、不連続な展開があったと感じているとも思えない。

## 意識の発達はあるのか

このタイプの問題の基本形は、ヘーゲルの『精神現象学』の「緒論」に出てくる。この著作は、緒論から始まり、議論の途中で構想が変わり、当初の構想の三倍ほどの分量となって、冒頭に配置された「序文」が最後に書かれて終わっている。そのため一般に「序文」と呼ばれているものが二種類含まれている。この最初の序文に相当する「緒論」で、いわゆる「意識の命題」と呼ばれるものが提示されている。意識的認識は、意識にとっての「対象」と「そのもの自体」を区分する。意識的認識が捉えている対象は、認識がそのように捉えているものにすぎない。そのとき同時にそれ自体ではどのようになっているかという面を区分しながら認識は進む。認識対象とそれ自体との区分は、本来意識が行なっていることであり、認識ということに本性的に内在している。これが「意識の命題」と呼ばれるものである。(2) つまり対象を捉えるさいに、これは観察者が捉えた認識対象という一面にすぎないことにどこかで気づきながら、認識対象ではなく「それ自体」ではどのようになっているのかという問いを内在させてしまう。それが意識的認識の本性であり、これがあるために意識的認識は、どんどん認識そのものを訂正し、いわば高まっていく。このプロセスが、『精神現象学』での精神の自己形成に相当し、発達のモデルの一つを提供している。だが意識の自己吟味を基本としたこの経験の自己形成の仕組みは、多くの誤解をあたえるものでもある。

それほど難しいことが言われているわけではない。たとえば眼前に石を見る。石の特徴は観察者が判別したものである。ところが石は、まさにそれじたいで石である。観察者の認知によってはじめて石になったわけではない。観察は石の特徴をいくぶんか詳細に取り出しているだけである。意識が観察する際には、意識によってそう捉えられているだけという面(対象的規定)と、そのもの自体でどのようになっているかという面(真もしくは存在)とがつねに分かれてしまう。この分かれ方が、感覚、知覚、悟性、理性では異なったモードとなる。対象的規定とそのもの自体との間で吟味を繰り返し、真偽が次々と入れ替わることで、感覚的確信、知覚、悟性、自己意識、理性、精神と進んでいく意識の上昇のプロセスを進むことができる。このプロセスの総体が、「意識の経験の学」と呼ばれるものである。

## 反省から経験は形成されるのか

こうした経験の進展には、いくつかの疑問が残る。（1）意識の吟味をつうじて偽だと判明しても、偽だからといって、それを放棄して次の認識の局面へと進んでいくことができるわけではない。一方ではある観点から偽であることはわかっているが、それにもかかわらず他方ではそれは紛れもない確信だとするある種の固着は広く見られる。こうした局面では、視点を切り替える程度ではなにも変わらないことがほとんどである。つまり真偽の吟味から、ただちに経験の形成のプロセスを進んでいくことができるわけではない。さらにはそれぞれの経験の場面で、自分自身の認識が偽であることに気づくのは、多くの場合次の小さな成功をして後のことである。認識が偽であることが判明してのち、それによって経験は次の局面に進んでいくのではなく、次の局面へと「踏み出して」後に、はじめてみずからの誤解、誤謬に気づくことが普通である。

たとえば真偽の判定が微妙なときには、真とも偽とも明確にならない場面を通過するはずである。このとき主体は、問題に直面している。『精神現象学』の記述のなかでは、問題は真か偽かを知ることである。だが真偽の判定の物差しは、この意識の経験の外にはない。するとそのつど真偽は吟味のプロセスのなかで選択されながら、前に進んでいくよりない。この選択は一つの行為としてなされるのであって、意識の知る働き（あるいは真偽の区別）とは、別の働きである。ヘーゲルでは、偽だと知るさいの否定の働きが、経験そのものに組み込まれるように描かれている。それが「止揚」というキータームである。否定を介してはじめて経験は形成される。これじたいはとても重要な指摘なのだが、にもかかわらずこれでは経験の局面を取り違えているように見える。対象に否定的にかかわる経験が、内的に組み込まれ、経験そのものが組織化されるのではない。選択のさいに試行錯誤を実行することをつうじて、そのさなかに経験はまるで別の変数が獲得されるように自己組織化されると考えられる。**真偽の判定という自己反省から、経験が形成されることはほとんどありえず、たとえ真偽の判定に直面した場合でも、そのさいの選択の行為から経験は形成される。**

(2) 個々の場面で選択が行なわれるさいに、まさに一つの選択を行なうことによって、経験の自己組織化が起こると考えられる。この経験の組織化にも意識が深く関与している。経験の組織化そのものも、意識の知るという働きとは異なる。選択を行ない経験が次の局面へと進むとき、意識はそれに巻き込まれ、到達点では意識は何が起きたのかを部分的に知ることができる。だが局面の変化そのもののなかを移行していく意識は、そこで何が起きたかを知りようがないのである。つまり経験の組織化は、みずからにとって何が起きたかを知りようがなく、自覚的に知るという状態を維持しながら、意識がみずからのモードを高めていくことはありえないのである。

このことはヘーゲルの記述が、意識の経験の到達先をあらかじめ観察者は知っており、その観察者によって割り当てられた到達地点に結果として到達するように構想されているという問題に関連している。通常これはヘーゲルの議論が目的論だということで、批判される箇所である。だが目的論の問題がどこにあるかは、明示した方がいい。それはヘーゲルに抗して、知の多元論を立てる場合でも同じ問題が起こるからである。経験が形成されるさいに、より高次なものであろうが、より多様なものであろうが、そこへと向かうように経験は形成されるわけではない。結果としてどこかへ向かっていくことを判別するのは、観察者である。ところが観察者が判定している時系列的プロセスは、経験の形成のプロセスとは異なっている可能性が高い。そしてこれはすべての発達論に出現してしまう難題である。みずから感じ取るプロセスは後になって時系列的に再編されたとき、現に起きるプロセスとは異なるものである可能性が高い。

たとえ経験の形成の後に、当人がみずからの形成プロセスを過去の追憶のなかにたどったとしても、それじたいは時系列に配置された局面の羅列である。おそらくそれは一つの避けようのない誤解である。

（3）　経験の自己組織化では、ひとたびそれが起これば、二度とそれ以前の経験に戻ることができない。このとき意識そのものにも自己組織的な再編が起きてしまっている。少なくとも意識の働きは別様になっている。とすると対象を知り、吟味をつうじて反省を実行する働きは、この働きじたいの自己維持をすでに前提していることになる。だがこれでは個々の経験のレパートリーの拡張は起きても、経験の可能性が別様になることはないのである。『精神現象学』では、意識の知る働きと吟味する働き（一般的には自己意識の働き）だけが想定されている。そしてそれしか活用できないのであれば、意識の経験の学は意識の働きの自己形成を行なうことができないように思える。意識経験のトレーニングの典型であるヘーゲルの精神現象学が、実はとても狭くて小さな課題しか実行できていないことは、認めざるをえない事実のようである。ここには、意識の知ること以外の働きや行為への洞察が欠けている。認識とは異なる仕組みで、感覚や意識の仕組みは変容していく。多くの場合、認識のエクササイズを積み上げることは、経験の変容にとって筋違いの訓練をしていることになる。

（4）　以上の三点にすべてかかわる点であるが、ある物についての意識による認識は、そのものがそれとして在ることに到達できはしない。そのため意識による認識には、どこまでも認識の仮象とそれじたいであることとの齟齬を生みつづけ、認識はつねにみずからを訂正しなければならない。そのことを活用して認識が高まっていくという仕組みができあがっていたのである。ところがそれじたいとしてあるという仕組みには、認識そのものの改良では到達できない部分を含んでいる。**認識するようにかかわるのではなく、それじたいとしてあることに連動するようにかかわるのでなければ、すなわち行為としてかかわるのでなければ、接点のとれないような事態が存在する。みずから個体化するものはすべてそうした性質を備えている。発達には、みずから成るという部分が含まれる。このみずから成るということに行為として関与することで、はじめて開ける事象がある。こうした領域は、どのように精神が高まっても、精神による認識ではすれ違ってしまうのである。**結局のところ、ヘーゲルの『精神現象学』は、意識の経験という狭い枠で行なわれており、行為あるいは行為能力の形成という点では、多くの欠落もしくは未解明の位相を含んでしまう。

ところで意識的認識における対象認識とそれ自体とのギャップは解決されることがあるのだろうか。ヘーゲルのなかでは、対象そのものが形成され、高まり、それじたいで認識主体となって、みずから自身で認識を行なうようになる。きわめて大雑把に整理すれば、それについての意識的認識は、認識対象とまさに認識そのものを共有し、認識の形成を共有する局面へと進んでいく。このとき意識的認識を行なうものと、認識されるものが合致し、一つのものとなる。ここに経験の最終局面である「精神」が登場する。だがこうした仕方では、精神より以前の段階にあっては、ほとんどの場合、認識対象とそれ自体は分離したままである。つまり発達段階論については、精神の出現以前には、ただ観察者がそう言っているにすぎないという事態が残存し続けるのである。

## システムそのものとオートポイエーシス

この事態を回避していくためには、それ自体（システムそのもの）を成立させている最小限の必要条件となる仕組みが必要となる。それ自体としてのまとまりを形成し、それ自体そのものが創発し、出現していくために欠くことのできない仕組みが必要である。それは最小限の個体化の条件を備えており、この個体化の条件が、何段階にも高次の個体化（認知的個体化、運動的な個体化、認知運動的個体化）のなかに含まれていて、高次機能系においては、必要条件として働くような仕組みである。その仕組みを構想し、提示したのが、オートポイエーシスである(3)。このシステムの機構そのものは、神経系をモデルとした一つの定式化にすぎない。その仕組みの設定についても、多くのヴァリエーションがあることも間違いない。だがこうした仕組みがあれば、観察者がただ言っているだけのことと、それじたいで起きていることとの区別を行なうことができ、観察事実の訂正だけではなく、それ自体において起きている事象に迫るための回路が設定されていることになる。発達にかかわる多くの事実認定は、こうした機構のもとで再編を受ける。**オートポイエーシスとは、個体化の仕組みを定式化したものであり、それ自体の出現をシステムの機構として定式化したものである。**

ここでの観察の仕組みは、少し入り組んでくる。直接的な観察事実が成立している局面で、ひとまずそれを括弧入れする。この括弧入れは「現象学的還元」と類似したものである。一方ではこうした操作を行ないながら、それ自体（システムそのもの）の仕組みに沿うように経験を再度起動させ、個々の観察事実を再編するのである。それ自体（システムそのもの）の仕組みは、このとき必要条件として再編された事実の認定に内在的に組み込まれていく。このことを外的観察を内的視点へ移し替えることだと取り違えてはいけない。視点の移動は、高次認識にとってだけ可能となるのであり、生きていることと地続きになったさまざまな事象を解明するためには、実はまったく足りていないのである。それじたいで「自己になり続けること」は、視点によって成立しているのでもなければ、意味や理解によって成立しているのでもないからである。

またそれは観察において発見的な問いを投げかけることに寄与する。一般に発達するシステムに典型的な外的指標を取り出すことは、それほど難しい問題ではない。だがこの指標は、ただ観察されるだけの外的指標であってはならず、システムそのものの経験のさなかで形成され維持され、それじたいが経験を支えるものでなければならない。そうでなければ「それ自体」にはまったく届かないことになる。たとえば近似的にそれに相当するのが「自己」である。自己は、自我でも主観でもない。また反省的に認識されたものでもない。事実、言語的、反省的、意識的に捉えられる以前の自己の分析をめぐっては、精神分析に多くの前例がある。このとき重要な手がかりとされたのが自己感である。自分自身を一つの漠然としたまとまりとして感じるというときの「このもの」という感じであり、自分よりも広く、自我よりももっと広い。しかも「このもの」の感じである自己感は、つねに同じモードではなく、内実が変貌していく。こうした事態を捉えていくために、最小限の個体化の仕組みを提示しているのである。

## 自己の発達

この「自己」の変遷を追跡しようとした場合、自己そのものの働きに視点を置く機能的な議論がほとんどである。自己というとき、経験のプロセスのさなかで何が起き、そのなかで自己がどのように感じ取られているかを、活動のモードの分析として取り出す議論には、いまだいたっていない。だがそれでも詳細な議論はなされている。このタイプの発達のモデルとしては、スターンの議論が代表であり、これじたいはとても良くできた議論である。ここでの段階的プロセスは、「新生自己感」（生後二カ月頃）、「中核的自己感」（二カ月から六カ月）、「主体的自己感」（七カ月から九カ月）、そして「言語的自己感」（言語習得前後以降）である。ここでは言語的自己感は、省略する。(4)

新生自己感の特徴の一つは、眼と眼が合いはじめることであり、運動にパターンと言えるほどのものが出現しはじめる。いわば個体の組織化がはっきりと方向性をもちはじめている。それ以前に周囲の活動性、複雑性、配置のような気配や特性を感知できはじめている。生後一月ですでに、生きているものと幾何学模様は明確に区別できる。また親の表情の違いにも気づくようになる。認知的には、匂いの区別ができるようになり、母親とそれ以外の乳房の区別ができる。首を回すことが少しできるようになり、人の声に注意を向けることができるようになると同時に、声とただの物音の区別ができるようなる。一説には左右対称を、上下対称よりも長く見続けているようである。生後三週間程度で、自分の口に入れたおしゃぶりと、それと同形のおしゃぶりを脇に置いておくと、口にしたおしゃぶりの方を長く見ていた、という報告がある。また光の強さや音の強さには、どこかに対応関係があることに気づきはじめる。また舌を出したり、口を開けたりする動作で、周囲の人の真似をすることができるようになる。生きているものとただの人形の区別もはっきりできるようになる。さらに輪郭や形ははっきりと捉えられるようになる。これらでは、原初の何かを感じわけ、それに対する応答に、ある種のパターンが生まれてきつつある段階である。もとより自己というようなくっきりとしたまとまりはなく、また何かへと向かうほどの能動性もない。

次に「中核自己感」と呼ばれる局面は、そのつどの動作に「自分自身から」という能動性が出現する場面が特徴となる。自分で身体を動かして、物を取りに行く場面や、快－不快の区別がはっきりするだけではなく、過度に強調するように泣き叫んだりもする。身体も大きくなり声帯も太くなって、泣き方にも度合いが生じるようになる。それらをつうじて自分の情動の違いに自分で気づくようになる。また身体がひとつのまとまりだと感じられるようになり、随意的に、あるいは半随意的に動かしやすい身体部位とそうでない部位の違いがはっきりするようになる。

こうした中核的自己感が形成されてくると、主要な関心は、乳房や母親の呼びかけから、一転外のものごとに急速に移行する。無生物に対する興味が急速に増大する。手を動かすと同時に、もっていく手の先に視線を向けるような手と眼の間の協働関係が形成されるようになる。面白いと感じられるものに対しては、繰り返しの動作が見られ、また快－不快の軸のなかに、最適刺激範囲が形成されるようになる。動作は、ただ反射的に動いている局面から、動作の手前で欲求の発動のような意志の感触が生じてくる。指を吸っている腕を徐々に引き離すと腕に抵抗が生じる。同じオペレーションを双子のもう一方で行なうと、腕には抵抗感はないが、頭を動かし、指が引き抜かれないことに相当する動作を行なう、という報告がある。この場合、双子という特殊性があるが、外から向けられるオペレーションに対して、どう振る舞うかについての予期が成立している。その場合、因果的推理のような動作にとっての初頭の関係は理解され始めている。つまり何かを行なったとき、その結果がどうなるのかという対応関係での予期が成立している。

「主体的自己感」では、見かけ上主観性の感覚が生じる。何かが起きているとき、何が起きているかだけではなく、何故そうなったのか、どのようにしてそうなったのかについての感覚が生じる。これは高次の知的操作ではなく、ものごとの関連性の感触である。直線と曲線では、曲線の方を長く見ており、静止しているものと動いているものとでは、動いているもののほうを長く見ている。主体ということのなかで飛び切り重要だと思えるのは、選択性の獲得である。また注意の向く先を共有するという「共同注意」が出現する。

こうした特徴の記述は、今後もどんどん詳細になるに違いない。それを大まかな特徴で整理し、輪郭を明示するために、段階的に新生、中核、主体というような形容詞をつけて区分しているというのが実情に近い。実際、自己の大半は、活動の結果形成されたものであり、それとして感じ取られていることによって、まさに自己である。これらの各段階で、意識がどのように出現し、関与しているかははっきりしない。また身体運動性の能力の形成と、認知能力の複合的形成がどのような仕組みなのかもはっきりしない。また自己そのものは、認知の制御や運動制御との関連で、どのような機能として関与しているのかもはっきりしない。自己は、それとして感じられるだけではなく、それじたい世界へのかかわりの制御変数の一つとして関与するはずだが、それは調整変数が増加する方向でなされていることが多い。

## 述語的考察

発見的に考察するさいには、次のように行なうのがよい。自己というとき、この自己の述語を考えてみる。たとえば意識の述語は一般的には自覚的に知ることであり、生命の述語は生きることである。こういう主語と述語が同語反復的になることは、基本用語の場合はやむをえない。魂の述語は、体験することである。この場合には、主語と述語は少し性格を異にしている。それは「魂」そのものが何を指しているかを確定しにくいが、にもかかわらずなしですますわけにはいかない用語であることに関連している。身体の述語は、「みずから動くこと」である。こうして主語となる語に、もっとも固有の語（第一述語）を見つけていく。生命の述語は、生きていることだが、生きていることの内実は、複製することと、代謝することが基本だと言われている。ところが別の第一述語を見出すと、生命はまったく別様に見え、それが展開可能性をもつなら発見的回路に入っている。ちなみに「存在する」というような述語は、物、自我、人格、世界、神のような主語にまで張りつく述語であり、しかもたとえば身体があるという感触は、消えることもあれば出現することもある。すると「存在する」というような述語は、よほどモードを細かく精査しない限り、それじたいは無内容になってしまう可能性が高い。

それではさらに自己は何を述語としているのか。これを個々の機能性とは異なるレベルで取り出せれば、「自己」という語の輪郭ははっきりしてくる。そして「自己」の述語をみずからを組織化することだとしてみる。このとき組織化という働きに必要とされる必要条件を取り出すのである。すると、この組織化のモードと段階にいくつかの明確な局面があることを指示していることになる。こうしたことが、発見的問いかけの事例である。

## 第二の難題

次に発達論および発達段階論の第二の難題は、発達とは何の発達なのかにかかわっている。一般にその問いが「能力の形成」という点で解答される場合でも、能力というのはいったい何なのかにかかわる。能力にかかわるさいには、個々の観察事実は、一度きりの偶然的な事実を語っているのではなく、一般に同じような条件であれば、何度でも繰り返すことができ、条件がわずかに異なれば、それに合わせて行為が起動されるような場面が焦点となる。この場面で、観察者に感じ取られているある種の「行為起動可能性」が、能力である。たとえばいまだ歩けなくても、明日には歩けるようになるだろうという片麻痺患者をリハビリ室でよく見かける。こうした予期の事実は、患者本人も感じ取っている。そのとき行為起動可能性は感じ取られているが、歩行じたいはいまだ観察事実になっていない。そのため能力じたいは、直接的な観察事実ではない。あるいは観察事実の範囲を超え出ている。

また能力ということで、いったい何を語り、何を観察するのか。たとえば生態心理学の場合には、環境情報の探索能力の向上がその何に相当する。生後四カ月程度の乳児で、眼前にあるものに手を伸ばして触ろうとするようなリーチングが見られる。眼前の物にともかく手を伸ばすのである。これは何をしているのだろう。観察者である成人が現在持ち合わせている認識能力を遡行し、現在の能力へとやがてつながっていくような初期能力をそこに見出すことは、一般にはできない。これはよほど気をつけていても誰であれ陥りやすい思考回路である。リーチングの動作に、成人が物に手を伸ばして取ろうとする動作の前史を見てしまい、動作の前駆形態を乳児に発見するというようなことがしばしば起こる。リーチングについて、手を伸ばして物を制御しようとしていると言っても、手で触れたものの情報探索を行なおうとしていると言っても、たまたま手を伸ばしただけだと言っても、いずれも事象の手前に落ちているか、事象の先まで一挙に通り過ぎているか、あるいはわからないことを別の言葉で言い換えたという印象が残る。もちろん乳幼児の場合、意識の覚醒の度合いは不安定であり、意識の能作たとえば物への志向的行為で語るわけにはいかない。

自己組織化には相転移(全体的局面変化)が起きる分岐点があり、分岐点の近くまでどのように誘導するか、その分岐点でどの方向に誘導するようなエクササイズが有効かを問うのが、学習理論である。この場合、学習とは能力の形成であって、知識の増大や観点や視点の獲得ではない。知識の増大は、学習の部分的成果である。だが能力の形成は、学習に含まれてはいるが、知育とは異なる回路で成立していると予想される。

**最近接領域**

ヴィゴツキーの能力形成論の要となる「最近接領域」は、客観心理学的に「本人一人ではいまだ実行できないが、親や教員の手助けがあれば実行可能な経験領域」という内容になっている。だがこれでは経験の幅が大きすぎ、客観心理学的すぎる[5]。本人にとってまったく意図せず、予想もしないことでも、親や教員の手助けがあればできるものである。そしてこの手助けがなければ、もう二度とやろうとはしないという事態も起こりうる。最近接領域で親や教員の助けを得てできるようになったことは、その後一人でもできるようになる、というのが暗黙の大前提である。**本人が志向し、実行可能な自分自身の予期をもち、ひととき親や教員の助けを得ながら形成される能力の領域というのが**、最近接領域という語で意図された内容だろうと思われる。これはヴィゴツキーにとっても有利な変更である。こう変更したとしても、ヴィゴツキーの設定にはまだ難題が残っている。ヴィゴツキーは定常発達を前提しており、発達の方向性を、暗黙に見込むことができている。この定常発達という外側の基準が、最近接領域の幅を決めるさいに、暗に活用されている。ところが重度障害児の場合には、発達の向かう先をあらかじめ前提することができないのである。

発達論の場面で、能力の形成は雲をつかむような課題だが、なしですますことはできそうにない課題である。能力そのものは、組織化され再編されて、そのつど固有に自己になっていくと考えざるをえない。するとこの組織化の活動そのものを、発達の軸にするという課題が出現する。この場合の組織化とは、活動する自己そのものの組織化であり、自己と世界とのかかわりの組織化であり、さらに他者とともに行なう行為の組織化の場面である。だが組織化する活動をターゲットにするさいには、それじたいはどのようにしても直接眼で見ることのできない課題を問うているのである。

また能力というとき、いくつかの能力のモードを明確に区分しておいた方がよい。たとえば知覚での普遍項(三角形一般やネコという種など)の形成のようなものは、能力の一つのモードであり、極めて知的領域に限定されたモードである。馬にさまざまな魚の絵を見せると、やがて魚一般という知覚的な普遍項が形成されたと推測できるデータがある。馬は魚を食べないので、食べることの手がかりを匂いやなにかの部分的兆候から認定したとは考えられない。すなわち大脳基底核や脳幹の関与する働きではない。するとこの魚の普遍項は、純粋に認知的な普遍項だと考えられる。人間では大脳前頭葉に相当する。認知の普遍項の出現に見られるような能力の形成は、能力の形成のなかで重要なモードである。

これに対して、ひとたび自転車に乗ることができるようになれば、数年乗っていなくても機会があれば乗りこなせるだろうという確信はあり、何よりもひとたび習得してしまえば、習得する以前に戻ることができない。つまり能力の獲得には、不可逆性がある。多くの場合、プログラムが形成されたと言われるが、そのプログラムはいったいどのようなプログラムなのだろうか。少なくともコンピュータ・プログラムのようなものではありえないと思われる。というのもこうしたプログラムのもとで、取り外し不可能という不可逆性を論じることは、きわめて異例のことになってしまうからである。

こうした事態に対して、ピアジェの子どもの発達の記述が示唆をあたえるのは、第六段階と区分されものである。第六段階は、内的知能と呼ぶものの出現の段階で、鉛筆を渡して穴に入れる動作を行なわせているとき、削っていない方を手前にして渡すと受け取った状態のまま穴に入れているが、やがてどこかの段階で鉛筆をひっくり返して穴に入れる動作が出現する。ひとたびこうした動作を発見すると、それ以前の動作がまるでなかったかのように、鉛筆の細い方を下にして穴に入れるようになる。物へのかかわりの変更が出現しており、物の性質への探索が、動作のかかわりの選択肢とともに出現する。この段階では物への探索行動が開始されているので、第三次循環行動と呼ばれる。不連続な事態が生じているのは、この場面である。物とのかかわりに選択性が生じるのであれば、この選択の遂行とともに、この選択に応じた「能力」の形成が見られる。それとともに選択に直面するさいの行為に、いわゆる調整能力が芽生えるような局面にきている。(6)

さらに1＋1＝2の算術が実行できるようになったとき、そのこととの習得と同時に、2＋3＝？という問題にも対応できるだろうという予感はある。規則の運用が実行できると同時に、「規則を運用するとはどうすることか」という基本的な理解能力の形成も起きているはずである。つまり別様に規則を運用したり、あえて規則を外すこともできるようになっているのである。能力は、ある種の普遍性の獲得とそれの自由度を備えた選択的活用を必要条件としていると考えられる。

## 第三の難題

さらに発達論、発達段階論での第三の問題は、段階区分そのものにかかわっている。多くの場合、発達にかかわる観察者は、質的な転換が見られるような場面を取り出している。その場合にも、特殊な局面を発達段階として取り出しているのではないか、あるいは慣習的な制約で発達段階を見ているのではないか、というような種々の論争があった。(7)だがここでも、システムにおいて何が起きているのかが問われてしまう。実際、乳幼児たちはそうした質的転換を、質的転換だと感じているとは思えない。発達の区分は、システムの自己形成の結果として出現するものである。それは当然当人には自覚もなく、後に指摘されてもピンとくるものでもない。発達の区分は、当人にとっては、過去として記述された疎遠な外的な目安である。それは本人にとって、場合によってはそうであったかもしれない「追憶」のなかの知識にすぎない。そしてこうした区分をもとにして、この障害児は何が欠けている、あの障害児はどこの段階で停止していると、外側から欠損を指摘したりしているのである。だが何かが欠けているとみずから感じている障害児は一人もいないのである。それぞれの障害児は、それぞれ固有に固有世界を生きているだけである。それを欠損と言われても、障害児にとっては自分のことではないのである。ある意味で大きなお世話である。

しかしながら定常発達の発達段階論については、観察者がただそう言ってみただけではない。能力の形成に段階が生じることは、日常的な経験にもよく見られる。技能の習得でも、特定の技能が習得され、ただちに次の技能に進むことができるわけではない。最初に習得した技能が自動化され、その起動に選択性が生じて、いわば隙間が生じることが必要となる。この自動化のさいに、動作や行為の滑らかさが獲得される。生後一年近くを経た局面で歩行を開始する幼児は、当初全身に力が入っている。肩を怒らせ、両腕にも力を込めて、一歩一歩前進していく。脳神経科学的には、歩行開始時の動作は大脳前頭葉から指令が出ているが、何度かの歩行の後には小脳からの指令に移る。このとき歩行はすでに自動化している。そのため小脳には、「内部モデル」があると言われたことがある。こうした局面では全身から余分な力が抜け、最小の動員単位だけで動作がなされるようになる。能力の形成の段階とは、獲得した技能が内化され、自動化するようなシステム的な平衡状態の獲得に他ならず、そこには能力そのものの組織化の一面がある。つまり観察者から見て停滞の時期は、獲得された技能や知識の再編的な組織化が起きており、システムそのものにとっては、欠くことのできないプロセスなのである。つまり乳幼児にとっては、質的な飛躍をともなう発達とそれの内化のプロセスは、別段大きな違いではなく、自己を組織化するモードが異なるだけであろう。

構造論的発想では、能力は構造的基盤の形成なのだから、一つの能力の構造が形成されれば、次の構造が形成されるまで、一時的な停滞がある。それは観察者から見た段階区分にとって好都合なほど適合的である。だがかりに次の構造が形成されるというとき、いったいどのようにして形成されるのかはなお不明なままである。精確には、この課題は本来そうした構想からは明らかにしようのない課題である。

発達の段階区分には、区分の成立そのものに抑制機構が関与していると思われる。余分な動作や運動のさいの余分な緊張が消えて、いつ起動してもおかしくないが通常は抑えられている広範な行為起動可能領域が存在すると予想される。抑制機構は、生命の機構の基本的な部分であり、発達の段階が生じるのは、こうした抑制機構の形成が関与していると考えてよい。抑制は、化学的プロセスのフィードバック的な速度調整のような場面から始まっており、一挙に進んでしまうプロセスが制御機構をつうじて遅らされていることが基本である。これは選択肢を開くという意味で生命一般の特質でもある。この遅れは、生命のプロセスのなかに選択性を開くための必要条件となっている。この場合、発達論の基本は、どのようにして次々と能力が形成されていくかだけではなく、あるいは能力が次々と付け足されるように再組織化されるだけではなく、抑制的な制御機構が何段階にも整備されてくるプロセスでもある。抑制的な制御機構は、観察者からは見落とされがちだが、システムそのものにとっては欠くことのできないプロセスである。このとき「なめらかさ」の形成は、派生的な事態の一つである。[8]

脳神経科学のデータで明確になったことだが、一つの腕の動きに関して、乳幼児では当初多くの神経系が複数の回路を用いて、その腕を起動させている。それが繰り返される間に、特定の神経部位の起動だけで腕が動くようになる。神経系は当初余分なほどの複数の起動状態を活用するが、それがこなれてくると、特定の神経系だけに限定されるようになる。[9] この場合には、一般に自動機能化すれば、他の神経系の回路は抑制されると考えられる。また発達に類似したプロセスを経る片麻痺の患者の治療経過では、健常な部位の脳神経系の活動が過度に活発になり、それが同時に患側の対応部位を抑制してしまい、神経系の再生を遅らせることも知られている。**抑制は、発達のとても重要な局面を示しており、抑制の機構が関与することで、逆に抑制の解除の仕方を何段階も設定して、動きの滑らかさと、無駄な動きをしない仕組みを作り上げていると考えられる。調整能力の多くは、抑制の機構によっている。**そこには刺激反応速度の調整のような場面、感情の制御、無駄な動きをなくしていくこと、力の入った状態から力を抜くこと、決定を遅らせ選択の場面を維持することのような重要な機能が含まれている。だがこうした抑制の機構の解明はようやく開始されたばかりだと考えてよい。

## 2　発達のモデル変更

発達のモデルとして、当初より個体の行為能力をあらかじめ設定したのでは、この能力の発現があるかどうかが主要な変数となる。これは発達を、自然的発生の延長上で押さえることである。こうした発達論は、発達が損なわれたさいの障害児そのものの多様性にはいたらず、未発達あるいは発達遅延程度の規定の仕方に留まってしまう。つまり定常発達から見たとき、いまだ届いていないか、手前に留まるという議論の仕方になる。定常発達から外れるものは、それじたいは障害であっても、一つの個性として存在する。ことに脳性麻痺のような圧倒的に多様な患者の存在する世界では、未発達と言っても発達障害と言っても、そのことじたいで何が語られているかがわからないのである。ここでは発達のさいに現実にもっとも大きく複雑な変化が生じる場面で、モデルを設定する必要が生じる。おそらくそれは神経系である。ただし神経系のモデルといっても、これはたんなるモデルではなく、現実に個体において形成されていく実際のシステムである。つまり個体全体の発達に必要条件のように関与しているのである。そこで経験科学的データを手がかりにしながら、このモデルの前提となる大枠に関して考察しておきたい。少なくとも、発達のモデルを更新するために、脳神経系科学から得られた知見をもとに、ある種のシステム論的なモデルを考案する。それは言語の肯定・否定に依存するヘーゲル・タイプの発展型の論理でもなく、またピアジェ・タイプの構造的発達論理でもなく、またしばしば試みられている経験科学的モデル（たとえばカオス理論）でもなく、現実に進行する神経系の形成をモデルとするような論理形式である。

ここにはいくつかの骨子がある。その一端だけを示しておきたい。第一に、共通の特徴になるのは、体細胞的な発達と神経系の発達は仕組みが異なることである。発達の途上で、さまざまな機能が分化してくるのだから、機能分化の仕組みは最高度の課題である。ところが機能分化というとき、一方では細胞が分裂増殖し、細胞集合が機能分化していくような仕組みが、体細胞的な発達である。植物が大きくなるとき、増大しながら枝分かれし、枝分かれの末端で葉や花弁がでて、やがて花の細部の器官が形成されていく。異なる器官が出現する場合にも、すでにある器官の先端で機能分化した異なる器官が出現していく。イメージを明確にするために、これを「**枝分かれモデル**」と呼んでおく。枝分かれモデルの典型は、同じパターンが何度も繰り返しレベルを変えて出現する「フラクタル」である。こうした枝分かれモデルは、観察の本性上、あらゆる観察に避けがたく含まれてしまっているものである。というのも観察は、分析的な能力を用いるために、単純な事態から複雑な事態へ継ぎ足されるようにして、発達の形成過程が進むと見てしまうからである。ピアジェのような観察の名手であっても、やはり発達の組立てについて、そうした形成プロセスを見てしまっている。

他方、神経系はこうした増殖分化とは異なり、減少分化である。これは機能的には未決定の細胞が、おびただしく形成されていて、神経細胞の作動によって、残存するものと自己消滅するものが分かれていくような分化である。イメージを明確にするために「**切り絵モデル**」と呼んでおく。発達の上で、神経ニューロンが最大の時期は、母体内の五カ月目ぐらいだと言われている。脳の部位によって局所的に最大量になる時期にはいくぶんかずれがある。そこからニューロンを減らす形で、機能分化が進行するのである。そのとき残存するニューロンは、その局面、その段階での機能性をもてばよく、特定の機能分化が起こる必要は必ずしもない。つまりシナプス回路が形成され、他のニューロンと接続することができれば、その段階でニューロンは生き残ることができる。そしてその限りでの機能性を獲得している。つまり特定の既定の機能性へと分化して、分化した機能性が獲得されてニューロンが生き残るということではない。ニューロンは他のニューロンと接続することによって生き残るが、それは機能性の獲得へと向けて接続していくのではない。機能とは、発達の結果の最終段階で、結果として出現した恒常性のことであり、その恒常性は観察者によって捉えられている。免疫システムはどちらかといえば、「切り絵モデル」に近い。多くの免疫細胞が産出され、そのなかで反応しすぎるものやほとんど反応しないものは、胸腺で取り除かれる。この段階では、特定の異物への対応関係が決まっているわけではない。

この局面でも多くのことがらを論理的仮説として確認していくことができる。[10]（1）神経システムは、相互に接続することによって生き延びていくニューロンのネットワークである。このネットワークの範囲は、機能分化に対応するものではなく、必要とされる機能性よりもはるかに広い範囲で生存している。（2）そのため機能性から見たとき、その機能性を担うための潜在的な回路は、複数個併存していると考えられる。それだけではなく後に消滅していくような回路も形成される。たとえば共感覚のように、音と色が恒常的に対応している回路が形成されたままで、後の音と色の感覚質の分化がうまく進行しないような場面もある。通常感覚質は、独立になっていくが、にもかかわらず弱い連動が残り続けている場合がある。それが共感覚者と呼ばれている。（3）手足の動きや初等の認知のような機能性が確保されるのは、新たなネットワーク回路が形成されることに対応するが、それらは「おのずと実行可能」なような「自動化の回路」に再編される。この局面が

「能力」の第一の要点であり、「おのずとできる」という事態に相当する。この場面を観察者は、発達段階の区分だと観察することが多い。（4）この再編の一面が身体運動面での馴化であり、この馴化は身体運動がおのずと要素単位を持ち始める場面に対応している。もう一つの面が認知的な「枠」の形成である。枠というのは、たとえば視覚であれば、視野の左右対称性や視野の奥行きのような個々の認知に同時にともなっている、まなざすことの条件のようなものである。哲学では、こうした条件は一般に「超越論的条件」と呼ばれてきた。個々の認知的経験ではなく、しかも個々の認知的経験に同時にともなっているのだから、個別認知とは異なるレベルにあり、また個別認知とともに作動しなければならない。つまりこうした能力の形成後には、個別認知はつねに二重に作動しているのである。（5）ひとたび認知や動作の枠が形成されてしまえば、個別の認知や動作には生物的なコスト削減の本性にしたがって、最短で進行するようなプロセスが獲得されると予想される。こうした動作の単位や認知の枠のような能力の形成が進行しない限り、次の動作や認知の形成は、容易には進まない。というのもそのつど一からの動作や一からの認知を実行しなければならないからである。この場面で、神経系の作動の二つのモードが明確になる。動作や運動のようなそれじたいで動くものは、必ず単位を形成する。まばたきとか寝返りでも、一つながりの動きのまとまりはある。このまとまりは無理に分割しようとすれば、動きの一部にはならず何か別のものになってしまう。多くの場合には、不必要なほどの緊張を帯びる。こうしたまとまりは次のまとまりに接続しようとするとき、それぞれに選択肢がある。歩行という動作も、次の一歩へと進むこともできれば、停止することもでき、場合によっては前に進めた足を元に戻すこともできる。認知の場面では、ある種の普遍項が形成される。この普遍項は、認知的コストの削減に寄与するために、普遍項を獲得すれば、およそすべての認知に広範に活用される。動作では、おのずとひとまとまりの単位が形成され、認知ではいわゆる「意味」が形成される。動作の単位や認知の枠のような能力の形成がなされれば、その内部での動作の別様性や認知の詳細さは、比較的容易に形成される。(6)動作の単位や認知の枠の形成とともに、そこで進行する個々の動作や認知は、「そうでないこと」「しないこと」の可能性を獲得する。別様に動作できることと、ある物を認知しないことが可能になる。ここが一般にシステムの「遊び」と称されるものであり、恒常的な選択性の場所であるが、システムの機能性から見ると「抑制」である。こうした仕組みは、さらに細分化され、詳細に展開することができる。さらに追加的項目について考察しておく。

一般にこれらの考察は、「神経ダーウィニズ」と呼ばれる。[11] 総称としてはそのとおりであるが、ダーウィンの自然選択の仕組みが当初のダーウィンの想定を超えて詳細になっていったように、システムの機構としてより詳細で多様な局面へと進んでいくのである。

一般に時系列的な推移を含む発達の生成特性についての議論は、(1)発達とは、潜在化している多くの可能性が徐々に現実化するプロセスであり、ある意味で可能性の限定である、(2)発達とは生物学的原基の徐々に進行する発現である、(3)さらには発達とは、個々のプロセスの形成産物が、次の生成プロセスの開始条件となるように接続し、既存の形成産物を再組織化しながら進行するプロセスである。これらの見解は、いずれも発達のある部分をついている。ここでは(3)に含まれるシステム的な仕組みについて考察する。

## ニューロンの可塑性

神経系ネットワークの本性は、それじたいがただ生き延びることであり、生き延びるためには、どのような戦略でも活用することである。それは個体にとって総体としては不利に見えることであっても、神経系ネットワークは生き延びることだけを基本とする。神経細胞の本性には、他の神経細胞と接続することによって生き延びるという仕組みがあり、この接続が形成されなければ、それじたい死滅する。この死滅には、細胞一般の自死であるアポトーシスが関与していると予想される。かりに脳内の疾患によって、ネットワークの一部が破壊されたとき、この生き延びるための戦略では、いくつもの回路が活用されていると予想される。一般にそれは「神経系の可塑性」と呼ばれているものである。だが脳神経系の可塑性は、システムが十分な複雑さをもつことに応じて、たんに必要な神経が再編されるようにはなっていない。神経はシステムの本性にそって作動を繰り返すが、それは別段機能維持のような目的にそって作動することではないのである。

## 縮退（冗長性）

神経系ネットワークの本性には、代替的な選択肢を確保し、それによって生存戦略を高める傾向がある。そのため神経系ネットワークは、複数の選択肢を自分のなかに含むようにみずから分化する本性を備えている。これは脳幹や大脳基底核だけの機能ではなく、ネットワークとしての本性でもある。この戦略の中心の一つが積極的機能分化を安定させる**アポトーシス**である。アポトーシスをつうじて、神経細胞は機能的区分の生じたエリアでみずから消滅することによって、その領域に脂肪列を残し、構造的な区分を形成する。このとき機能分化したものが、ネットワークのなかに選択性をもつことができるのは、「縮退」が形成されることによってである。縮退とは、たとえばDNA三個の並び（六四個）が二〇個のアミノ酸に対応するように、ネットワーク内に複数の対応関係を形成することである。[12] その場合、複数対応系の入り組んだネットワークが形成される。

縮退の由来には、機能性の形成のさいに、複数個の回路が形成され、どれかが唯一の回路になることの手前で、複数の回路が維持される続ける場合や、別種の機能性を備えていたものがなんらかの理由で機能代替を行なって、その機能も同時に維持していた場合がある。あるいは機能回路以前の段階で、ともかくネットワーク回路が縦横に形成され、そのなかで機能的作動を行なった複数のものがおのずと生き残るような場合が考えられる。これらのうち、最後の仕組みがもっともありえるだろうと推定できる。というのもコンピュータと異なり、一つ一つの機能回路が出来上がってから、それらが複合、全体化、重畳化するとは考えにくいからである。刺激と反応性の間で比較的対応がつく場合には、この対応がついている事態を、まさに観察者は「機能性」と呼ぶ。だが機能性に合わせて神経回路が形成されるとは考えにくい。機能性とは、発達的な形成過程の最後の一指標にすぎない。あるいは発達過程の副産物にすぎない。このことは経験科学的には、神経系が、結果として主要な機能回路をもつ場合であっても、複数個のサブ回路をもちあわせる可能性とよく合致している。また一つの機能が発動される場合であっても、それが複数の回路によって担われているという事例とも合致している。

こうした事態は、そもそも感覚モジュール（機能的要素集合）がそのタイプの形成を否応なく要求するとも考えられる。各感覚モジュールの形成では、大きさ、形、色、パターン、奥行き、運動のような独立した視覚特性の弁別と感覚質それぞれの詳細な形成がなされる。形成のタイミングについては、機能性の分化と同時に進行するものと、機能性の分化ののち少しずつ改良されていくものに区分される。

たとえば、「どこ」という位置認定が起こるとき、この認知は、どのような感覚モダリティ（質的様相）に対しても起こる。すると各感覚モダリティが固有のモジュールを形成し、それぞれが固有の位置認定のモダリティとつながるとは考えにくい。それぞれの感覚モジュールがそれぞれ個別に位置認定のモダリティを形成した場合には、たとえば物の色の位置認定と、同じ物の形の位置認定とが食い違う可能性が高くなる。その場合には、位置に関して、感覚質の乖離が生じる。物の色の位置が手前にあり、物の形の位置がずっと隔たったところにあれば、物は個物であることさえ維持できなくなる。

このとき、たとえば物の位置認定とさまざまな感覚モダリティとはどのようにつながっているのか、という問いが生じる。さらにここではこのつながりが一つのモードに決まるのか、複数個のモードが併用されるのかという問いも生じる。こうした場合、ありうべきモードを設定して、そのどれかが活用されているような選択肢の設定を広く行なっておくことが有効であり、また適切である。（1）各感覚モジュールは、それぞれ位置認定のモジュールと接続している。そのなかで位置認定として特定される指標が選ばれる。それが色であるのか、形であるのか、物の質料感であるのかは、そのつど選ばれる。この選択には、運動性のネットワークへの有効さの度合いが関与している。光の量が少ない場面では、色が位置指定のための指標になるとは考えにくい。（2）各感覚モジュールは、相互の関係のなかで、相互関係を形成しながら、カップリングした感覚モダリティの相互関係そのものが、位置認定のモダリティと関連する。この場合には、感覚モダリティの相互関係レベルのモダリティが、位置認定のモダリティとつながるが、その場合でも手がかりとしてもっとも優先的な指標を活用しながら位置認定のモダリティと接続すると考えられる。各感覚モダリティの間の乖離は、当初の相互関係で防がれているが、なにか特定の感覚モダリティの変化があった場合に、たとえば色は同じだが形が変わったような場合には、突然位置認定にも変化が生じるというようなことが起きると考えられる。（3）各感覚モジュールは、それぞれが位置認定モジュールと接続し、さまざまな位置認定モジュールを形成するが、位置認定の場面では、運動性のモジュールとの関連で、各位置認定モジュールが調整され、特定の位置の指定が行なわれる。

おそらくこれらのいずれも可能であり、またこれらのいずれも実行されている可能性がある。しかしながら個々の場面では、どれかが支配的に作動している可能性が高い。つまり縮退は、機能的適応が一つの基本的な回路のつながりから形成されたのではない可能性を示唆している。神経システムの機能で見れば、各回路には速度差が生じており、この速度が頻用される回路や時として活用される回路の区別を生みだす。

こうした事態を念頭に置き、発生的にみれば、いくつかの回路から、特定の回路へと主要な回路が限定されていくこと、回路間には速度差が生じ、速度差による回路選択が生じると考えられる。

だがこれらは一般に機能回路の限定にかかわっており、発達というより派生的な事態を語っている。

## 二重選択性

ネットワークの内部には、このレベルでみれば、たんなる一機能系(モジュール)にすぎないにもかかわらず、個体総体を代表象する働きを備えた機能系がある。代表象とは、集合全体をなんらかのシンボルで表象するような働きである。典型的には、意識と言語的思考がそれに相当する。意識は、何かについての意識(現象学では「意識の志向性」と呼ばれる)であり、言語的表現は何かについての言語的表現であって、たんに機能的な作動をおこなうだけではなく、「何かについて」というレファレンシャルな仕組みを備えた特異な機能系である。「何かについて」という仕組みは、意識の行為や言語行為に本来的に含まれているが、何かの側(外的指標)から、意識の行為や言語行為を誘導することはできない。たとえば「私」についての意識は、意識そのものの行為的な働きにしばしばともなうが、「私」から意識の行為を誘導することはできない。

そのためネットワーク内部の機能系でみれば、個別機能モジュールと代表象機能モジュールが見かけ上対立することは、しばしばみられ、時として深刻な誤解を引き起こすこともある。たとえば健常者は手を上げようと思い、手を上げることができる。だがそうできるのは、意識でそう思ったからではない。しかし通常意識は、そう思ったので手が上がったと自己誤解する。それが意識の本性である。意識はみずからの行為や身体行為についてはつねに自己誤解する。そのため意識から誘導された行為は、つねに半ば歪曲された行為であり、ある意味で代償行為である。

セルフ・レファレンス（自己言及）は、働きが二重化することであり、あるプロセスが進行すると同時に、そのプロセス総体についての働きが進行することである。この事態に含まれるのは、（1）コスト削減につながる代替機能系の形成、（2）調整系の形成、（3）代償機能系の形成であり、ここには人間の認知にみられるように、視覚だけが細かくなり、触覚的な認知は視覚のもとに配置されるようなことが起こる。

ニューロン細胞は、他のニューロン細胞と接続するだけではなく、他のニューロンとつながっていることについての働きが出現していてもおかしくはない。それは意識の本性と同様に、そのニューロンの接続選択性を開き、接続の集合を組織化し、また他のニューロンに接続することと、選択性の間をみずから組織化するような機能性をもつという仮設でもある。これじたいは、擬人法ではないが、際立って大きな仮設である。だが神経細胞の一部に、他と接続する作動だけではなく、接続のさいの選択性を獲得するものがある、というこの仮設は、能力の形成にとって重要な分岐点なのである。

## カップリングでの速度差

神経系ネットワークの生存適応戦略では、身体的、体細胞的な入力がないと、運動系のネットワークが未形成のままになってしまう。ことにまなざし、指さし、リーチングのような動作をつうじた体細胞的な体性感覚の入力がないと、認知と運動との関連を二次的に、高次機能として作らなければならなくなる。身体は、それじたい巨大な出力と組織化を備えており、そこから神経系ネットワークに膨大な量の入力がある。そのため身体が情報の受容器表面だというのは、おそらく本質を外している。

頭や眼球を動かせるということは、認知に対して選択性を獲得することである。運動の形成は、そのことをつうじて認知的選択肢を増やすのでなければ、ただやみくもに頭や手を動かしているだけになる。それだけではなく、頭を動かしても物体には変化しない指標がある、という物体の恒常性についての認知が形成されなくなる。事実、たとえば頭を動かすことができれば、運動可能性とともに、環境への選択性を獲得する。ことに複数の物に対しての注意の移動を行なうことができるようになる。注意の移動とともに、位置の指定を獲得する。また物体の恒常性から、頭を動かすこととともに距離の変化、物の奥行き、眼球調整を行なうようになる。それをうけて、複数の物体の違いの認定（大きさの違い、位置の違い）、前後左右の位置関係の認定などが起きる。

神経系でいえば、生後三カ月くらいの段階で、物の感覚知覚としての腹側経路と運動性の機能を担う背側回路とはすでにつながっているようである。この局面では、部分的に隠れた物を見るために頭を移動させるような、認知的に誘導された運動を行なうこともできるような仕組みの前段階が準備されていることになる。また物を手全体で摑みにいく場合には、位置指定と手と物の位置関係の変化にかかわる動作の組織化が関与する。手と物の距離は本来刻々と変化しているが、この距離を知るのに、両眼視差ではなく、単眼奥行きを使っている場合もある。生後四カ月で、両眼立体視による奥行きが形成される。中心視野の形成（視野の真中で物を見る）があれば、両眼の視差情報を活用している。視野の中心－周辺の調整ができれば、物へ直接向かう方位をもったリーチングの準備ができていることになる。だが視野の調整そのものは、リーチングと独立に生じる。当初触れそうな物になんでも手を伸ばすのは、視野の調整と独立に起こることである。しかし手当たり次第に手を伸ばす動作は、六カ月から九カ月ぐらいで、もう起こらなくなる。物体認知と動作システムが連動するさいには、相互を調整要因として活用するようである。

ここでは動作システムと認知システムの間の高度化は、同じテンポ、同じ速度で進行しているのではない。認知システム側は、リーチングに必要な情報を超えて、さらに細かく進行する。認知の過剰形成、認知の過小形成の問題は、とりわけ視覚の場合つねにつきまとう。この場面では、独立した機能系のそれぞれの形成と、それらの機能系がカップリングし、連動した場面での形成を別個に変数化しなければならない。

## 形成プロセスの仕組み

さらに発達に含まれる形成プロセスの仕組みについて考察しておきたい。この場面での論理は、生成の仕組みを考えるさいに不可欠なものである。発達について語ろうとすれば、いずれにしろ時系列に配置される複数個の事象の間の関連として捉えるよりない。一般にそれが発達心理学の課題と呼ばれる。自分自身の過去についても、自分の発達の姿を時系列的に配置して、みずからの前史として知ることはできる。思い起こすことのできない過去を思い起こすように時系列を組み立てるのである。この時系列に含まれるのが、「物語」である。だがシステムそのものは、そうした時系列に合致するように、成長してきたわけでもなければ、そこへ向かってきたわけでもない。ここに発達のプログラムや形成プロセスにかかわる観察者の問題が含まれている。それを論理的に説明する前に、典型的事例を出しておきたい。

家を建てる場合を想定する。一三人ずつの職人からなる二組の集団をつくる。一方の集団には、見取図、設計図、レイアウトその他必要なものはすべて揃え、棟梁を指定して、棟梁の指示どおりに作業を進める。あらかじめ思い描かれた家のイメージに向かって、微調整を繰り返しながら作業は進められる。もう一方の一三人の集団には、見取図も設計図もレイアウトもなく、ただ職人相互が相互の配置だけでどう行動するかが決まっている。職人たちは当初偶然、特定の配置につく。配置についた途端、動きが開始される。こうしたやり方でも家はできる。しかも職人たちは自分たちが何を作っているかを知ることなく家を作っており、家が完成したときでさえ、それが完成したことに気づくことなく家を建てている。実際ハチやアリが巣を作るさい、あらかじめ集まって設計図を見ていたということは考えにくく、またそうした報告もない。

ここには二つのプログラムが、比喩的に描かれている。認知的な探索プログラムは、前者の第一のプログラムに相当する。そのため対象を捉えるさいには、第一のプログラムにしたがう。それが認知や観察の特質であり、目的合理的行為を基本とする。ところがシステムそのものの形成運動は、後者の第二のプログラムにしたがっている。(13)

こうした形成運動を、対象認知のプログラムのように捉えることはできない。また対象制御能力のように捉えることもできない。形成運動は、初期条件と結果との関連で設定されはせず、それじたいでの形成可能性をつねに含む。ただこの場面では、自己組織化についても同じことが言える。実際ヴァレラは、マトゥラーナの考案したこの建築の隠喩を、自己組織化一般のプログラムを示すものだと考えている。

この建築の比喩は、現在人間が手にしている生成プログラムそのものが、理論モデルの選択を狭く設定しすぎていることを示唆している。発達は、到達目標に向かうようになされるわけではない。ただし結果として、副産物としての「家」ができるように、みずからの生成プロセスを進行させていく。たとえば神経システムの作動からすれば、このシステムはまさに作動を継続しているだけであり、世界内でみずからを有効に機能させようとしたり、みずから自身を高めようなどとはしない。たとえ結果として、そうしたことが起きたとしても、神経システムがそのようになろうとしたのではない。こうしたことが、発達障害児の治療に決定的に効いてくる。というのも発達障害児は、みずからに何かが欠けていると感じることはなく、発達が障害されていると感じることもなく、それ自体で固有に生きているだけだからである。

発達障害の治療では、観察者から見て、定常発達から外れた能力や機能の分析が行なわれる。そしてそうした能力や機能を付け足すように治療的介入が行なわれることが、一般的である。ただし中枢性神経の障害では、神経系は付け足しプログラムのような生成プロセスを経ることはないので、欠けている能力を付け足すような仕方は、まったく筋違いである。ただし治療である以上、治療目標を持たなければならない。この治療目標の設定は、第一のプログラムに相当する。ところが第一のプログラムに沿うように治療設定したのでは、形成プロセスを誘導することはできない。そこで治療目標を決めて、一度それを括弧入れする。そして形成プロセスを誘導できる場面で、形成プロセスを進め、結果として「目標」がおのずと達成されるように組み立てることが必要となる。

観察から導かれた発達の図式は、システムそのもの、個体そのものの行為をつうじて実行されたことではない。それは結果として到達された事態を、時系列的に配置したにすぎない。だがそれは、現実の自己形成に疎遠な外的図式として、括弧入れされ、別の回路で形成されるべき「目安」として必要とされるのである。発達の図式は、観察者から見たとき、図式で示され、配置されてしまう否応のなさとして、治療設定の手がかりとなるのである。実際に、治療目標が第一のプログラムにしたがって設定された場合でも、個々の能力形成のプロセスは、一つ一つ本人の行為的な選択肢が獲得される局面をつなぐようにしてしかなされようがない。

一般的に考え直すと、第一のプログラムは、人間にとってとても根深いもので、現に人間の行為がほとんどそのように営まれていることからみて、行為のなかに染み込んでしまっている。このプログラムにしたがって作動しているのは、大まかな区分によれば、知覚、言語、思考である。いずれも線型性を基本としている。知覚のなかに含まれる志向性は、ここから向こうへ向かう傾向をもち、その特質の形式性をフッサールは、ノエシス－ノエマのような線型の関係として取り出している。いずれも対象や現実をわかることを基本にしており、わかってから二次的に行為もしくは行動に接続される。また第二のプログラムにしたがって作動するのは、感覚、感情、身体、行為、その他のいっさいの形成運動である。身体の形成や行為の形成を本来第一のプログラムで教えることはできない。しかし教育の多くの現場では、誰にとっても同じ解答が得られ、同じような手順を踏んで、同じ結果が出せることが基本になってきた。これは能力の形成でいえば、知覚、思考の形成には適合的であっても、他の能力の発現を大幅に抑制している。

こうした事実は、発達だけではなく、より広範な事実にも関連する。身体行為では、行為者にとって何が起きているかは最終的にはわからない。たとえばスキーのジャンプを行なうとき、重心が後ろに残って飛距離が出ないことがある。コーチは、観察しているのだから、踏切のタイミングが少し遅く、重心が後ろに残っている事実はただちにわかる。そこで重心を少し前に出すようにと指示したとする。ところが行為者は、時速九〇キロもの速度で踏み切るのだから、「重心を少し前に出す」という指示が、どうすることなのかがわからないのである。観察で理解できていることが、どうすることなのかの指示になっていない。そこで行為者本人にとって、プロセスのさなかで選択肢のある動作についての指示が必要となる。かつて名ジャンパーだった八木宏和コーチは、踏み切る瞬間に見ている視線の位置を一〇センチ先を見るようにという指示を出している。ジャンパーは、踏み切る瞬間に自分の着地する位置、すなわち一〇〇メートルほど先を見ているはずだが、その視線の位置を一〇センチ前に出すようにというのである。これによって踏み切るタイミングが少し早くなる。観察者は、一般に動作のさなかでの選択を指示していない。ところが身体行為者は、そのつどプロセスのさなかでの選択をつうじて、行為を形成していく以外にないのである。

観察が知覚や思考を用いて行なわれる以上、発達の事実観察は第一のプログラムに沿うように編成されてしまう。ところがまさにそれを一方で知りながら、なおそれじたいを括弧入れし、第二のプログラムにそうように、教育や治療の課題設定を行なうことはできる。そして発達障害児を、そうした状況に置くような治療設定は可能なのである。そのことを人見眞理は、心理学用語を「転釈」しながら、「デュアル・エクササイズ」と呼んだ[14]。ここには優れた直観が含まれている。というのもこうした大がかりな議論の運用を経ることなく、彼女は現場の感覚からそうした手法を確立してきたからである。要点は、介入的に形成しようとする能力を直接誘導するのではなく、別のより簡便な課題を実行させながら、能力形成を同時遂行課題とするのである。それは被治療者にとっても、何が行なわれる課題かを薄々知りながら、同時にそれと連動する課題に間接的に取り組むことである。あるいは課題の内容を知りながら、課題そのものを意識の直接的制御が及ばない場面で行なうことである。

こうして発達論の難題が、どこに根をもつのかがおよそ確認できたと思われる。発達論の図式がひとたび括弧に入れられたとき、発達を誘導する治療的介入（あるいは教育）は、一義的に決定することができない。そこには多くの試行錯誤がともなう。発達の段階図式は、括弧に入れられるべき「目安」の提示にすぎない。それはある意味で「必要悪」と言ってよい、避けて通ることのできない立論である。それなしですますわけにはいかないが、成立すれば当惑するほどの拘束力をもつ。実際、発達図式論へのほどよい距離感を形成するには、自分自身の経験を組み替えるほどの訓練が必要だと思われる。

## 3　発達のさなかの謎

発達の場面で不可欠なものは、人間とのかかわりとともに、探索行動を行なうような知能の形成である。この両者はそもそも能力として異なっており、分類的に整理してしまうと、前者が社会的「実践能力」であり、後者が「理論能力」である。発達心理学でみても、実践能力の形成を中心とすると、情動、感情、情操の獲得・形成が主題となり、理論能力の形成を中心とすると、行動の高度化、知能の出現、知的組織化が主題となる。前者がワロンに、後者がピアジェに代表され、機会があるごとに論争を繰り返している。ただしピアジェの場合、対人関係の形成は、「模倣行動」の分析で詳細に行なわれている。

また発達というプロセスに内在する固有の問題もある。それについて整理しておく。(1)発達は、過去の追憶のなかでしか経験されない。一昨年《おととし》の柱の傷は、発達の痕跡であり、時系列のなかに配置されたものである。しかし発達という働きやドライヴが関与していることは疑いようがない。こうしたドライヴは、経験のなかに取り出すこともできなければ、ましてや経験の対象でもない。そのため発達は、結果として出現するが、それを遂行することもできなければ、実行しようとして実行できるものでもない。発達の働きは、意識の志向性とも意志の発動とも異なる(**発達のパラドクス**)。(2)発達はみずから選択することはできないが、結果においてなんらかの選択はなされている。極端な事例になるが、オオカミに育てられると、それに適合して形成プロセスが進んでしまう。発達での形成プロセスの振れ幅をあらかじめ定めることはできない（**形成のパラドクス**）。（3）そのため発達障害の場合には、それに対してどうするのかの本人にとっての選択肢がない。多くの場合、重度発達障害児は、現にある状態以外の自己の状態を知らないのだから、本人自身が困ることさえない。困っているのは、周囲の人とセラピストであり、ある意味で発達障害児は「過度の自足」状態にある（観察者とシステムじたいの**乖離のパラドクス**）。（4）障害は、多くの場合、定常発達からの欠損で捉えられるが、この欠損が出現しているのは、観察者にとってだけである。そのため発達障害児に欠損していると感じられる能力を形成させようとする試みは、多くの場合本人にとっては「大きなお世話である」。しかしなお能力を形成させなければならない（**治療のパラドクス**）。こうした多くのパラドクスに付きまとわれることは、本性上未決定の事態が発達には含まれていることを意味する。それは経験科学的な観察がより詳細になれば、それをつうじて解消されていくような未決定さではない。むしろ世界や自己に多様さをもたらすような積極的な未決定さなのである。

ここではいくつかの基本動作を取り上げる。それは内在的になお見極めのつきにくい能力の形成を含む典型的な事態を表わす動作である。つまりそこに何かふだんは気づかない謎が含まれているのである。そのことをつうじて、発達の観察によって指定される動作や振舞いの形成のなかに、より基本的なシステムの形成の姿を見ることができる。こうした作業は、すでに思い起こすことのできなくなった過去を想起するようなところがある。意識からでは思い起こすことのできない過去を思い起こすような作業が必要となるのである。いくつかの項目で試みてみる。

## 自己接触行動——境界の形成

生後四カ月頃、自分の手で自分の顔に触るような自分の身体への接触が広く見られるようになる。これは二重接触（ダブル・タッチ）と呼ばれるもので、手で顔を触り、顔で手に触れるという「二重の接触の仕組み」といわれている[15]。乳幼児の身体は、すでに触られることで成立している。周囲のものたちは、両手を取り、手を合わせてパチパチと合掌させたり、足の裏どうしを合わせて音を出している。幼児はキャッキャッと嬉しそうな顔をしている。複数の身体部位が相互に接触すること、そこには被動的だが同時に運動感をともない、しかも物音とも呼びかけの声とも異なる、身体とともに出現する音をともなっている。この時期声はすでに聞こえており、自分の発する声と呼びかけられている声の違いは、感じ取れている。だが何が異なるのかについての理解は、この局面ではいまだ成立していない。

こうした場面で、手で手以外の箇所に触る。周囲の者の手で顔を触られていることとも、手で物を触っていることとも異なる感触である。触ることと触られることが異なる場所で起きることで、身体の位置の違いを感じ取る萌芽は出現し始めている。そこに動かすことと触ることの連動と、動かすことと触られることの連動の違いも感じ取られている。ただしこの段階では、能動、受動、触れることと触れられることのような区分はいまだ形成されていない。

ここには萌芽的で断片的ながら、触ることと触られることのなかに、身体の破線的な境界が形成される局面にきていると考えられる。身体は、各部位がバラバラに形成され、それらがなんらかの統合プロセスを経て、全体が形成される、というのが従来の多くの身体論の基調であった。「寸断された身体」が、鏡に映った視覚像や移動するさいの運動感のような外的な手がかりを活用して部分的に統合されていくというのが、そこでの言い分である。これは部分－全体という観察者から見た視覚像をもとに設定された議論である。多くの場合身体を、ロボットの部材を組み立てるように部分－全体で組み立てている。ラカンのいう「鏡像段階」が典型的な立論であり、視覚的に獲得される身体の全身像は、自分自身の身体との違和を終生内在的に抱え込んでしまう[16]。

生命体の働きの基本は、視覚像ではなくむしろ内外の区分であり、身体の形成は内外を区切るように繰り返し形成されてくる。イメージとしては、タマネギやキャベツのように同心円的な球形として、内外の区分を行ないながら、繰り返し内外を形成していく。そのとき破線状であっても、身体の境界の形成は最重要なものである。内外の感覚の形成は、接している場所で能動感／受動感の区分や自動感（おのずと動いている）／被動感（自然に動かされている）、表面／内部のような、基本的な区別を成立させていく。つまり身体を考察するさいに、部分－全体からではなく、**内外の出現**という事象を基本にして考察するのである。部分－全体関係は、明らかに視覚的なイメージ像にしたがっている。だが内外区分は、触覚的な身体イメージなのである。

そしてその内外区分は、二重接触において、触るものからの内外区分と触られるものからの内外区分が進行して、二重に境界の形成が進む。それによって境界が断続的に変動しうること、また変動しながら内外という輪郭を刻み、身体という一まとまりの触覚性の活動態の輪郭が形成されていく。それ以前に床に寝かされているときは、幼児の身体の境界は外からの圧迫で形成されていた。

そこにみずから境界を形成するという活動が組み込まれ、境界は二重になっていく。

こうしたことがらは、直接観察できるものではない。そのためこうした議論は、高度に理論負荷された観察を要請している。このとき「理論負荷」一般が問題になっているのではない。むしろどのようなものであれ、理論負荷による事象の考察が、新たな発見を導き、同時に何を見落としてしまうかが問われる。機能的に考えれば、理論負荷による発見が、それとともに同時に潜在的に生じている見落しを上回れば、前に進むことができる。ここで行なわれている理論負荷は、観察者から指定されたことがらを括弧に入れ、形成運動の側から事象そのものの成立を取り出そうというものである。その場合、カテゴリーそのものも論理的前提ではなく、形成運動から誘導される。

発達障害児の場合、身体そのものの感触が形成されないことがある。そのときほとんど圧力をかけないようにして、身体表面をなぞる介入を行なうことがある。手を身体に当て、いっさいの圧がかからないように触れていくのである。身体の形成にとってこうした介入手法が有効であり、重要であることが報告されている。圧覚をともなうように触れることは、圧に呼応して押し戻すという反応ができることがすでに前提になっている。圧を感じて呼応するように押し戻すことは、すでに内部が形成されている場面のことである。そしていっさいの圧がかからないようにして触れることで、圧力をかけるものと圧力をかけられるものの区分ではなく、境界そのものの感触の形成が誘導されている。触覚的感覚を活用して、体性感覚の境界を呼び出すのである。境界そのものは、内部でも外部でもない。

## 相互模倣

またたとえば乳幼児の前で乳幼児に向かって舌を出す動作をしてみる。するとそれをおのずと真似ようと、乳幼児も舌を出す。これを自動的に真似る行為を行なう呼応行動とみなすこともできる。こうした動作は一時的に頻繁に見られるが、またたくまに乳幼児は飽きてしまう。だがここには模倣行動以上に、多くの問題が含まれている。母親の舌を出している動作は見ることができる。それが自分に向けられた動作であることも感じている。そのとき自分でも舌を出す。だが自分で舌を出す動作を自分では見ることができない。自分で舌を出す動作が、どうして母親の舌を出す動作と類似した動作だとわかるのだろうか。一般的にいえば、見るだけでどうしておのずと同じ動作ができるのかという問いである。少なくとも類似した動作であることを見るという仕方で確認することはできない。そしてこうした問いなどまったく無関係なように、乳幼児はごく当然のように舌を出すのである。一般に母親の舌を出す動作を知覚し、それに合わせて自分の舌を出す動作を行なっているのであれば、不可思議なことがいくらでも出てくる。知覚によって知ることが動作の起動につながり、その動作は知覚に合わせて選択されているはずであり、その動作の選択で舌を出すという自分の身体部位の起動の指定が、知覚で捉えたことと同じになるということについての理解をもっていなければならない。かりにこんなことが起きているとすると、相当高次の知的操作が行なわれていることになる。そしてこうした回路で乳幼児の舌を出す動作が起きているとは、とても思えないのである。

問題は「動作の知覚」というところにありそうである。たとえばサッカーの練習をするさいにすでに熟練した人の動作を、見よう見まねでやってみることがある。この熟練した人の動作を見るさいには、それが何であるかを知るような知覚による把握は行なわれていないはずである。知るのではなく、最初からどう呼応するかが課題になっており、どう応答するかが課題になっている。見るという点では、呼応するための骨子だけ摑めればよいのである。そのため見よう見まねのつもりがほとんど似ても似つかぬものとなったり、模倣を超えた名人芸になったりということも起こる。動作の知覚は、通常の知覚ではなく、また動作は刻々と動き続けている以上、それが何であるかを知ろうとすると、知ろうとした途端にすでに局面は変わっている。するとそれに対して、動作で対応することが第一義となるような見ることがあるに違いない。それを「呼応視」「応答視」と呼んでおきたい。これらは見ることが目指されているのではなく、見ることがすなわち事象に呼応し、応答することの一部であるようなかかわりの遂行になっている。つまり動作を見るさいに、みずからの動作の起動可能状態が出現し、それをどのように起動するかの手がかりや指標を見ることである。動作は、起動可能状態の出現というかたちで呼応的、応答的にシステムに働きかけ、知覚はそれを起動させるための手がかりにすぎない。

少なくとも動作を知覚して、それをもとに呼応行動が引き出されるのではない。母親の舌出し動作にどのようにかかわるかが自動的に起動されているのであって、そうした動作の一部が見ることであり、捉えられた母親の情報は、そうした動作を組織化するための指標の一つにすぎないのである。

## ミラー・ニューロン

こうしたレベルの事象は、「ミラー・ニューロン」の解明の場面でも繰り返し問われた。運動前野や補足運動野には、動作の知覚にかかわるニューロン群がある。一般に動作を見るだけで自分で動作できるようになるような、脳神経系の責任部位と言われるものである。議論の内実となるのは、手を動かして物を摑む動作を行なうさいに発火する部位が、他の人が物を摑む動作を行ないそれを見ているだけでも、同じ部位が発火することがわかったことである。神経の部位が発火しただけで動作ができるようになるわけではないが、見ることのなかでも動作の組織化にかかわる神経部位の起動が起こることがわかった。イタリアのパロマのリゾラッティのチームは、マカクザルを使って、さまざまな実験を行なった。そのとき人は他の人が物を摑む動作のさいの何に反応しているのかが、焦点となった。それを確認するために、さまざまな条件を設定して、実験観察を行なっている。リゾラッティのチームでは、ほぼ同時期に同じサルのF５野と呼ばれる領域で、物を摑む動作で発火する部位が、摑むことのできる物だけを見た場合にも発火することを確認していた。これらの部位は、正準ニューロン（カノニカル・ニューロン）と呼ばれている。物が運動の予期とシミュレーションを引き起こすことはよく知られている。つまり物を見ることは、動作の組織化の開始条件となっているのである。このとき実験用のサルは、物を対象として知覚しているのではなく、物とかかわる行為の組織化の指標として物を捉えていることがわかる(17)。

当初情報知覚という面で考察を進めるときには、情報を知覚し、それが運動とつながるという議論が進んでいた。このとき正準ニューロンは、知覚と行動が分離しないまま働くという重要な証拠となった。行為の組織化という点で考えていくと、知覚は動作の予期として働くのだから、摑むことのできる物を見ることで、動作の組織化が行なわれる責任部位が発火するのは、むしろ当然であることになる。

これらの実験から、ミラー・ニューロンにも、さまざまな働きがあることが知られている。サルの傍にいる人間が親指と人差し指でカップの取手を握る動作を見る場合には、サルが自分でカップを摑むさいに発火する部位が作動するが、親指と人差し指を使って頭の毛を掻いているのを見ても発火しない。大きめのカップを手の全体を使って握る動作をするのを見ると発火するが、右手で行なうか左手で行なうかにはかかわりがない。また物がない条件下で物を摑む動作だけを行なっても、ミラー・ニューロンは発火しない。パントマイムはマカクザルにとってカテゴリーの異なる動作なのである。それは物を摑む動作というより、なにか奇妙な手の動きだけなのかもしれない。

ミラー・ニューロンは基本的には模倣行動にかかわっている。動作の模倣は、動作の獲得のもっとも主要な回路だが、模倣で行なわれることは動作の組織化であり、その場合知覚とは組織化のための手がかりを得ることである。実際にテーブルに物を置き、マカクザルの眼前に遮蔽板を置いて物を見えなくして、遮蔽板の背後で物を摑む動作を行なうと、その場合でも半々の割合でミラー・ニューロンは発火する。直接物を摑む動作を見なくても、動作を感じ取ることはできる。ところがテーブルの上に物が置かれていない状態で遮蔽板の背後で、物を摑む動作をやっても発火しないようである。

こうした議論を前にしても、ミラー・ニューロンは本来行動の認識のための情報装置だと言い張る人がでるかもしれない。そのとき認識とは、総称語だと考えておいた方がいい。行動の模倣は、みずからの行為を組織化するという認識の仕方であり、知って覚えることとは別建ての認識である。

こうして最初の問いに戻ってくる。模倣行動は、それが類似した行動であるかどうかの確認を経たうえで行なわれるわけではない。それはサッカーの練習で、プレー技法を真似たつもりが似ても似つかぬものになることがあることを思い起こしてみれば、当然のことである。模倣は試行錯誤をともないながら形成されるのであって、類似性についての認知的な確認の下で遂行されるのではない。

動作が詳細になれば、自分の動作の異同は理解されるようになると思われる。舌の出し方を変えて、鼻のほうに向ける場合、顎の方に向ける場合、横に移動させるような場合の個々の場面で、母親がその動作を真似たり、その動作とは異なることを実行すると、幼児もそれに合わせて舌の出し方を変えることがある。幼児は母親が自分の動作を真似ていることに、ただちに気づいて面白がったりもする。模倣することの感じ取りから、自分の身体動作の内容や身体部位の位置を原初的に理解しているのだ。同じ動作とか異なる動作の判別から自分の動作を制御しているのではなく、母親とのやり取りから自分の動作を感じ取っているだけである。

だがここには、認知以前に身体にかかわる多くの経験が含まれている。幼児は母親の舌を出す動作を見ることができる。それがどのようなものかを知覚のように同定しているのではない。だがこんな感じという「遂行的イメージ」はもっていると思われる。自分がどんな仕草をしているかについては、いわば身体とともに、身体の動作に最大の手がかりをあたえている遂行的イメージをもっていると考えられる。またそれが母親の仕草と似通ったものであることにも気づいている。ここでの認知的同定は、対象として知覚された二つの図柄を比較対照して同定するようなものではない。だが同じ動作をしているか、異なる動作をしているかについては、イメージ的な異同感はもっているると思われる。そのさいには他者の唇を噛む動作の認知と、自分の体性、体勢感覚の感じ取りの間の調整が必要となる。こうした感覚モダリティの変換のなかに調整が必要となるとき、感覚モダリティの変換関係に選択肢が出現する。この単純な動作のなかに、際立って複雑な事態が、認知とは別の仕方で獲得されていくことがわかる。

**共同注意**

他者とともにまなざしを向けるだけではなく、じっと見る、じっと聞くというような焦点化が起きると、動作を共遂行（コオペレーション）するだけではなく、何かへと向かって共遂行する場面が生じる。ただし何かへと向かうこととそれを知ることとは別の働きであり、注意の先で何かを見ている場合でも、同じものを見ているという制約はまったくない。同じ対象や同じ対象についての知覚を共有している可能性は低い。注意は、未分化な認知総体の焦点化として開始され、それによって現実がそれとして成立する。それが遂行的注意である。注意は、現実性の固有の個体化（個物化ではない）であり、現実がそれとして成立することである。そのため注意は、認知能力であるよりも、認知が遂行されるさいに同時にともなっている実践能力である。

共同注意（他者とともに同じ場面に注意を向けること）のなかには、他者の視線の動きにともなって視線による追跡を行なうような「追跡的共同注意」、他者が自分の注意の向く先に配慮していることを感じ取りながら、別のことに注意を向け替えて、他者にもそれに注意を向けるように促すような「誘導的注意」がある。共同注意の基本は、何かへと向かうことの共有であり、向かう動作の共有である。注意が実践能力（行為能力）であるため、現実の個体化を共遂行する場面で、共同注意が働く。親と幼児とでは、注意が働いた後に、そこで何を知覚するかは当然異なっている。そのため両者は認知対象を共有しているのではなく、現実の個体化そのものを部分的に共有しているのだ。また注意には、情動・感情が密接に連動していることも多いと予想される(18)。

## 軽度発達障害の当事者研究

軽度発達障害と呼ばれる者のなかには、自分自身にとって違和感を感じ続けており、この違和感を解消したいと思い悩み続けている者もいる。そして当事者研究として、自分自身の世界を描く者もいる。こうした固有世界を前にしながら、第一にはたして自分自身で感じ取っている違和感は、本人の固有の病態に届き、それへの対応から生まれてきているのか、あるいは社会内での違和感をもとに、社会的適合性に対して悩みをもっているだけなのか、あるいは自分の固有性を多くの人に知ってもらいたいと思っているだけなのかという疑問が生じる。身体内感や感覚全般に違和感を感じている場合には、多くの人にそのことを理解させようとしても無理なことが多い。というのも別様の身体内感、別様の感覚というのは、意味として理解できても経験できないからである。多くの場合、違和感に対処するために、筋違いの努力を行なっているのではないかという思いがつきまと

に対して、二次的に対応能力を身につけてきたという可能性が残り続けるからである。本人の固有の苦しさう。理解できていること、意味としてわかっていることに対応させたのでは、本人の固有の苦しさ

身体は世界内の一個の不連続点である。それは自分自身にとってもわからない部分が残り続けるのだから、身体は世界内の一個の疑問符でもある。身体は、世界とのかかわりの組織化をおのずとすでに行なっており、このかかわりの組織化のモードは本来個体ごとに異なっている。そして発達とは、自分自身の組織化であると同時に、自己と世界のかかわりの組織化でもあるようなプロセスのことである。多くの軽度発達障害者に見られるように、たとえば綾屋《あや》紗月さんは、幼少期から世界のなかでの違和感をかかえたまま、後年になって書物をつうじて、自分自身がアスペルガー症候群（高次機能自閉症）であることを知る。(19)発達障害のなかでも、言語や知覚のような高次の知的機能は順調に形成されるが、その手前の感覚、身体、身体と世界のかかわりに特異な特徴が残りつづける。そのため言語的に固有の世界を表現することはでき、実際多くの人たちが、すでに自分固有の世界を描いている。(20)

「当事者研究」とは、そうした自分に区切りをあたえることであり、自己理解をつうじて他者へと自分を開いていくことである。ただしこの自己理解は、自分自身の困惑するような状態を変えるものではない。また発達障害の世界を細かな言葉で丁寧に記述するためには、そもそも言葉が不足している。そこで手話サークルでかつてより知合いであった熊谷晋一郎さん（本人自身が脳性麻痺）と対話を重ねて言葉を紡ぐことで、綾屋紗月さんの記述は出来上がっている。その記述は、際立った詳細さに満ちている。

腹が減れば、何かを食べたくなる。これは誰であれ無条件にわかる。だが綾屋さんの場合、これが無条件ではないのである。身体には何かが起きている（「自己紹介が起きる」と記述される）が、それが食べたい（「したい性」）となるまでには時間がかかり、体性感覚がまとまりにくい。よほど空腹になれば、動作は「せねば性」になり、時としてパニックになってしまう。それを防ぐために、空腹とは独立にたとえば定時に食べることを自分に義務づける（「します性」）ことになる。また感覚からの刺激が選択的に制御されず、刺激が溢れてしまい感覚飽和状態となる。この状態は感覚質ごとに異なるようで、プールサイドでは水によって音が吸収されて、プール側の位置が低く感じられ、身体がプール側に傾いてしまう。動作が鈍挫すると、意識が逸れたり、際限のない恐怖感が出現する。また何かのきっかけでフラッシュバックのような鮮明な像が溢れるように出てくる。他人の動作は、気づいた時には刷り込まれてしまっていることも多い。

綾屋紗月さんの言語は、感覚−身体系の言語で、内容の理解とは別に、読み手の体性感覚を動かしてしまう。他方同書に含まれる熊谷さんの記述には、そうした感じがまったくない。言語としては、論理−感情系の定常発達形に近いと思われる。言語の質にも、発達の固有性が関与していることがわかる。

自閉症は一般に、選択的注意が形成されないままになり、おのずと刺激情報を選択する回路が形成されず、そのため刺激と動作、刺激と感情との連動が形成されにくい発達形である。つまり世界に開かれ過ぎているために、自己を形成しにくく、閉じること（固有化）を別の高次機能で代替している病態である。綾屋さんの記述では、体性感覚に通常の組織化とは異なる二次的に獲得された組織化が働いていること、そのため世界に対して選択的に注意を向けることができないこと、また志向的に想起するとは別の写し取ったような大量の記憶が残存していることがわかる。この記憶は、意味記憶とも動作記憶とも異なる。つまり認知科学にとっても現象学にとっても、多くの謎と課題を提供している。

これらの個性記述で興味深いのは、手話との関連である。綾屋紗月さんは耳は聞こえる。だが声帯制御が大変で、声を発するために過度な注意を向けなければならない。さらに発声可能な範囲が秒単位で変動してしまう。そこで本人は手話での対話回路を獲得している。視聴覚情報が複数個の回路で捉えられると、感覚飽和にならず、急速に理解につながるようである。また手話の獲得によって、聾唖者の発することのできない声まで捉えることができるようである。

当事者研究は、こうして軽度発達障害の人たちの固有世界を示し、多くの人たちにそうした人たちの世界について理解するための回路を開いてくれる。だが言語的に詳細に自分自身の世界を記述することは、本人の抱える違和感を、おそらく解消するものではない。それは言語的に表現する道具立てが不足していたために生じた違和感ではないからである。また言語で精確に認知すれば変化するような体験領域で違和感が生じているのではないからである。体性感覚や身体内感の不全は、言語表現を詳細にすることでは容易に緩和したり、解消したりしない。身体と言語との距離は相当に大きい。当事者研究とは、多くの場合やむにやまれない代償的な企てなのである。

## 軽度能動的自閉症

別の事例をあげる。首都圏のある療法士で、当初より言動や挙動がどこかおかしいと気づいていた。たとえば私が、片刃ナイフでリンゴの皮を剥くと、右手で剝けばナイフは自動的に皮の方へと向かい、おのずと皮が薄く剝ける。ところが同じナイフを用いて左手で剝けば、ナイフはおのずと芯の方に向かい、皮がぶ厚くなってしまうという話をしたとき、周囲の人はその情景がくっきりと浮かびすぐに笑いだしていたが、その療法士だけは、なにやら考え込み、表情が歪み、その後、言語的思考回路を経てようやく理解できたようなのである。多くの人が苦もなく実行できる経験の回路をその療法士はまったく欠いていると感じられた。聞きおぼえた言葉を経験に対応づけることなく、振り回すような饒舌さである。なにか特殊な事情があると察せられた。もちろんその時には、それが何であるかはわからなかった。その後この療法士は、他人の言葉をそのまま大量に覚え込み、それをただ繰り返していることが判明し、ときとして言葉に対して反射反応していることもあることがわかった。

この療法士については、ながらく何が起きているのか、私にはわからなかった。「能動的自閉症」（アスペルガー症候群）の症例をアスペルガー本人の記述から見出し、ようやくこの療法士の固有世界の輪郭が見えてきた。アスペルガーの著作には、閉じこもりがちで言葉の少ない自閉症患者も見られる。ところが症例の半数以上は、能動的で、言葉数が多く、周囲にさまざまな騒動を引き起こし、周囲の状況やコンテキストから逸脱した行動や言動を積極的に行なう「能動的自閉症」の事例が多数出てくる。イギリスの精神科医Ｊ・ウィングによって、アスペルガー自身の記述によくあてはまっていることからこれらは「アスペルガー症候群」と呼ばれるようになった。自閉症に特有の特定の能力だけを過度に活用し、欠損をこの特定の能力で乗り切る傾向もある。言葉が、感情や経験と結びつかず、周囲との関係づけが特定の観点や立場の上に投影されてしまう。アスペルガー自身は、それによって特異な能力が発揮されることのある可能性を指摘していた。

この療法士は、ある種の経験の欠落、おそらく幼少期からの自身の身体内感や体性感覚の細かさの欠落を、言語の際限のない活用によって代替し、代償して、対応してきたと思われる。他人の経験をそれとして追体験することは難しく、経験が一挙に飛び越えられて、言葉だけを覚え込むような対応をしており、そのため一面言葉の勝手な解釈が起きている。日本語は非常に饒舌であるにもかかわらず、外国語はほとんど身につかない。当人による患者の記述についても、覚え込んだ言葉が外から当たっているために、言葉と言葉のつながりだけが支えになっている。語が経験や行為との対応を欠いているために、饒舌さとは裏腹に実務的な手順がまったく見えていない。もちろん本人は別様のやり方があるということに気づくこともないので、本人の行為について何かを指摘されても、それをつうじてみずからの行為を組み替えることもできず、自分が非難されている、自分だけが叱られている、と感じるのである。

逆に一度技能や知識を覚え込んで有効だということがわかると、機会があるごとにそれを繰り返す。コンテキストや状況の感じ取りがまったく欠落している。それがうまくいかないときには、何故うまくいかないのかを理解できず、そのため訂正という行為がまったく見られない。訂正の必要な場面で、訂正を行なうのではなく、前に行なって有効だと思われたレパートリーのなかから、別のものを選んで実行するだけである。

この療法士は、幼少期からのみずからの素質と自己治癒のプロセスをつうじて、かえって出発点から、身体内感や体性感覚の変容した一般的な患者の近傍で治療を開始することができた。そしておそらく自分自身に対して行なってきた代償機能回路形成を拡張したかたちで、患者に対応し、治療設定してきたのである。高次認知能力で自己を外から律するというこの自己治癒の試みを、治療の技法のなかに組み込んだと思われる。その結果、初期の段階で、特定の軽度脳神経系疾患に対して、この療法士は一時的に、周囲からは「天性のセラピスト」だと感じられたのである。

この事例に遭遇して以降、私は、類似した病態が周囲に比較的多くあることに気づくようなった。その人たちは、どこか過度に人懐っこく、繰り返し人の間に出てきては、猛烈に話している。言葉のやり取りはできる。そこに苦痛を感じている様子はなく、むしろもっとも楽しい時間のようである。見かけ上のコミュニケーション能力は十分であり、本人には病覚も病識もない。なにひとつ困っている様子がないので、おそらく医師に相談したこともないと思われる。この病覚も病識もなさが、このタイプの最大の特徴である。一般に言葉と経験が対応せず、言葉だけが飛び交っている印象である。たとえば何かの問題を起こし、そのことに話題が及ぶと、「申し訳ありませんでした」と言葉で謝ることもできる。しかし本人が問題だと感じ謝罪しているのは、まったく別のことだということがやがてわかるようなことが生じる。

こうした事例は、一般的に言われる、人間関係の形成の困難、こだわり、本人だけの作法のような自閉症の一般類型からは、はるかに隔たっているように見える。だが理解能力に著しい偏りがあり、そのため言葉に対応するものが、まったく別であることがしばしば起きるのである。また本人の周囲で何か問題が起きたとき、それに自分の行為がどのようにかかわっているのかをまるで理解できないことが多い。そのため自分の行為を訂正することがほとんどできない。つまり繰り返し何度でも同じような問題を起こすのである。自分のやっていることがうまくいかないとき、過去にうまくいった事例から選択をして、別のことを行なうだけである。そのとき多くは自分の立場や、「原理原則」にそったものだと感じているようである。そして周囲の者のほうが、そのことを理解できないために問題が起きていると感じているようである。うまくいかなさを訂正し、新たな選択肢を開く回路は活用されていない。その意味で多くの自閉症の患者とは異なり、多くの場合、彼らは元気いっぱいである。そして知識として自分のことを知り、病識が獲得されても、おそらくそれを自分のこととして感じ取ることはできないのである。

アスペルガー症候群や広汎性発達障害は、きわめて多くの多様な病態を含み、支援の仕方もそれぞれ異なると予想される。個々の状態を病態とは呼ばず、「個性」と呼びたい誘惑にもかられる。だが詳細な分析を積み上げて、支援の仕方の細かさを獲得しなければ、それぞれの人に個性を十分に発揮してもらうことも困難なのである。

# 第三章　記憶システム

あらゆる経験には、つねに記憶がともなっている。美術館で展示を見たとき、それが初めて見た絵なのか、あるいは前にもどこかで見たことがあるという感触は、そのつどつねにともなっている。見たものが何であるか（知覚）とともに、再認（もしくは初認）の感触は紛れもないものである。見て知るとは別の仕方で、見て知ることに同時に別様にともなう知がある。この知は行為の組織化にとって重要なもので、場合によっては知覚以上に重要である。

我が家に生息しているネコは、はじめて聞く物音には敏感に反応し、ただちに身構える。いつでも逃げられる体勢をとる。ところがそれが身に降りかかるような物音ではないことがわかると、次の機会からは物音そのものをほぼ完全に無視している。まったく反応しないのである。こうした振舞いは、「認知コストの削減」という生存戦略に適っている。人間の毎日の生活エネルギーのうち、およそ二五パーセントが脳神経系で消費されている。人間だけは、認知コストを下げるための仕組みを解除してしまっているかのようである。知覚が優先される人間の認知では、対象が何であるかを知るという対象認知が前景に出てしまう。おそらく膨大な余分な認知を行なっているのだ。それが知をもつものの宿命だと言っても、あるいは知にともなう連動コストだと言っても、どこか言い訳じみてしまう。というのもほとんど無駄だとわかっているような毎日のインターネット情報処理でさえ、いそいそとまるで惰性のように行なっているからである。そのときでも認知は再認か初認かをそのつどおのずと区別している。しかしそんなことはわかっていると思いながらも、それでも情報一覧を閲覧するのである。「そんなことはわかっている」という局面にすでに再認が働いているが、それらは背景に退いてしまっている。

再認や初認の感触は、すでに見たものを想起して、それと比較対照しながら二度目だとか三度目だとかを認定しているのではない。こうした再認判断は、知覚と記憶を比較する高次の認定（判断）であり、ずっと後に起きることである。その手前に、前にも見たことがある、これははじめての経験だというような直接的な感触がともなっている。こうした局面が記憶の感触であり、また感触としての記憶でもある。そのため一度も行ったこともない場所の風景に「前にも見たことがある」というように既視感（デジャ・ヴュー）が働くこともある。感触としては、すでに見たという感じがともなうにもかかわらず、再認判断を行なうことのできる事実がないのである。この場合、感触と判断が齟齬をきたしており、それらは相互に連動するが、実際のところ、異なる働きである。

行為と連動する記憶の基本は、感触の記憶であり、それは表象の想起の手前で、あるいは表象の想起とともに、行為の組織化に直接寄与している。ここでは記憶そのものがつねにすでに作動状態にある以上、こうした記憶は「遂行的記憶」の感触でもある。ところで「記憶の感触」とは何なのだろう。それを認知以前に行為的に作動する記憶を含む直感的区別だとしておく。これは相当粗い規定であるが、感触そのものを細かく規定しようとすると、そのつど内容を新たにモード化しなければならないようなことが起きる。ここでは記憶の感触について、主題的に考察する。

## 1　記憶という課題

### 記憶の三機能

認知科学では、記憶は三つの機能に分類される。登録（書き込み）、保存、呼び出しである。脳神経系でも機能的には、類似したものが見られる。実際この区別を行なうことは出発点では重要である。たとえば記憶喪失では、前方健忘や後方健忘と略称される病態がある。それぞれ、過去の記憶はあるのに、新たに入ってくる知識はもはや記憶されない場合、新たな知識は入ってきて記憶されるが、過去の記憶は消えてしまっている場合である。これらは記憶の別のモードに障害があると考えられる。大まかには前方健忘では、現時点の登録に障害が出ており、後方健忘では過去の記憶の保存や呼び出しに障害がある。

ところで「登録」とは、ディスプレー画面にあるような映像や文字を書き込むようなものなのだろうか。登録では、選択的に除去するもの、あるいは残して維持するものなどの選択的な書き込みがおのずと行なわれているはずである。登録では、個々の要素の再配置が同時に実行されている。これは一般にはエピソード化や物語化と呼ばれるものである。つまり登録は、個々の記憶が蓄積されるようなものではない。そして登録が重要なのは、登録そのものではなく、むしろそこで働く選択性や再配置のような働きであり、登録という一つの行為としてすでに遂行されている働きである。たとえば「モルダビア」という地名を覚えたとき、この文字の並びを覚えているだけではなく、この音の並びの感触、音のまとまりの喚起力、音のまとまりが呼び起こすただ広がった水面のイメージのようなものとの連動のなかで、何かが登録されるはずである。現在の日本語の最大の変更を行なった天性の詩人は、この地名に「水駅」という語を結びつけた。水が地平線までひろがるなかで、孤島のように駅が浮かんでいる。こうした風景を「モルダビア」という音のまとまりと連動させたのである。(1)

登録は単なる書き込みではなく、再配置や再編をともなう一種の組織化の働きを含む。それは現在あるものが書き込まれるようなたんなる確定機能ではなく、登録ということが一つの行為であるような諸機能の複合体であることになる。

こうした事情は、保存や呼び出しでも起きていると想定できる。「保存」では、たんに蓄えられたものが維持されているとは考えにくい。最も典型的には、精神分析で繰り返し問題となる幼少期の性的外傷性痕跡が、本人の第二次成長期とともに別様の痕跡となり、病因となってしまうような事例である。幼少期の外傷性痕跡は、出番を待っているような密かに隠された隠し球のようなものだとは考えにくい。ある年齢ではほとんど気にならなかったものが、成長や老齢化にともない、制御しにくい記憶になることもある。その場合、いったいこの組織化の仕組みになにか規則性のようなものはあるのだろうか。記憶の重要度や作用性の強さは、それぞれ発達とともに変容し、時として制御困難な別様の記憶になってしまうこともある。それとともに知覚像や想起像の記憶と、情動の記憶は異なったモードであるため、像と情動との関係に解離が生じることもある。情動はなにかのきっかけでおのずと起動してしまう以上、像を志向的に想起するようにして再起動するのではない。そのため何故ある風景が思い浮かぶのか本人にもわからないまま、繰り返し同じ像が思い浮かぶこともある。

さらに「呼び出し」は、記憶されたものを呼び出すことだと思われがちだが、昨夜の晩御飯の楽しかった風景を思い起こそうとすると、特定の場面しか想起できない。その場面の五分前も五分後もあったはずだが、想起されるのは断片となった特定の場面だけである。しかも何故その場面が想起されるのかは本人にもわからない。想起像はつねに断片であり、この断片はひとたび想起されると、何度でも同じ像を想起できる。つまり想起そのものをつうじて保存される記憶そのものも変容する。想起して語ることは、どこか高野豆腐や干しシイタケに似ている。乾燥させしばらく経ったところで、お湯で戻すと、別様の繊維質に変容される。記憶し想起すれば、まさにそのことによって経験内容は再組織化され変貌していくと考えられる。

想起の場合にも選択性は働くが、その選択がどのように関与しているのかは、想起の成果である想起像を、どのように詳細に分析してもよくわからない。それは像そのものが組織化のプロセスの末端の成果だからである。少なくとも保存されたものがそのまま回復されるというような呼び出しは、ごく稀なことだと考えられる。しかも像の想起とは異なる仕方で呼び出されるものがある。たとえば歩行は一歳前後で獲得されたはずだが、この獲得のプロセスは想起できはしない。言語の獲得も同じである。どのようにして言語を獲得したのかを想起することは困難である。しかしそれらは獲得され保持され、繰り返し再起動されている。紛れもなく記憶されているが、記憶のプロセスも個々の記憶の経過も想起できない。だが記憶として、紛れもなく作動している。

想起には、現前化するものと、現に作動するものという基本的な区分がある。これらはラリー・スクワイアによって、「意味記憶」（宣言的記憶、外示的記憶）と「手続き記憶」（非宣言記憶、内示的記憶）として区分されたものの違いである。[2] 基本的には想起され現前化される記憶と、行為として直接起動される記憶の違いである。だがスクワイアによって提示された二つの記憶のモードの違いは、想起（呼び出し）のモードだけにかかわっているのであろうか。

片麻痺患者は、歩行を実行できた過去の感触を想起することはできる。しかしほとんどの場合、歩行は起動しない。動作の感触は想起できても、動作そのものは起動しないことがある。これは実は片麻痺患者にかぎったことではない。一度だけできた鉄棒の蹴上がりが、二度とできなくなったとき、成功した動作の感触は想起できるが行為を成功裏に遂行できない。この場合には、過去の奇跡的成功の感触を何度も想起するが、それが実行できないのである。そうすると意味記憶と手続き記憶の間に、「感触の記憶」というような別の領域があることがわかる。感触は像ではないが、想起することはできる。そして多くの場合、それは行為の調整にかかわっている。成功できるはずだという感触である。感情や身体動作の感触は、像や実際の動作にともないながらなお別のモードとして作動しているようである。そうだとすると登録、保存、呼び出しの各項目について、認知科学や情報科学とは異なる仕組みで考えていかなければならないことになる。また感触の記憶は第三のモードである調整能力にかかわる記憶として定式化した方がよいと考えられる。

## 記憶のマトリクス

感情や情動と同様、身体や運動の感触も、単独では想起できない。身体動作の感触も、感情や情動と同様に像ではない。像を想起するようにしては想起できない。自分の愛や憎しみが単独で眼前に現われることはない。愛しい表情や疎ましい顔は像として現われる。だが愛しさや疎ましさが単独で現われることはない。愛しい表情から愛しさを取り去り、普通の表情に戻すことはできる。だが愛しい表情から、顔を取り除き愛しさだけにすることはできない。感情や情動の再起動の場面では、像がともなうことがある。腹の立ったことが思い出され、次々にそのさいの情景が浮かんでくることもあれば、情景が浮かんだ後に、像の想起とともにさらに新たに情動が起動することもある。想起像は、しばしば情動価を帯びている。しかし像と感情・情動との関係は、カップリングの関係ではない。カップリングは、それぞれが一貫して作動するシステム間で起きることである。感情・情動はまぎれもない直接経験であるが、それじたいで作動する系ではない。つまり固有の系ではない。感情や情動は、むしろ像に浸透している。(3)

同じように、身体や運動の感触も、像にともなうことはあるが、単独で像になって現われることはない。それどころか身体そのものや運動そのものが像となって現われることもない。身体や運動の像は、身体の感触の一部であるか、運動の断片であり、それらは運動や動作の代理物であり、ヨーロッパの言語でいえば「代現」(リプレンゼンテーション)である。しかし運動や動作はそれじたいで起動し、また作動を継続する。こうした作動にはそれとして感触がともなっている。感触はなんらかのきっかけで再起動する。走り高跳びの選手が、助走開始前に、踏切やバーを越える体勢についてイメージ・トレーニングを行なっていることがある。このとき何をイメージしているのだろうか。踏切を行なうさいの像ではない。自分の踏切写真を見てそれに合わせて踏み切ろうとしているとは考えにくい。だが何かをイメージとして想起している。多くの場合には、踏み切るさいの動作の感触を想起していると思える。その感触が距離をもって捉えられるとき、ほとんどの場合像的なイメージをともなっている。このイメージは、表象像ではない。しかしなにかが感触をともないそれとして想起されている。すると感触の想起は、

## 感触の想起——遂行的イメージ……身体行為

というような、ひとつながりのマトリクスとなった連動系で作動している行為である。こうしたマトリクスの連動系こそが想起にともなう作動の単位であり、病的な変異では本来連動してよいものが連動しなかったり、連動の強さが変異したりする。動作にともなう「こんな感じ」という感触の想起がある。それは身体に感じ取ると同時に運動性を含む輪郭的な像イメージをともない、身体行為にとって決定的な手がかりをあたえる。またマトリクスには多くのモードがあると考えられる。

一般に記憶については、近代以前に膨大な議論があった。それは主として、記憶術にかかわるものである。より強固な記憶を維持するための技法がそこでの主題であり、この主題は現在でも記憶のノウハウとして、記憶にかかわる最重要テーマであり、夥しいほどの書物が公刊されている。フランシス・イエイツには、記憶術にかかわる歴史的大著がある。ここでも記憶術が中心となってお

り、その中心となる技法がイメージ化であり、イメージ間の連動性（類似性、対比性）の形成である[4]。これは保持の組織化のための技法であり、想起しやすさの技法でもある。歴史上、偉大な記憶力の持ち主は一定頻度で出現していたようである。ルリヤが三十年にわたって交流し、記述したシィーと呼ばれる男性もそうである[5]。シィーは生まれながらの共感覚者であり、言葉の音とともに自動的に特定の映像を生み出していた。そこでシィーは数字を見たときにもそれぞれ特定の映像を想起し、直線状に配置していった。像は、配置でも想起しやすさでも記憶にとっては利便性が高い。複合連動系にしておけば、記憶の能力は数段向上することは事実である。

しかし記憶の保持と並んで、同程度に重要なのは、どのようにして忘れるかである。おのずと忘れることこそ、コンピュータとは異なる人間の記憶の特質だとも思える。この忘れることとの仕組みの一部は、実は精神分析のなかで取り出されてきた。忘れることのできないかたちで蓄積されてしまう記憶こそ、身体へと作用をあたえて症状をもたらすのである。記憶一般の最も重要な課題の一つは、どのようにして記憶を強化するかではなく、どのようにしてうまく忘れるかである。発達障害のなかで、中間記憶であるワーキング・メモリの障害がしばしば報告される。新たな動作や行為の一連の単位が身につかないことはよく知られている。この場合にも、機械的にすでに習得したものを繰り返してしまう事例が多くある。自然に忘れ、それを選択しないことは記憶の起動にとって緊要である。現代ではコンピュータが個々人の記憶の補助機構としていつでも機能してくれるのだから、記憶の保持の強化が課題になるとは思えない。むしろどのようにして忘れるかが、最重要の課題である。**忘却とは、ただ忘れることではなく生命の能力を最大限に発揮できるような組織化の**

仕方のことである。

## 記憶という学知

記憶について考察するにあたって、発達の場合と同様、多くのことが未解明になっていることがわかる。毎日の自然な箸の上げ下ろしまで記憶が関与している以上、未解明な領域ではひとたび解明されれば、まさにそのことによって自然さが失われる領域もあるに違いない。記憶として保持されていることのなかで重要なことは、ほとんどは意識的に獲得されたものではないのである。そしてそのほとんどは、意識的に思い起こそうとしても、思い起こすことができない。しかしそこに膨大な記憶があることは間違いない。プラトンは『メノン』のなかで、すでによく知っているものを誰も探求しようとは思わない、逆にまったく知らないものを探求するなどということに思い至ることもない、とソクラテスをつうじて語っている。すると探求が必要になるのは、どこかで知ってはいるが、それが何であるかがわからないようなものについてであることになる。そこから知的探求とは、どこかでなにか知っているものを思い起こすことだ、という主張が出てくる。いわゆる知の「想起説」である。この事態には、さまざまなヴァリエーションがある。たとえばよく知っているものを何故思い起こせないのか。思い起こすためには、どのような探求が必要なのか。ソクラテスのような問答法は、思い起こすことにふさわしいやり方なのか、等々の疑問が生じる。これらの疑問に応じて、回答の仕方によってはソクラテスの問いは、まったく別様なかたちになってしまうと予想される。

誰にとっても、思い起こせないものはある。このとき意識がまさに意識であることによって思い起こせない領域が出現してきたというように考えを進めたのが、シェリングである。人間は意識あるいは意識の出現によって、多くのことを思い起こせないままになる。思い起こそうとしても思い起こせない過去があり、シュリングはそれを「先験的過去」と呼んだ。そのことを明示するために「無意識」という語を活用してもいる。まさに意識がそれとして働くことによって思い起こせなくなっているのだから、意識的努力によって思い起こすことは困難である。そこでシェリングは、意識がまさにそこから出現してくるような意識の基層を捉える独特の探求の仕方を開発した。そこでは「精神」を、さまざまな自己表現のかたちをとり、まさに自己を直観するためにみずから客体化するような活動態として設定する。そして意識が出現することで終わるような精神の自己形成史をたどるのである。これが「自然哲学」と呼ばれるものであり、自然哲学は対象としての自然界を解明するものではなく、意識の基層をそれとして明るみにだす探求である。この企てが成功したかどうかは、容易には問うことができない。精確に検討すれば、おそらく失敗している企てであろう。だが意識にとってそれが意識であるために思い起こせない過去があるという課題設定は、いまなお有効であり続けている。

## 2　記憶という構想

認知科学では、実験的な手続きをつうじてデータを取ることができなければならない。またデータを取る作業そのものが記憶に働きかけている以上、備わった記憶の機能をそれに不介入のまま機能だけを調べるためには、周到に条件を整えなければならない。潜在的にであれ現実の事象におのずと記憶がかかわっている事態は無数にある。その代表が歩行や立位のような動作であり、目を開ければすでに眼前に見えている知覚表象である。これらは想起や回想を起動させている感触がいっさいともなわず、それらにともなう記憶はおのずと作動している。またこうした場面では、どこまでが記憶の関与であり、どこから先が記憶とは独立の働きであるのかを区別することが容易ではない。こうした事例では、記憶とそれ以外の実効的働きの間には隙間がない。いま一歩、二歩と歩いてみると、この動作のどこまでが記憶によって支えられ、どこからが記憶とは独立であるか、区別することはとても困難である。このことは、かりに実験を企画したとしてもそれが記憶だけにかかわる実験になっているのかどうかを判別することが難しいことを意味する。

認知科学は、この科学の要請にしたがって、実験的な吟味のかかるものと、そうでないものを区別しなければならない。そして記憶の働きの区分そのものも、それに合うように再編成されることになる。それが**非宣言的記憶**（動作記憶、手続き記憶、知覚表象）と**宣言的記憶**（エピソード記憶、意味記憶、感覚記憶、ワーキング・メモリーなど）の区分である。知覚表象は、おのずと起動してしまっているので、非宣言的記憶に分類されている。宣言的記憶には想起するという意識の努力の感触や、よく知っている（熟知性）ので比較的自然に記憶が起動しているという感触がともなっている。記憶の働きとそれをつうじて出現する事象との間には、なんらかの隙間がある。必死に思い起こそうとしてやっとの思いで想起できた場合のように、想起の働きへの努力の感触がともなっている。

この働きへの努力の感触の違いは、想起や回想にともなう自動性の度合いによって決まっている。トルヴィングは、そうした想起にともなう「想起意識」とでも呼ぶべきものによって、記憶システムを分類している。オートノエティクな想起意識は、「自分自身の体験として自己意識」をともなった想起意識であり、エピソード記憶の想起にともなう。先週の楽しかったイヴェントを各断片を連ねるように思い起こすさいには、「私の」経験という意識がともなうというのである。またそうした自己意識をともなわない想起が意味記憶であり、想起感覚のない想起意識が手続き記憶だとしている。こうした分類は、想起のさいのそこに働く努力の感触をモード化したものである[6]。こうした点で、非宣言的記憶と宣言的記憶が、**潜在記憶**（自動的に作動する記憶）と**顕在記憶**（それとして感じ取られた記憶）と呼び換えられることもある。認知科学的な実験が関与できるのは、主としてそうした隙間のある事象であり、非宣言的記憶については、記憶障害の症例や特異な記憶事例をつうじて推論していくことになる。

現行の実験手続きでは、「学習記憶」とでも呼ぶべきかなり狭い範囲の事象が問われる。複数の単語や図表や図柄を提示し、条件をつけながら記憶してもらって想起してもらうような実験である。それでもかなりの規則性を取り出すことはできる。しかも規則性が取り出されれば、多くの場合反証実験がなされて、再度記憶の理論を作り直していく、というのがここ数十年の推移である。記憶は、その程度に複雑で多くの変数が関与する事象領域である。たとえば新しく記憶された事象ほど容易に想起できることは、常識的な経験に合っている。しかし想起の開始場面である検索のための手がかりの設定次第では、たとえば小学校の夏のグランドの風景の方がただちに回想できるというような事例をただちに示すことができる。あるいは特定の事象は、その事象への期待や信念と関連しているほど思い出しやすくなるという傾向がある。これもほとんどの経験に当てはまる傾向性である。しかしこれも条件設定次第で、反例を出すことはできる。記憶についての実証科学的な規則性の取り出しは、ほとんどの場合反証例がつきまとっている。

記憶の理論モデルとしては、現行の認知科学では、「システム説」と「ネットワーク説」という議論の整理の仕方がある。記憶の種類や働きのモードに応じて、脳神経系に固有の領域化が起こり、脳神経系内に複数のシステムが実在的に存在するという説と、脳神経系のなかのネットワークの回路が異なるだけで、個々のシステム領域が実在するのではないという説である。後者は、一般に「処理説」と呼ばれる。記憶処理の段階にいくつもの機能系を設定する。音を聞いてたんに感覚記憶されている段階、音を聞いて意味と結びつけて処理されている段階、音を聞いて物語と結びつけて処理されている段階のように、ネットワークのモードの違いで記憶の働きを考察するのである。この場合には「処理段階」の複合の度合いに力点がある。(7) しかし一般的に、システム説であってもそれぞれのシステム領域は、記憶の働きだけに特化するものではないこと、システム領域の再編も起こりうること、個々のシステム領域は連動して起動しうること、という限定をつければ、両説はほとんど差のないものとなると思われる。

システム説の利点は、加齢にともなう記憶力の変化や記憶障害に比較的対応しやすいことである。

老人性健忘のように、記憶全般は損なわれてはいなくても、特定の記憶のモードだけは作動しにくくなっているような場面では、システムの一部に変化が及び、特定のモードが失われてしまう。こう考えた方がわかりやすいのである。六〇歳代になると新しく入ってくる知識の記憶は容易ではない。その場合でも耳から入る知識はまだ記憶しやすいが、眼から入る知識は記憶しにくいというような違いが出る。五〇歳代の記憶は容易には想起できないが、三〇歳代、四〇歳代の記憶にはほとんど変化がない場合もある。記憶の働きそのものが、年齢をつうじて変化していくのだ。

実験にかかわる学習記憶の範囲内でも、かなりの規則性を取り出すことができる。ほぼ異論がないと思えるものから、精密に詰めてみればより複雑な事象の一部を規則として取り出している可能性のあるものまで、比較的なだらかな確実性の傾斜がある。

（1）　呼び出し（想起、回想）にさいしては、記憶されたものが純粋に呼び出されるということはなく、呼び出される事象は多くのネットワークの関与によって再構成されている。こうした「再構成説」と呼ばれる規則性は、記憶の働きをどう考えるにかかわる原理である。想起された事象には、さまざまな要素の関与があるというのは、間違いない事実である。しかしそのことは記憶に混在があるというようなレベルの問題とは異なることがらがかかわっているように見える。

この記憶の再構成という原理じたいは、実は記憶された事象と記憶の働きとの関係をどのように考えるかにかかわっている。おそらくそのことは記憶の呼び出しだけにとどまる規則ではなく、イメージ的表象や直接知覚の場面でも当てはまっている。そもそも特定の感覚印象や意味が記憶される場合、記憶される当の事象以上の多くのネットワークが作動している。コンピュータで何かを登録保存する場合であっても、事象を登録保存するさいには「登録保存」という活動のネットワークが作動している。この作動の一部が登録保存された事象である。記憶された事象は、記憶するという働きの末端の一事実である、というのが実情に近い。

こうしたことは逆に、現実に知覚した事象の記憶と、イメージしただけの事象の記憶を厳密には区別できないことを意味する。実際被験者に物の名前のリストを手渡し、それらの物を実際に見たのか、見たことはなくイメージしただけなのかを区別してもらうと、イメージしただけのものを実際に見たと誤って判断する頻度が、実際に見たにもかかわらずそれをイメージだと判断する場合よりも多いのである。その意味で、記憶はつねに再構成的である。

これに関連する事態としては、「記憶にかかわる事象は、事象単独では測ることができない」という原理がある。「混在の原理」と呼ばれるものである。どのような条件をどれほど精密にしても、単独の事象を固有に取り出すことはできない。なにかを想起するさいには、おのずと思い出されているという「熟知性」の部分がともなう。実はこれも根の深いことがらがかかわっており、必死で思い起こすという想起の努力がなされている場合でも、思い起こすという努力そのものにも、おのずと努力できるという働きの熟知性の手続き記憶が関与している。想起するという働きそのものが、すでに熟知性に裏づけられているのである。

（2）　次に記憶一般にかかわり、記憶についての実験が可能になることを同時に保証するような原理がある。たとえば「記憶が作動するさいには、何らかの手がかりをきっかけとする」という規則は、もっとも外側の規則性の一つと考えられる。これは通常の平均値的な記憶もしくは健常状態とみなせる記憶を境界づける規則性でもある。というのもおのずと浮かんでしまう「自生記憶」は、なんらかのきっかけを必要としているとは考えにくいのである。統合失調症の初期症状の一つと考えられる「自生表象」は、なんらかのきっかけを特定することが多くの場合困難である。そしてこのことを一般的な記憶の作動のなかに含めてしまうと、そもそも実験が有効に機能しなくなる。この規則は認知科学的な実験を行なうことが実行できるための必要条件でもある。この規則はまた、なんらかのきっかけをあたえる実験によってある記憶の作動が起きたとき、記憶のシステムがこのきっかけによって起動したのか、きっかけはあったがそれとは独立に作動したのかの区別を考えなくてもよいという条件でもある。こうした規則性を設定しておかなければ、そもそもデータが成立しなくなる。

それと並んで、記憶の働きについては、「登録されるさいの符号化と検索をかけるさいの検索条件の関係が基本的な制約条件である」という原理がある。符号化とは登録保存されるさいの処理のことであり、検索は処理されたものを探し出すことである。記憶された事象の呼び出しのさいには、呼び出し条件によって大幅に働きに違いが出る。またよりよく記憶される事象とそうでないものの違いは、事象の性格だけに依存するのではない。さらに検索のさいの手がかりだけの違いによって、よりよく想起されたり、そうでなかったりするのでもない。そうなると登録保存と呼び出しの間には、個々の事象や個々の呼び出し手がかりの性格によって差異が出るような線形の関係は存在しないことになる。この原理は、実は記憶の働きの線形の規則性が容易には規定できないことを述べている。

こうした認知科学的な原理とともに、いくつかの全般的な傾向とでも呼ぶべき規則性がある。それは対象のなかで目立つものほど覚え易いとか、一回限りの出来事や特定の限定項目を参照しなければならないときの課題は、全般的な情報や関連情報の多い課題に比べて、成績が悪いというような全般的な傾向性にかかわる規則性である。また記憶と他の認知能力の関連をできるだけ明示しようとする規則性の取り出し方もある。短期記憶じたいは、内実はいまでもよくわからないが、注意の焦点に関連していることは間違いなさそうである[8]。個々の情報が注意の焦点に入ってくるためには、知覚の符号化や長期記憶からの検索処理が必要であり、注意の焦点に事象を維持するためには、リハーサルのような能動的な処理が必要である、というような傾向性を取り出すことはできる。こうした傾向性であれば、歴史的にもかなりのことが語られてきた。記憶障害時には、近い出来事を思い出すことが、古い出来事を思い出すよりも困難である（リボーの法則）、あるいは二つの時間経過を経た事象が、同じ強さを維持しているのであれば、時期的に遅い事象の方が減衰が遅い（ヨストの法則）のようなものもある。こうした傾向性や規則性は、おそらく今後も増えていくだろうし、多くの場合同時に例外がともなうことであろう。

これらと対比的に、記憶がどのような変化を起こしうるかについて、規則性と思えるものを列記してみる。これらは記憶の変化、あるいは記憶とともに起きる変化にかかわっており、実験的な特定が困難である以上、確度の高い推測としておくのがよいと思われる。

（1）　母語のようにひとたび習得されれば、それを放棄することのできないネットワークの獲得は、記憶の機能領域を全面的、もしくは部分的に再編する。この規則性は、ほとんどの手続き記憶に当てはまる。たとえばひとたび自転車に乗ることができるようになれば、そのことによって身体のバランス制御にかかわる記憶は、部分的に再編されている。

（2）記憶の時間経過は、ダムに水が溜まるようなものではありえない。一歳を過ぎた頃、歩行は習得され記憶されていると考えられるが、身体そのものも形成され、筋力も変化する以上、歩行の記憶も再組織化されていくと考えられる。歩行は七歳ぐらいまでにほぼ成人の歩き方になる。骨格も筋肉もしっかりしたものになる。そうした身体の変化にともない、記憶された手続きや身体動作も再編される。

（3）歩行のような基礎的な手続き記憶に相当する記憶は、脳卒中その他によるシステム損壊の場面では、他のシステム領域での機能代替は起こらず、大幅に記憶の再編が起きる。そのため手続き記憶であっても、再度記憶を形成しなければならない。

（4）現実に歩行不全の状態で、手続き記憶が起動できない場合でも、過去に歩行できた時の動作の感触の記憶は残っている。そのため動作の手続き記憶と動作にともなう感触の記憶は、異なったものであり、損傷後の現実の動作の形成に多くの困難をもたらす。たとえば過去の十全な歩行の感触は、それに対応する手続き記憶が破損していれば、そもそも無理な課題を過去の感触やイメージのもとに制御しようとする努力であり、その傾向はおのずと出現する。

（5）記憶を直接規定する「時間」変数は、基本的には存在しない。「記憶に保存されている時間が長ければ長いほど、想起される可能性は低くなる」とか「思い出せる確率は、保持時間の長さに応じて減少する」というような事態は、成立していない。しかし新たに記憶された事象は苦もなく思い起こせるのではないかという思いは残る。近傍の事象でそれが自由に再生できる場合には、刺激と刺激の間の時間間隔と、再生を始めるまでの保持時間との比に比例するという規則はある。この場合には、比のなかに時間変数は間接的に出現するが、比のなかで相殺されることが多い。

（6） 記憶の強さは保持のさいの注意の向き方に関連し、さらに認知的要素とは異なる情動や感情や快／不快あるいは生存に連動している場合には、不連続的な強さが生じる。こうした強さを、認知的課題をつうじて解明することは容易ではない。こうした不連続の強さをともなう記憶は、記憶のネットワーク全般の制御機構では、対応できないと考えられる。こうした強さをともなう記憶は、保存される仕方も出現する仕方も、一般的な認知的知識とは異なる。

（7） 記憶の認知的誤りについては、記憶し忘れる「脱落」と、他のネットワークとの「混線」（侵入）によるものとを区別することができる。脱落は、ブロッキングのようにそこだけ記憶されないままになるような場面や不注意によって経験が飛んでしまうような場合である。混線は、一般に思い込みにかかわるものであり、誤帰属、被暗示性、バイアス、固執などのモードがある。こうした事態を考察するためには、手続き記憶を含めたより広い脈絡のなかで「記憶」を考えていかなければならない。

## ベルクソン

ベルクソンに『物質と記憶』という著作がある。一九世紀末、ちょうどフロイトがヒステリーや神経症の多くの患者を扱いながら、情動の記憶について試行錯誤していた時期に書かれたものである。それはちょうど百年ほど前で、記憶が広範な課題になっていた時期である(9)。ベルクソンの著作で、記憶にかかわる基本文献となっているのは、同時代に提示された記憶障害についての夥しいほどの文献と、いつの時代でも書き継がれる「記憶術」にかかわる一般書である。『物質と記憶』では、「再認障害」が主要な事例の一つとなっている。いくつか興味深い事例が出てくる。たとえばかつて見たことのある風景を自宅で思い起こすことができる。だがその風景の前に立つと、かつて見たという感触がまったくないという。保持と呼び出しは働いているが、知覚にともなう再認という「遂行記憶」が働かない事例である。これはおそらく一時的健忘なのではない。眼前に風景がなければ想起できるのだから、保持も呼び出しも働いている。おそらくむしろ運動と連動するさいの知覚の場面での記憶に障害があるのだ。こうした障害を構想の周辺で参照しながら、ベルクソンは記憶をもとに知覚―運動理論を構想しようとしている。そしてそれを哲学的な難題を緩和し、解くために活用しようともしている。

著作じたいに設定される哲学的な要請は、観念論と実在論の対立を、両者とも極端な主張だということで退け、両者を緩和し、いわば解毒することである。ベルクソン本人の主張どおり、いわば常識の近くにスタンスを戻すのである。常識とは、可能なかぎり無理な前提を置かない知のことである。そのとき常識のすぐ近くにある場面の設定を行なうことが必要となる。

哲学の議論だから、どこかで出発点となる場面の設定が必要である。これは拠点の設定とは異なる。主体や主観性のような拠点となる出発点、実在世界のような拠点となる出発点を設定すれば、またもや立場設定に戻ってしまう。それはほぼ必然的に哲学的な構想へと進む。拠点の設定と出発点の場所の設定は異なるものである。拠点の設定は、いわば正当化された出発点から進むことである。その拠点からどこまで進むことができ、その途上にどの程度の新たな見通しを見出すことができるかが、議論の成否を決める。設定された拠点から無矛盾に進み、一貫してどれだけ世界に対して有効な説明をあたえることができるかが利点のように見なされる。デカルトの「思考する我」も拠点である。そこから彼は解析幾何学を導いている。

これに対して出発点の場面の設定は、それが常識的な経験に近づくのであれば、何が事実的に重要で、何が作為的に作られた問題なのかを判別しながら、いわば「問題の再仕分け」を行なうことが課題となる。この再仕分けにも、新たな前提が入り込むが、それらがどの程度経験的に検証されるかが問われるのである。それと同時に、そうした場面の設定から、どの程度新たな課題が開けるかが問われる。

そこでまずベルクソンは直接世界の場面設定を行なう。それがイマージュ（イメージ）であり、イマージュは「非措定的現われ」の総称である。なにかをそれとして捉えているのではないが、捉える以前にすでに現われているものがある。それがイマージュである。昼間の空は青く、夕焼けは赤い。水は流れ、風は渡る。空の青さも夕焼けの赤も水の流れも渡る風も、一般的な物ではない。通常の物よりもはるかに広く非措定的現われは成立している。脳も神経もどこかでそれとしてわかっており、物質に類似したものだから、その意味ではイマージュである。イマージュの総体は、宇宙の総体でもある。これらは一般に科学的な規則に従う。

さらにそこに身体という特殊な存在がある。イマージュの受け渡し、イマージュの変化のなかで、身体というイマージュだけは選択をともない、選択的にイマージュの連鎖に変化を作りだすことができる。それはたんなる機械的法則、力学的法則に従わない。そしてこの身体をともなうイマージュは、それじたいのおこなう選択の場面で、記憶の影響を受ける。それは不断に記憶の影響を受けるのであって、ここに記憶力の問題が関与している。身体を導入していることの利点は、知覚が身体行為と連動している場面を強調するためである。知覚を対象を知るためのオルガン（器官）だとするのではなく、動作の遂行に連動する器官だとするのである。これによって、純粋認識や純粋知覚が、認識論ということのなかで作りだされた、ある種の虚構もしくは例外的な事象だとする議論を展開することができる。動物を考えてみれば、動物の知覚は有効な身体行動を行なうために、知覚そのものが身体行動と密接に連動している。そしてここに記憶が関与するのである。

それらは時代的制約を帯びたいくつかの「思い」として述べられている。「私の神経系は、私の身体を興奮させる諸対象と、私が影響を与えることのできそうな諸対象との間に介在して、運動を伝達、分配し、あるいは制止するたんなる伝導体の役を演じているだけだ[10]。「知覚は感覚中枢のなかにも運動中枢のなかにもあるのではない。知覚はそれらの関係の複雑性を示す尺度であり、それが現われる場所に存在するのだ[11]」。「知覚は、生活体の行動力、すなわち受けた興奮に後続する運動ないし行動の不確定を表現するものであり、これを示す尺度なのである」。「外部知覚における意識の理論上の役割は、現実の瞬間的な数多の観照を、記憶力の連続的な糸によって互いにつなぎ合わせること[12]」である。

これらの行文が示すように、知覚を行動へとつながるラインで捉え、それを主要な機能だとすることで、純粋知覚の虚構を弱め、意識を記憶力の介在する場だとするのである。こうすると、どのようにして認識世界が成立しているかではなく、また物質的世界から認識がどのように成立してくるかではなく、認識を世界へとかかわる行動との関連で捉えることになる。後にベルクソンは、病的誤認や認知障害を「現在の回想と誤った認知」でまとめて扱うが、そのさいにも主要な症状の場所を、運動へのつながりを欠いた認知という点で押えている。ベルクソンが主に関心を寄せていたのは、初めて見たものを「すでに見たことがある」とする再認障害である。一般には既視感《デジャヴュ》と呼ばれるものである。これは認知的感情の誤作動だとされる。ここにはさらに、現在・未来の時間区分が不明になる障害も含まれている。

## 記憶の関与

ベルクソンが知覚は運動と連動する器官だとするさいには、生態物理学で見られるような知覚と運動の「連動の内実」が問われているのではなく、知覚‐運動連動系に、つねに記憶が関与しているとした点に力点が置かれている。ベルクソンの提示する記憶力の区分は、当時でもおおむね現在の分類と似通ったものであった。一方では想起できる記憶であり、「再認記憶」と呼ばれ、「過去の蓄積」だとされている。これは日付が打てるという特徴をもつ。はっきりとした日付をもたなくても、原則として日付が打てることが特徴である。たとえば幼少期の記憶で何度でも想起できるものは、大まかな日付をもっている。あの頃の記憶というおよその配置をもっている。時間軸上に配置ができるということが特徴である。ベルクソンは記憶を時間経験にかかわるものとしている。

他方では、行動の準備にかかわる記憶があり、これは身体に蓄積し、反復するような動作にかかわっている。そのため原則として日付をもたない。これらは現在でいう「意味記憶」と「手続き記憶」の区分におおむね対応している。ところが実際には、ベルクソン自身はそうした区分に対応した記憶論の前史を記したのではない。そこでの記憶力は、以下のような議論になっている。

第一の記憶力は、私たちの日常生活のすべての出来事を、それらが展開するにつれて、記憶心像の形で記憶するものであり、どんな些細なことも洩らさないで、ひとつひとつの事実や動作に、その位置と日付をあたえるであろう。損得や実用性を気にする下心なしに、それは、ひたすら本性の命ずるところに従って、過去を蓄積するであろう。これによって、すでに経験された知覚の利発な再認、というよりは知的再認が可能になるだろう。私たちは、あるイマージュを捜しもとめて過去の生活をさかのぼるたびに、そこに活路を見出すことになる。しかしあらゆる知覚は、生まれようとする行動にまで及ぶものだ。で、ひとたび知覚されたイマージュがこの記憶力のなかに定着しその一員になるにつれて、そのあとに続く運動は有機体を変様し、身体の内に行動への新たな準備をつくり出す。こうしてまったく秩序を異にする経験が生じ、身体に沈殿するのであり、完全に整った機構として、外界の刺激にたいするますます多様化し多様化する反応をもち、たえず増加する有りうべき問いかけにそなえて応答の準備を完了するのだ。私たちはこの機構をその発動にさいして意識するものであり、現在に蓄積された努力の全過去のこのような意識は、これもまたたしかに記憶力ではあるが、第一のものとは根

本的に異なった記憶力であって、たえず行動へと向かい現在に立脚し、ひたすら未来をめざすものである。(13)

ここにははっきりとしたこの議論の特徴が出ている。

(1)記憶が蓄積されることは、過去の蓄積にかかわるのであり、その過去の蓄積が現在に作用する。その蓄積された過去の記憶は、時間軸上に配置され、そのつど現在の行動に影響を及ぼす。あるいは形式化してしまうと、記憶を時間軸上で起きる出来事だと考えており、刻々と時間軸上に蓄積されたり、刻々と行動に作用をあたえたりする。

これはベルクソンが採用する大前提である。だが短期記憶の大半がまたたくまに捨て去られること、記憶は水甕に水が溜まっていくように、均等に時間軸に配置されるような蓄積性はないこと、たとえ想起のように思い起こさなくても、記憶が意識下で作動することは間違いないが、少なくとも過去が働きかけるというような作用性とは異なる仕組みで作動するなどの異論はただちに出そうである。

(2)記憶の蓄積は、おのずと形成されるものであり、それをベルクソンは「自発的記憶」と呼ぶ。自発的記憶はふだんからすでに作動している記憶であり、一般に経験と呼ばれるものにすでにともなっている記憶である。おのずと保存され想起される記憶という点では、行為に連動する記憶でも、おのずと浮かんでしまう記憶でも、実は「自発的記憶」である。これはいっさいの能動性をともなうことなく、おのずと作動している点で、記憶の働きの主要部分を占める。眼前に知覚像があるとき、そこにどこまで記憶が関与しているかを問うてみればいい。幼少時からの発達のなかで、形成されてきた記憶のいくぶんかは関与しているはずである。これは探求の設定の仕方に、そもそも無理があることを示している。たとえば一般観念（種、類など）の成立は、抽象による普遍化と個別個体への概念の適応が必要となる。だがものごとの類似性は表象以前の生きられた体験的現実において取り出されているというベルクソンの指摘は、それじたいは正しい。ただそこに記憶力がどのように働いているのかを、基本的に示すことができないのである。

（3）さらに行動に関連する記憶（第二の記憶）は、第一の記憶を絶えず制止する務め、あるいは現在の状況を有利に照らし補充するものだけを受け入れる務めを負うものだとするような制約条件下に置かれる。第一の記憶は、自動的に蓄積され自動的に認知や行動に刻々と働いてしまうのだから、それにはなんらかの制約が働くはずである。こうした制約条件は、自発的記憶が自動的に働くという設定に応じて、次々と仮構される。たとえば意識では、知覚と整合して有機的な全体を形成することのできないイマージュの意識を、ことごとく排除するというのである。

生きることや行動にとっての有用性が、心的現象に大きく影響することは間違いない。しかし記憶にはそれじたいに組織化の仕組みがあり、行動には行動の組織化の仕組みがある。それぞれに固有の組織化の仕組みをさらに考察することが、課題となる場面である。

（4）無意識のイメージというものがある。私の眼前で知覚されているのは、部屋の窓とブラインドであり、その手前の作業器具であり、机であり、キーボードである。しかしその外に庭があり、ブロック塀があり、さらにその外には道路がある。これらはイメージであり、習慣のように自明化されているイメージである。それらが記憶に支えられていることは間違いない。不快な感情の生じた場面を何度も思い起こしていると、またもや不快になってくるともいう。だがこうした多くの心的要素が関与する場面では、それぞれの経験の組織化についての考察が必要とされるのであって、記憶力が関与しているのかどうかは二次的である。ベルクソンの考察では、どこか争点の場所を取り違えているような議論が多く展開されている。それが多くの謎を生み、著作そのものを難解にしている。問題は、このやり方で記憶の問題にどの程度届くのか、あるいはベルクソンが議論の中心の一つに据えている「記憶障害」の議論にどの程度届くのかである。ベルクソンの議論は、大筋で適切な議論の展開になっているが、大枠での道具立てが不足している印象を受ける。

## 記憶と日付

ベルクソンの議論の立て方は、記憶とは時間軸で起きる事象だと考えている。知を時間・空間に配分して考えるというニュートン、カント以来習い性となった科学的な仕組みが前提されている。だがこれは本当のことなのだろうか。記憶にとっては、実は日付は本質的なことではない。時間軸で過去を蓄積したり、過去を現在において想起したり、するわけではない。想起された像を、特定の日付に事後的に結びつけることはできる。また逆に特定の日付から、その日の夕方に会った友人との出会いの場面を思い起こすこともできる。いまある像がおのずと思い浮かぶ。そのときそれがいつの場面の記憶であったかを探し出そうとする。するとその前後の場面が浮かんでくる。これは場面の連動であり、時間軸とは直接関係がない。像の想起とともに、想起された像を配置しようとすると、像はなんらかの位置をもつ。そのとき昨夜の楽しかった光景のように、その日の大騒ぎを一つのまとまりとして想起し、そのなかの一つの場面として配置することはできる。ここでは想起をつうじて記憶の再編が起きている。これは特定の場面をきっかけとして、ひとまとまりの出来事をエピソードとして想起し、そのなかに配置するものである。また想起された像の位置をより全体的な空間的な位置と結びつけることもできる。なにかの理由で、特定の誰かの表情が浮かんだとする。誰の顔なのかがわからない。いつのことかもわからない。場所を思い出そうとする。すると前週出かけたレストランでの出来事であったことがわかることがある。想起像は、本性的につねに断片である。この断片は、配置をあたえることで想起像として安定する。時間軸は、こうした配置のための一つの変数に留まるのである。**記憶は時間軸上にあるのではない。時間軸が記憶の再編のための手がかりとなる外的指標なのである。**ベルクソンの場合、基礎的な記憶が、本来日付をもつとしたために、まるで時間軸の上に過去が積み上がるような記憶の蓄積を考えてしまっている。だが記憶と時間軸とは、内的ではなく、時間軸に記憶が積み上がるような仕組みにはなっていない。保存のさいには最低限選択的な保存が行なわれ、多くのことは忘れ去られるのであり、保存されたものは、まさに保存という行為によって組織化され、さらに後に想起をつうじて再度組織化される。

### 記憶の動作障害

道具使用をうまく行なうことのできないような障害がある。眼前にあるゴマスリ棒が何であるかがわからない、それをもたせると頭にもっていき、ゴマスリ棒で頭をなでてしまう。こうした病態を一般に「失行症」と呼んでいる。失行症では、大まかな動作はできるので、動作全般の障害ではない。しかし道具使用のような動作の微細な組織化をともなう場面に障害が出てしまう。ゴマスリ棒で頭をなでていけないということはないが、頭をなでることがゴマスリ棒の有効な活用にはなっていない。こうした失行症は、記憶が関与していることは間違いないが、どこの場面のどのような障害なのかが問われる。かつてゴマスリ棒を使ったことの記憶が妨げられ、ゴマスリ棒の活用の仕方が思い起こせず、そのためゴマスリ棒を不適切に使用したのか、ゴマスリ棒の知覚が固有の使用関連で見えておらず、細長い物体としてしか見えていないために、ともかくそれをもって何かをしてみただけなのか、ゴマスリ棒が本人にはヘヤブラシに見えていて、その知覚に応じた固有の行為を行なっただけなのか、いくつもの可能性が出てしまう。ベルクソンの構想からこうした病態に届かせることは容易ではない。

脳神経系の障害は、知覚障害、行為障害、記憶障害のいずれも起こりうるのであり、どの場面が病態の焦点なのかで治療の力点が変わってくる。行為が環境内もしくは世界内で有効に実行できることは、記憶の関与はあるが、記憶だけに依存したことではない。手の関節が微細で道具適合的に動かなければ、物の道具的な使用を有効に行なうことはできない。

失行症については、身体動作に大きな欠損はなくても、全般的に手足の関節での詳細な動きができないことが知られている。そのとき手足の関節に細かな注意が向かない注意障害も指摘されている。そのため記憶による再編だけからでは、病態の詳細さに到達することは難しい。

リープマンに倣って事態を整理してしまうと、運動性の記憶である「運動エングラム」と行為の編成にかかわる「観念企図」があり、運動エングラムの起動がなければ、肢節運動失行となり、観念企図が起動しなければ、単純な動作はできても道具使用のような複雑な動作はできなくなる。そして両者に解離が起きれば、動作と道具との間にミスマッチが起きる。これらはいずれも動作の再起動のさいに見られる障害を基本にして組み立てられている。(14) 失行症では大まかな動作（単純歩行、食事など）はできるのだから、基本的な症状は動作と道具とのミスマッチである。道具の知覚のさいに、それにふさわしい動作記憶が呼び出されていない場合もある。あるいは道具の知覚が注意を欠いた状態でなされ認知的な誤認が含まれている場合もある。あるいはいずれも起きていて、ともかくも物を摑んだら、何かを実行しただけという場合もある。症状の度合いによっていずれもありうるのである。そのとき道具を前にして、「これは何ですか」「これを以前に使ったことはありますか」「これを前に使ったときの感触は思い起こせますか」「これを前に使ったときの動作はイメージできますか」等々が経験を区分していく問いとなる。失行症は、軽度の脳損傷なので、言語的な問いに対しての経験の分節は起きていると期待してよく、それによってどこに経験の再編が必要であり、どこにエクササイズが必要かを考察することができる。

## 記憶の言語障害

ベルクソンは失語症の症例を比較的多く取り上げている。たとえば怪我で自発的に語る能力を失った患者でも、他人から語られた言葉はよく覚えており、それを繰り返すこともできた、という症例がある。語の選択的結合能力が損なわれていても、機械的にあたえられた語を繰り返すことはできる。これじたいはヤーコブソンが、後に失語症の一つの典型例として取り上げるものであるが、機械的反復が可能な以上、記憶の全体的障害ではない。また時計の打つ音は聞きとれるにもかかわらず、何時を打ったのかがわからない症例も取り上げられている。音の聞取りと数えることは別様のオペレーションであり、音の聞取りは覚えている以上、短期記憶の障害ではなく、また再認障害ではない。その音が時計の音だということはわかっているのである。そうなると数え上げるという行為的オペレーションに不備が生じる、ワーキング・メモリの障害なのかとも思える。こうしてみると記憶の障害は、圧倒的に多様な変数が関与していることがわかる。

## 再認障害としての人物誤認

「人物誤認」（キャプグラ）という障害の頻度はそう多くないが、奇妙な病態がある。よく知っている身近な人物に対して、「今日のあなたは偽物だ」というような言動がでてくる[15]。どこが違うのかと問うと、なにも違わない、顔も目も髪もいつもと同じだという回答がでてくる。この病態の多くは、直接体験に根差している。あるよく知っている人に出会う。知覚はできる。どこかで会ったことのあるよく知っている人だという再認の感触もある。しかしその日の知覚と再認の感触にはズレがあり、再認で認定されているものと、知覚で捉えているものの間には、隔たりがある。

どうも今日のその人物は、どこか違うのである。この記憶にかかわる感触の違いが焦点である。再認には、個体の基本イメージが関与している。そのイメージは、それとして明示的に取り出すことはできないが、無数の知覚から抽象して「基本形」を取り出したようなものではない。おそらく

二、三の実際の場面から直接獲得されている。このイメージが「この個体」を支えており、あの人、この物というようにわかるのである。それは意味というよりはゲーテの「原型」に近いものである。というのもそれはいくぶんかは一般化されているが、具体像である。ゲーテのいう「原型」は、イデアのような普遍的抽象態ではなく、植物の双葉のような具体的個物であり、そこには別様なものになりうる活動の基本形が含まれている。個体の知覚は、意味ではなく、抽象態でもなく、端的な基本形としての原型知覚に近い。

ところがある日の知覚がイメージとの落差を含んでいることがある。あれと感じられるような違和感を含んでいる。この違和感の出現も、再認をベースにしている。再認の感触があるにもかかわらず、知覚が再認の感触とはズレている。それが誰であるかは、再認をつうじてわかっており、了解はできている。しかしその日の知覚は、再認されているイメージとはズレているのである。それがよく知っているいつもの人であることは、理解できているにもかかわらず、違うという違和感は、紛れもないものであり、さらには時として圧倒的な確信でもある。これが「今日のあなたは偽物」だという特定をもたらしていると考えられる。

実は、こうした人物誤認は、同じ人物に対しても毎日起こるわけではない。だがなにかのきっかけで起きてしまう。この場合再認を強くとり、この人であることは間違いないという確信の側に力点を置くと、「時々はこんな表情もあるのだ」という「知覚の修正」にいたる。知覚の修正の論理的根拠は、ある人物の属性をどのように詳細に集めても、「この人」という個体に到達しないことである。属性の無限集合からは、個体そのものに到達できない[16]。あるいはこの物の知覚は、さまざまな現われをともない、すべての現われはこの物の現われであるが、現われから「この物そのもの」には到達することができない。逆に個体の現われが、さらに追加されることはむしろ自然なことである。通常は別の表情、仕草、態度もあるという知覚の修正が行なわれる。知覚の修正能力は強力であるため、ごく自然に修正される。このとき知覚が修正されない可能性も同時に出現する。再認の感触と知覚のズレが強い確信となっている場合である。

知覚は感覚的直観であるため、一つ一つの知覚はそのつどの確信をもつ。だからある人を見たとき、それが再認できない場合には、「あの人は誰だろう」ということになる。つまりその知覚は初認である。この場合には、人物誤認は起こりようがなく、誰だかわからなかった、知らない人だというに留まる。またある人物を見たとき、再認はあり、かつ基本的イメージとの違いが認定されている場合には、「あの人はずいぶんと変わった」「今日は別人のようだった」という基本イメージからのズレが認定されている。何年ぶりかに会う場合には、こうしたことがよく起こる。前者が知覚の修正であり、後者が基本イメージの訂正である。いずれの場合にも、人物誤認にはならない。

すると人物誤認の必要条件は、（1）いつものように再認はなされており、その人についての再認は習慣化されるほど身近なもので、（2）現在の知覚はその再認の基本イメージとは異なり、（3）再認と知覚のズレは、感覚的、感触的に確信されており、（4）このズレはただちには修正も訂正も効かない場合である。

感覚や感触は、知覚とは異なり、基本的に訂正可能性がない。（1）が人物誤認が身近な人にしか起こらない理由であり、（3）が人物誤認はそれほど頻繁には起こらない理由であり、（4）が人物誤認を引き起こす人（患者）が、比較的老齢である理由である。またこの訂正や修正の幅が狭まったり、知覚の同一性認定が変容した病態では、「人物誤認」が比較的頻繁に起きる。[17] 私自身も、五〇代後半の年齢になって以降、人物誤認が起こるようになり、はじめてこの感触がわかるようになった。ゼミの学生を見て、「今日のあなたは偽物だ」と何度も言いそうになったのである。

人物誤認には、再認の基本イメージと知覚のズレが含まれるが、このズレが何をきっかけにするかによっていくつものモードがありそうである。人物の表情には、知覚とそれに浸透する情感とが捉えられている。情感では、親しさや優しさ、あるいは拒否的もしくは無関心のような情感が直接捉えられており、人物の知覚はできているが、情感としては別の人物だと認定される場合もあるかもしれない。オリバー・サックスがそうした可能性を指摘している。[18] だが情感として、今日はふだんとは様子が違う場合には、「今日は機嫌が悪い」「今日の雰囲気は妙だ」というような認定になるのが普通で、人物の同一性は維持されているが、ふだんとは様子が随分と違うという認定に留まる。これは人物誤認ではない。

ただしオリバー・サックス自身には、本人自身が自任するように、人の顔をほとんど見分けることのできない「相貌失認」の傾向がある。ごく少数のよく知っている人以外には、顔を覚えられないらしい。おそらくふだん、顔や表情を見ていないか、注意が向いていないのである。オリバー・サックスは自分の秘書の顔さえ、多くの人のなかでは見分けがつかないようである。待ち合わせ場所で秘書から声をかけられてはじめて気づくといった状態らしい。顔の再認が、ごく少数の顔についてしか起こらないのである。こうした特殊条件下では、そもそも人物そのものの個別特定ができていない可能性が高い。人物失認が起き、にもかかわらずいつものようにふだんと変わらず身近にいるという条件を満たす人物に生じる違和感が、こうした主張になっていると考えられる。

ともあれベルクソンの立てた問いは、斬新で果敢なものであった。だがそこから記憶の夥しいほど多様な障害像に迫ろうとすると、どうにも道具立てが不足しているというのが実情である。記憶にかかわる事象では、個人差が大きい。このことは記憶システムが多くの変数から成立していることを意味する。そこで記憶とは、行為を支え、行為とともにある潜在態であり、他の変数との関連でそれじたいで組織化されるシステム活動態であると規定しておく。この潜在性は、新たな経験をつうじてそのつど再編されている。この再編にはネットワーク化されてエピソード記憶になるものと断片のまま保持されているものがある。断片のまま保持されているものは、一般に「記憶に落ちていない」と言われ、いっさいの志向性をともなわず随意に出現することがある。多くの場合、恐怖や怒りのような強い情動と連動している。フッサールの時間論では、感覚的な感知の開始（原印象）、それとして感じ取られた感覚知覚（把持）、未来へと開かれていく明け開け（予持）が、幅のある現在の三つのモードとして区分されていた。このとき原印象のかなりの部分は、把持にまでいたらず、消えていくが、それでも記憶に残ってしまうことがあると考えられる。把持されて記憶される回路とは異なる記憶のモードがあるのである。

また呼び出しに応じて、記憶は選択的な再編を受ける。呼び出しはつねに選択的になされるが、その選択は継起的に進行する場合には、そのつど一つの回路を作りだしてしまう。つまり潜在態の関与のもとで、何度でも同じ回路が作動しやすくなる。身体動作の場合には、それが練習と呼ばれる。その場合には記憶は**起動可能状態**と同じである。呼び出しの選択性は、現に実行されようとする行為と整合的であるとは限らない。ことに道具使用では、眼前にある道具と起動される行為がミスマッチになることがある。また知覚的な像に対しては、再認、初認の区別は潜在的にはつねに働き、知覚が純粋に現在の知覚であったことは一度もない。そのさい知覚が類種的な制約を受ける。知覚に関与する潜在性は、枠取りを提供する。流れていく雲が人の顔に見えてしまったり、柳の枯れ葉が美人に見えたりもする。この局面では知覚は選択的再認によって組織化されている。ここでも知覚と再認のミスマッチが起こりうる。それが人物誤認であり、知覚は人物の同一性を確保しているが、そこに再認の感触がともなわないのである。暫定的に定式化しておけば、以下のようなマトリクスとなる。

表象・再認［記憶の再編］……行為の起動［記憶の再組織化］……行為の予期（イメージ、期待、信念）

### 3　情動の記憶

**基本的ことがら**

情動は、直接現われることはない。悲しみや愛しさが、物のように眼前に現われることない。だがそれは紛れもない現実である。現われには、情動がともなうことがあり、そこには必然性はないが、にもかかわらず見かけ上密接に連動している。情動は、現われに「浸透」する。それだけではなく類似した情動に異なる現われが結びつけられたり、異なる現われに類似した情動が結びつけられたりする。子どもが、医師に似た人を見つけると、それだけで泣きだしてしまうような場合もある。現われと情動の間には、一対一対応がなく、両者の結び付きは比較的任意性が高い。だが結びついた場合には、確信を越えた必然性が感じられるようにつながることもある。

現われの想起は、つねに特定の場面の想起である。昨夜の夕食の楽しかった風景を思い起こすさいには、特定の場面がくっきりと思い浮かぶ。特定の場面が何故想起されるのかには、明確な理由を指定することはできない。ここにも想起をつうじた選択的再組織化が働いている。現われの想起の特徴は、像の断片性である。それはそもそも像が断片的でしかないことによっている。そのためなぜそれが繰り返し思い浮かぶのかわからないかたちで、同じ断片的な情景が想起されることがある。たとえばテーブルの上に置いてあった氷を詰めた壺である。こうしたイメージ像が何度でも思い浮かぶ。その情景の周辺を思い起こすと、それが祖母の葬儀の一場面であったことが思い起こされる。これはフロイトが「代理記憶」と呼んだものである。代理記憶は、現われの想起がつねに断片であることを基礎にして、もっとも印象の強い断片を記憶していることが多い。なぜそれがつねに浮かぶのかは、理由を求めても明示できない。本人にとって繰り返し起こるほどの事態であるのに、そのこと自体には別段重要性がないらしい。ここにも記憶システムに固有の作動のモードがあり、本人の履歴上の重要さと記憶として想起されるものには、線形の対応関係がない。それは本人にとっても不可解で不気味なことでもある。

思い起こそうとすればいつでも思い起こせる幼少期の記憶はある。それが紛れもなく自分であることの充実の感触をともなって想起される場合には、その人の「原風景」である場合もある。私の場合、保育園の砂場で夕暮れまで遊んでいて、西日が金色にまぶしく自分の右の顔半分に当たっている情景を何度も思い起こすことができる。

それに対して、情動の想起は、それがいつの情動であったのかを指定することができない。昨日怒りにまかせてどなったときの怒りの場面が想起されても、日付が指定できるのは、昨日怒ったときの風景である。現われには想起の後に日付を打つことができる。**だが情動の想起には、原則として日付がない。**いつの怒りなのかを指定することができない。昨日の怒りの場面を想起した場合でも、場面をきっかけとして再度いま怒っているのであり、昨日の怒りが想起されているのではない。情動は、過去の怒りの場面をきっかけとする場合でも、いまもう一度作動しているのである。そのとき怒りの強さの感触がともない、あのときと同じくらい怒ったというようなことが起きる。情動の再認には、「情動の強さ」の感触がともなうことがある。情動の強さの感触は、情動そのものではないが、情動への気づきを含み、情動に対しての調整機能を果たしていると考えられる。

恐れや不安のような情動は、記憶（登録）にさいして、記憶しようとして記憶しているのではないことが多い。情動の記憶は、一般に非志向的である。おのずと記憶され、ときとして否応なく記憶されている。学習での知識や美しい風景をくっきりと記憶しようとしているときには、それを心に刻もうと志向的に努力している。登録の仕組みが、情動と現われとでは、まったく異なったモードになっている。楽しかった時の楽しさを心に刻んで、一生覚えておこうと努力することはまずない。そのため多くの場合に、情動は学習の対象にはならない。学習の対象となるのは、情動の制御の仕方であり、情動そのものではない。このとき情動の制御には、調整の感触がともなう。

楽しかった場面の楽しさを思い起こそうとすることはあるが、それは再度楽しさに浸され、再度いま楽しくなることであって、過去の楽しさを思い起こすことではない。過去の楽しさを思い起こすことなく、現にまた楽しくなるのであり、それは何度も類似した楽しさを経験することである。不安や恐怖も、同じように過去の不安や恐怖を思い起こしているのではなく、再度いま不安になりいま恐れているのである。そのため情動の想起は、つねに遂行的であり、「遂行的記憶」である。ただし鉄棒の逆上がりや自転車に乗ることのように、何かのきっかけで自動的に遂行される「手続き」記憶のようなものではない。情動のきっかけとなった情景を思い起こしても、別段不安や恐怖が起動されることがないこともあれば、度を越して再度情動が起動することもある。情動の起動は、手続き化されていない。それはおそらくそれじたいの作動に不確定変数が含まれていることによっているのであり、そこに情動の作動の制御の難しさがある。

数日前から歯痛に苦しめられているとき、最大限に痛かった日を思い起こすことがある。しかし情動と同じように、直接過去の痛みが蘇ることはない。痛くて苦しんだときの苦しみが直接蘇ることもない。しかし苦しかったときの感触は残っている。そのときの緊迫感や緊張やどうにもならなさは、いま再度想起され起動し、うっすらと冷や汗がでるとか再度緊張することがある。緊迫性や緊張感が、再度いま起動して、一人で苦しんだりすることがある。しかも感触の再起動の強さには、そのつど強弱がある。これらは感触の記憶の基本形である。

こうした領域では、情動や感触の起動に対する意識の制御に、意識の本性的な錯誤が含まれやすいことが薄々察せられる。多くの場合、不快な情動や感触に対しては、意識はそれを避けようとする。だがそれによってさらに新たな問題が引き起こされることもある。フロイトが敢然と踏み込んだのは、こうした領域である。

発見にともなう試行錯誤は、いつも入り組んでおり、届かないと思われる箇所と、届きすぎて踏み越えてしまっている箇所が混在し、それじたいは魅力的である。しかもそこに再度踏み入ったとたんに、新たな問題群に直面し、当惑するほどのわからなさの前に佇むことになる。『夢分析』で無意識の文法という新たな問題圏に突き進むことになったフロイトは、一八八五年から『夢分析』(一九〇〇年)に着手する手前まで、さまざまな症例とともに、試行錯誤を繰り返している。この試行錯誤のなかには、多くの可能性が含まれていた。精確にいえば、その試行錯誤の一つがやがて「精神分析」という大きな構想となった。それ以外にもさまざまな構想の可能性が残されていたのである。この時期の試行錯誤は、精神分析という技法のシステムに総体として組織化されるプロセスを含んでいる。そこでの最大のテーマとなっていたのは、「情動の記憶」である。そしてそれが生半可なテーマではなかったのである。

## 神経心理学的力動

フロイトの初期著作に、「心理学草案」というのがある。[19] フロイトの著作のなかでは、異様に抽象度が高く、読みづらい草稿である。神経システムに最小限の要素を設定し、それの相互作用と相互作用のための各種条件をつけていく仕方で、心理学の基本概念を神経システムの機構の側から対応づけて考察する仕方をとっている。これじたいは力学の手法と類似したものである。フロイトは、メカニズムに最小限の要素設定を行なう。力学で物体の運動と相互作用を設定する場合と同じように、ニューロンに「透過性ニューロン」と「非透過性ニューロン」の二種類を設定し、神経細胞に接触障壁があり、作用の伝達に選択性があると設定する。さらにそこに働く外的刺激や内的作用量の量的な違いで変化が生じる。ことに非透過性のニューロンには、選択的透過性があり、ひとたび興奮するとそれ以前の状態とは異なる状態に移行し、記憶を担いうる可能性が出てくる。透過性ニューロンはなにも抵抗がなく、なにも保持しないニューロンであり、フロイトは知覚に関与するニューロンだとしている。知覚ニューロンには二つの機能性があり、外部からの刺激を受容するニューロンと、内因的に発生した興奮を放散するような機能性を含んだニューロンという区別が設定される。非透過性ニューロンでは、接触障壁が伝導性を増し、非透過性が減じれば、通道（刺激やそれに伴って働く作用が通過すること）するようになる。一様に通道したのでは記憶のような事態は生まれないので、通道の度合いに差異があると考えられる。この差異は、心理学でいう「印象の大きさ」と、同じ印象が繰り返される「反復頻度」に依存するとされている。

こうした議論の利点は、生物的な細胞間作用量の蓄積を、通道をつうじて緩和し、また非透過的なニューロンの数を増やすことで、いわば通道の選択的な通路が生まれるとしたことである。こうした選択的な通路を設定しておくと、たとえばイメージのような外的刺激に依存しない心的ことがらを説明することができるようになる。たとえば痛みとは、大きな作用量が非透過性ニューロンに向かって侵入してくることである。痛みは、透過性ニューロンも非透過性ニューロンも作動させ、痛みの伝導の妨げになるものはなにもないとされる。

こうしたやり方で量的な作用を想定したとき、意識的経験のような質的事態がどのようにして起きるのかを説明する必要が生じる。神経系は、仕組みからして、外的量を質へと転換するための仕組みが備わっているに違いないと想定されている。それは量的なもののなかに出現する周期性であり、作用量の非受容にともなう周期性である。しかし知覚では「固有のこの知覚」というような質的なありかたを直接導くことはできない。それは知覚がそもそも選択性をもたない通道性があるからである。こうしたやり方で議論が前に進まなくなれば、さらに第三のニューロンすなわち「知覚ニューロン」を導入するというような仕方になっている。そうした知覚ニューロンの導入後に、意識も知覚ニューロン作用の主観的側面だというように再解釈される。こうして設定を代えると、たとえば不快とは、非透過性ニューロンにおいて細胞間作用量が亢進するさいの知覚ニューロンの感覚だということになる。他方、透過性ニューロン刺激は、それに比例する運動性の興奮に変換されることで、神経系の放散傾向を喚起する。このように変換された作用量は、筋、腺などに流入して、はるかに大きな作用を生み出す。

非透過性ニューロンにおいて中心となるニューロンが充足されると、放散努力が生じる。ただしこうした放散機能は、人間の場合、一人ではできないので周囲の人が手助けをする。こうして意志疎通という二次的過程が獲得される。作用量の充足体験では、対象像と想起像という二つの表象と、圧迫の状態で備給される場合に中心となるニューロンとの間に、通道が生じる。

一般に自我は、非透過性ニューロン全体のなかで、同一に留まる構成部分を変化する構成部分から区別する働きをすることができる、というように設定されている。そして選択的に作用量の流れ方を変えることができる。自我は、敵対的な想起像への新たな備給の到来に対して注意を向けさせる仕組みの助けを借りて、不快の迸《ほとばし》りの経過を制止させることができる。つまり抑制の機構が備わっている。知覚ニューロン放散の情報が、非透過性ニューロンに届くと、この情報は、非透過性ニューロンにとっての質的指標すなわち現実指標となる。

また一般に判断は、自我の静止によって可能となる非透過性ニューロン過程であり、想起像の欲望備給とそれに類似した知覚備給との間の非類似性によって呼び起こされる過程だとされている。この両方の備給が合致すれば、思考行為を終結させて、放散を開始させる生物学的信号となる。知覚像がまったく新しいものでない場合、想起像の知覚ニューロンを呼び起こし、この想起像において思考過程が反復される。あらゆる思考過程の目標と終端は同一の安定状態をもたらすことであり、それは機構でいえば、外部由来の備給作用量をニューロンへと移送することである。思考は身体備給との同一性を、再生する思考は心的な備給との同一性を探し求める。判断する思考は、再生する思考がさらに動けるように、通道を仕上げていく。これがこの議論のおおよその概要である。

こうした議論の仕方は、実は「神経システムでの量的作用の論理学」とでも呼ぶべきもので、徹底的に論理的であり、ごく少数の原理から一貫して説明を企ててみる、という具合に議論は進んでいく。

おそらくフロイトはいつものように同時代になされていた多くの議論を吟味し、一つ一つ検討を加え、論駁し、別様に説明するという課題をみずからに課している。科学的な理論形成からすれば、前提となる仕組みを設定し直すことで、ことがらを可能な限り明示することを目指しているのであり、それはことがらの間の関連をさらに内的に規定することであり、そこに思考回路を貫いていくやり方である。しかも記述は科学的というよりは、ドキュメンタリーの語りに近い。ドキュメンタリーの語り（物語）の資質をもちながら、そこから機構を考えるさいには、フロイトはいつも「過度」と形容してよいほど徹底的に論理的である。事象への接近の仕方は文学者のようであり、かつそこに稀有なほどの粘り強い強靭な論理を持ち込んでいる。こうした稀に見る資質から「精神分析」は生まれた。だがそれは科学や心理学より、文学と論理学の合体物に近いのである。文学的読みと論理的整合化は、往々にして過度の整合化と過度の読み込みを生みやすい。そもそも合致困難なものを合致させせようとしているからである。そこから文学的な読み込みで症例に対して共同作業を行ない、やがて論理的思考をつうじて共同作業そのものを解消していくというフロイトの終生の傾向が生まれる。みずからの過去の成果に対しても、自分自身との「共同作業」を解消するプロセスが終生続く。つまり自説を何度でも訂正していくのである。

## 初期症例

この時期、フロイトはブロイアーとともに、一般に言われる「神経症」や「ヒステリー」もしくは「情動障害」の患者を数多く手がけている。ブロイアーとともに手がけたフロイトの症例のなかには、多くの洞察と踏み込みが見られる。それは多くの場合外傷性ヒステリーにかかわっている。

驚愕、不安、恥、心痛のような苦しい情動を引き起こすすべての体験は、心的外傷として作用しうるものであるが、それが心的外傷となるのは、もちろんそれを被った人の感度や感受性に依存している。ここでは記憶の仕組みにかかわる範囲で、ブロイアーやフロイトの症例を取り上げる。

フロイト自身の医師としての転機となった症例が、ブロイアーによる「アンナ・O嬢」である。[20] O嬢には内斜視、重篤な視覚障害、右上肢および両下肢の拘縮性麻痺などが身体症状として出ている。O嬢には二つの完全に分離した意識状態があり、頻繁にしかも突然に交代した。一方の意識状態では比較的正常で、周囲のことが理解でき、不安はあるものの安定していた。もう一方の意識状態では、幻覚を起こし「不作法」であり、周囲の物を投げつけるような暴れかたをした。こうした意識の異なる作動モードが、くっきりとした区分をともなって切り替わった。これをブロイアーは「二重意識」と呼んでいる。父親の看病と死をきっかけにして形成されたこうした意識の異質なモードの共存には、明確な時期的区切りもあった。第二の状態は、特定の年代と季節が区切られていて、その状態以降に起きたことは、すべて忘れ去られていた。この時期の再体験は繰り返し起きており、それが治癒まで続いた。病的な第二状態で蘇ってくるさいの心的刺激が、正常な第一状態に影響を及ぼすこともあった。ブロイアーは、患者本人が実行していた語りをさらに敷衍させて、「最初のきっかけ」を語らせると症状が消失していくことを報告している。ただし最初のきっかけの場面だけを想起しても治癒は起こらず、当時の情動を起動させて、それを記述させることが必要であった。

この症例では、異なる意識状態に応じて、異なる記憶の回路が形成され、病的状態の記憶は比較的独立性が維持されていることがうかがえる。比較的正常な第一の意識状態からは、第二状態の記憶を意識の努力によっては想起することができないようである。また第二の意識状態の出現では、想起が情動や身体行動を巻き込んで制御の効かないかたちで作動してしまう。また想起されたものが断片化され、不連続性を含み、容易には系列化されない状態にある。この意識状態では、記憶された事象が選択的組織化を受けておらず、ともかくも起動すればしばらくの間、作動し続けるのである。

フロイト自身の症例であるエミー・フォン・N夫人は、時として「恐怖幻覚」が出て、顔をひきつらせて恐怖と嫌悪をあらわにし、声も変わって不安に満ちたものになった。こうした恐怖幻覚は、それが始まったときと同様に突然終わり、それから患者は話を続けるが、恐怖幻覚のさいの興奮を亢進させることもなく、突如経験のモードが切り替わる。身体には、痙性様の緊張症状が出て、足に冷感や痛みがでる。さらに項《うなじ》の引きつりが起きる。

また催眠誘導が異様とも思えるほど容易である。暗示をかけると注意を集中させて聞き、やがて顔つきも穏やかになり、なごやかな表情になる。譫妄《せんもう》幻覚では、動物恐怖症におびえている。動物恐怖の由来について本人自身は、幼い頃兄弟から死んだ動物を投げつけられて、痙攣発作を起こしたせいだと考えている。それにつづけて怖い思いをした情景をいろいろ語りだすが、それらが比較的すらすら出るところをみると、何度も想起されては系列的に記憶されているようである。恐怖や不安が浮かんだとき、それを最初に見出した表象（たとえばエレベーター）に結びつけるように、情動や感情が起動すると比較的任意にその場での表象に結びつける傾向がある。フロイトは、これを「想起錯誤」と呼んだ。想起錯誤が起きるさいの表象は、過度の「生々しさ」を帯びている。それを見ているのではなく、それだけが切り取った映画の一場面のようにくっきりと浮かぶのである。また催眠下で患者に報告を求めると、いつも時系列を逆に進む。時間的に手前の方から思い起こし、最後にもっとも重要なきっかけとなった事態を語り始める。

身体性の麻痺の原因は、四肢にかかわる表象が新しい連動系を見出せないことであり、四肢の表象による連動が外傷性の想起と結び付いているためである。また特定の部位を動かさないようにすれば、他の部位に緊張その他が生じるような「代替行為」が起きる。N夫人は、容易に夢遊状態に誘導できた。そのため譫妄幻覚のような意識状態と、正常な状態と、催眠状の夢遊状態という三種の意識状態が判別された。正常な意識状態では、譫妄幻覚状態と夢遊状態の時のさまざまな経験の想起ができない。ところが夢遊状態では、三状態すべての経験の想起ができるのである。フロイトは、想起という点では、夢遊状態がもっとも正常に近く、自在さの度合いが大きいとしている。

次のミス・ルーシ・Rは、ある家庭の子どもたちの家庭教師であり、軽度のヒステリーを呈していた。化膿性鼻カタルがあり、痛覚消失がともなっていた。この症例は、夢遊状態になりにくく、催眠も容易ではなかった。そのため横たわり額《ひたい》を押して離す瞬間に想起を誘導するという手法（前額法）が採用された。焦げたケーキの匂いが、繰り返し想起され、幻覚になっていた。それの由来する事象を追い求めると、ケーキを焦がした場面が想起されたが、それが想起された後に、さらにその奥に隠された情動の記憶があることが明らかになった。ケーキの焦げた匂いに代えて、葉巻の臭いが想起されてきたのである。この葉巻の匂いは、家庭教師先の恋心を抱いた主人と彼から発せられた受け入れにくい言葉に由来していることがやがて明らかになった。外傷性の記憶は、二度目のものが最初のものを被い隠すような働きがあり、二番目の症状が除去されるまで、最初のものは想起できないことがはっきりとしてきた。

次のカテリーナは、呼吸困難や吐き気が生じる程度の悩みを少し超えた軽症の症例である。叔父と従姉妹の不倫現場を目撃し、そのことを叔母に告げたことで、叔父夫妻の離婚にまでいたる騒動に巻き込まれている。その不倫現場の目撃の背後には、さらに数年遡る叔父からのカテリーナ自身への身体接触も潜在化していた。性を知らない頃の心的印象は、成熟するにつれて、記憶そのものが心的外傷のような働きをする。

さらにエリザベート・フォン・R嬢の症例は、足に痛みを訴えている。彼女は、心的印象と、たまたまその時期に感じていた身体的痛みとの連想を作り上げており、痛みの身体感覚を心的感覚を表わす「象徴」として用いていた。この痛みは、性愛的表象が締め出され、それに付着している情動が、それと同時期に独立に発生していた痛みの亢進もしくは再活性化に用いられた。したがって心的外傷が、身体的障害を生み出す一般的なヒステリーとはかなり異なるものになっている。

身体諸感覚と表象は並行する系であり、そこでは身体感覚が解釈として表象を呼び起こしたり、逆に表象が象徴化して身体感覚を作り出すようなことが起きる。記憶にかかわるのは、連想による表象と身体感覚の連動であり、この連動を支えるものが表象とは区別されて「象徴」と呼ばれている。身体の変調と表象とが、抑圧のような作用関係を介さず、いわば患者自身の「イメージ」のなかでつながっているのである。これらが初期フロイトが丹念に記述している症例の概要である。

初期フロイトが症例から見出しているのは、情動の記憶にかかわる多くの局面に関連する事象である。心的印象が身体へ作用する場合、直接的には、その場から逃げる、その場から遠ざかるなどの運動性の反応が起こる。それは生存の適合戦略に適うことであり、恐怖に襲われれば逃げ、不安に圧倒されれば叫びだす。個々の情動の起動する場面は身体反応を引き起こし、そうした状況が解除されれば、情動も反射的な運動も終わる。さらには情動の起動にともない身体的な震えや硬直や場合によっては痛みをともなうこともある。ところが情動が心的印象として記憶され、それが意識のさまざまな防衛反応を受け、その結果身体に痛みや運動不全のようなさまざまな症状がでることがある。その一つがヒステリーである。記憶というかたちで経験の基層に蓄積されたものの活動性の成果が症状であることになる。

一般的には記憶された情動の不快さを避けるために、意識はその記憶が再起動しないように抑圧をかけている。そのため現動化できない情動は、エネルギーが別の形に転換されて、身体症状になって出てくる。そこでそうした心的外傷の発生の場面まで遡り、その場面を想起させながら起動した情動的な出来事を言語的に記述させると、症状が消えていく。「誘因となる出来事の想起を完全に明確な形で呼び覚まし、それに伴う情動をも呼び起こすことに成功するならば、そして、患者がその出来事をできる限り詳細に語りその情動に言葉を与えたならば、個々のヒステリー症状は直ちに消滅し、二度と回帰することはなかったのである。情動を伴わない想起は、殆どの場合全く何の作用もない[21]」。

この想起の場面には、時として当面想起している場面とは別に、さらに隠されている記憶があることがある。それを丹念に掘り起こし、抑圧されていた記憶とそれにともなうエネルギーを解除すれば、治癒が実現するという仕組みとして語られている。これは精神分析の一般的な定式化である。

## 精神分析の可能性

ここでいくつもの疑問や別様の考察の可能性が生じる。

（1）心的印象は、像（表象）と同時に情動的な付加として快・不快のような情動価を帯びている。怖い表象、激怒する表象、楽しい表象のように像と情動価は、独立であるが比較的緩やかなかたちでつながっている。いわば情動は、表象に浸透している。そうすると心的印象が記憶されるさいには、想起像と情動価は同じように記憶されるのだろうか。これは記憶（登録）として、比較的前後関係や意味的な関係でネットワークを作ることの容易な表象の記憶と、相互に関連づけるのが難しい情動が同じモードで記憶されているとは考えにくいことに関連している。

事象の登録というさいに、登録すべきもの、登録しておきたいものとそうでないものの区別は、おのずと進行しているはずである。ここには登録にかかわる選択がある。では選択そのものがなされないような登録はあるのだろうか。多くの驚愕や強い不快や危機感は、いっさいの選択が利かないように出現する。それらは選択できない以上、登録しようとして登録しているのではない。そこでは外傷という言葉が過度に似合いすぎているように、神経に刻まれた傷のようなものである。だが傷は、それが傷である限り、自然修復のプロセスをおのずと引き起こす。登録には、いくつもの複数のモードがあるに違いないが、そのうちでもおのずと進行して登録されるものと、そうでないものの区別は、神経システムが認知的に行なう区別ではなく、おのずと起きてしまう違いである。

その結果、記憶された経験は、自分自身にとっても一種の驚きである。

エピソード記憶は、すでに選択がなされ、系列だった記憶であり、配置の上での制御が可能となっている。意味記憶は、アフリカの砂漠の暑さのように、意味のネットワークのなかでの配置を受けているが、系列的な記憶ではない。アフリカの砂漠の暑さは、たとえ一度も直接経験したことがなくても、イメージとして暑さの経験をもつことができ、それをイメージとして想起することもできる。意味記憶は多くの場合イメージと連動している。そうすると登録の仕方のモードによって、その後の保持の組織化や想起のモードにも違いが出ると考えられる。

(2) 心的外傷は、意識や自我の能動的作為によって、忘れ去られ避けられようとするが、そこでは不快な情動が避けられようとしている。このとき意識は、能動的作為によって情動に関連する表象を避けようとするのか、情動そのものを避けようとするのかで、抑圧には異なる回路が成立するはずである。不安な雰囲気のように、気がつけば繰り返し再起動するような情動には、それに対して気にかけないようにする、もっと別の楽しい時間を過ごすようにする、あるいはじっと我慢して時間が過ぎていくのを待つなどの選択肢が生じる。情動と連関する表象を思い起こさないようにする場合には、表象の出現を意識の志向的努力によって回避する。当初情動と結びついていた表象を、別の表象に置き換えて当初の表象が想起されにくいようにしてしまう場合(想起錯誤)や、その表象の前後だけを直接つないでその表象だけを欠落させる場合(戦略的健忘)や、前後関係とは異なるまったく別の表象系列に組み込んで別の事態として安定化させる場合(神経症的再編)や、イメージをつうじて別のイメージ系列をつくり出し、当初の表象を形骸化あるいは稀薄化する場合

（虚構・妄想化）や、さらにはおよそ無関係な事実系列に乗せて、別の意味をあたえてしまう場合（無化）などが考えられる。それぞれにおいて、当初その表象と連動していた情動は、いくぶんか再編を受けるのだから、その表象の経験の内実は入り組んだものになる可能性があり、実際にフロイト自身が繰り返し悩まされたように、由来が不明なほど複雑化してしまう。

一般に表象の制御には、多くのモードがある。それは健常者においても活用されているものである。第一に見たくないものはおのずと無視をする。気づかなかったことにする、ないものにするということに近い。これは抑制でも抑圧でもない。選択的注意の場面で、注意を向けないのである。するとそうした現実性が出現することの手前で、現実そのものが成立しなくなる。多くの場合、何かそれ以上にかかわるとやっかいなことになるという、予期が働いている。予期をつうじて現実性の出現の手前で事態を停止させてしまうのである。表象の領域では、注意をつうじて現実化するものと現実化しないものが分かれる。現実性の境界はそのつど区分されている。ここには意識的抑制に類似したものはなにもない。そうした現実は意識の事実となってはおらず、意識の範囲内の問題ではないからである。

さらに表象そのものを消そうとすれば、感覚・知覚に変化をもたらすことがある。感覚・知覚の変化が生じる場合には、境界が変動して幻覚がでたり、通常では聞こえない物音が聞こえたりもする。さらには別様の感覚・知覚系列が生じたりもする。表象に関連する感覚・知覚が変容するのであれば、身体内感のように内的に感じ取られる感覚も変容することがある。いわゆる麻痺である。これらは記憶にとどめられたまま、意識に浮かぶことなく、なんらかの記憶そのものの再編を受けている可能性が高く、意識は再編の事実をいわば他人事のように受け取る可能性が高い。

そして心的外傷は、発達の過程で別様に変容することがある。保持は、たんなる維持ではないので、繰り返し組織化を受けると予想される。そのなかでも成長とともに増幅され、変容するような外傷が焦点となる。外傷もそれが外傷であるかぎり、摩滅し消滅していくのが普通である。大半は消えていくと思える。ここでの忘却とは、見かけ上過去を清算することである。ところが例外的に内実を変え、さらに別様の興奮・緊張を生み出すような外傷がある。それが性的領域である。性成熟にともない別様のシステム状態に、外傷が組み込まれていき、ごくわずかのきっかけで制御不能な挙動や言動が起きることがある。これはフロイトが「事後性」と呼んだものである。自己組織化からみれば、ごく自然なことであり、情動のマトリクスが変容し、形成されてきて、そこにごくわずかのきっかけで相転移に匹敵する劇的変化が起こるのである。その劇的変化が、情動を解放することもあれば、錯乱を生み出すこともあり、別様の回路を見出し、昇華されることもある。幼少期の体験が、別の体験をきっかけとして、一連の感情価を帯びた表象となり、隣接領域での身体的不具合まで形成されてしまうというものである。

こうした経験には、「過去の経験とその蓄積」、「現在でのきっかけ」、「それらの感情価の変化」、「隣接領域での連動」という四つの変数をともなう組織化が行なわれているように見える。これらの四つの変数は、可能性としては膨大な変化の余地があるが、感情価の変化が病理として発現するというのが本来の仕組みである。ところが幼少期にささやかであった体験が、ある時期のある出来事や経験をきっかけとして再組織化され、別の感情価をもつ経験の作動へと変化し、本人自身にとっての病態となることがある。これをフロイトに倣って因果関係に転換したとき、過去のささやかな体験が、はじめて過去における原因となる以上、実際には過去への投射が起きている。こうしたことが「事後性」ということの内容である。

こうした設定のなかにも、自己組織化に特有のシステム的作動の未決定さが含まれてしまう。軽微な病態に対して治療的介入を行なえば、まさにそれ自体によって、ささやかな経験を不釣合いなほど病態化してしまうこともあり、鬱積したリビドーを慢性病態へと組織化することもある。これらは事後性とは言えないが、にもかかわらずシステムの本性として起こりうるのである。もちろん鬱積したリビドーを病態化させることなく、別の事態へと再組織化(昇華)させることもできれば、ささやかなきっかけをつうじて過去をさらに身の丈を超えたものにしてしまい、倒錯へと誘導することもある。こうした「システム的分析」は、多様に現実化される回路をそれとして形成しながら進んでいくのであり、そのことは情動の作動マトリクスがそもそも多変数的であることに対応している。フロイトは因果関係を基本にして考えており、ラカンは言語関係から取り出された隠喩・換喩の関係で事態を捉えようとしている。だがシステム的な機構を用いて進む回路は、もちろんなお開かれたままである。

(3) 想起(呼び出し)するさいには、表象の多くは思い出そうと志向して思い出される。もちろん想起しようとしないのに思い浮かぶ表象もある。自動想起を引き起こすには、意識による志向的想起‐非想起のラインを解除することが有効な場合がある。いわゆる夢遊状態にして自動想起をつうじて、表象を呼び起こすことはできる。ところが情動は、呼び出そうとしても呼び出せないこともあれば、呼び出そうとしないのに再起動してしまうこともある。情動を想起しようとして想起する場合には、単独で情動の側を呼び起こすことは難しいと思われる。というのも不快な情動は、すでに避けられようとしているからである。

ところで想起は、ストックされたものから選択的にどれかの項目を選び出すようなことだとは思えない。想起するという事態のなかで、情動の再起動と表象の呼び出しは、別個の仕組みである。情動は、身体ならびに身体運動との連動性が強く、リズム性と運動性をもって作動する。

一般にブロイアーもフロイトも無意識下で自分自身では知らないようにしている心的要素を、想起とそれの語りをつうじて「知る」という手続きをとれば、病状が消滅することを繰り返し述べている。それは臨床的事実なのであろう。この点は、後年精神分析の技法そのものに吟味をかけ、病態解釈の枠そのものを変更するようになる「快感原則の彼岸」においても、なお維持されている。患者自身が自分で知らない無意識の経験を、精神分析をつうじて知ることができれば治るという大前提は、記憶の仕組みから見るかぎり、実は心的システムの仕組みを狭く設定し過ぎている。精神分析は、それが成功している場合でも、みずからが定式化していることとは別の事態を実行している可能性が高い。

何故、どのようにして病状が解除され消滅するのであろうか。想起するということは、まさに想起する行為によって、記憶されているものを再編し、さらには経験そのものを再編することである。不快で避けようとしている心的印象を、その情動を再起動させると同時に、言語的な語りと連動させることで、情動そのものを再編する。ここにはいくつもの行為要素が含まれている。本人が避けようとしている情動は、抑圧されている状態であり、あえて抑圧を解除することで、作動性を回復させる。しかも反射的な亢進が起きないように、語りといういわば別様の連動系を起動させる。語ることは、経験の別様の再編であり、それは「知る」というような事態ではなく、遂行的経験であり、行為である。多くの場合には、強烈な断片となった心的印象を脈絡のなかに置き、エピソード化し、さらには物語的なつながりを形成させて、記憶されているもののネットワークを再編する。もちろんそこには語ることで、それ以前の自分自身による抑圧とは異なる対処に踏み込んでもよいという治療者への信頼も前提されている。

想起することは、それがとりわけ想起されにくくなっている記憶の想起であれば、想起することによって記憶そのものを再編し、記憶のなかに含まれていた意識的制御によるアンバランスな緊張を解除することにもつながっているに違いない。意識がみずからの制御を記憶に及ぼしている場合には、注意深くそれが非随意に作動しないように管理しているはずである。そのことは経験だけではなく、身体的反応へ緊張をかけることでもある。すると意識そのものも、そうした制御をつうじてみずから緊張状態になる。これは経験全域に緊張をもたらす。そのため過去の想起を行なうさいには、いくぶんか自動想起状態を作り出し、いわばこうした緊張を解除していくのである。この場合には、知るということとは独立に、まさに想起という行為を行なうことが緊張の解除につながる。そして経験に行為的な再編が起きることになる。知るということにともなうと同時に進行することうした経験の行為的な再編こそ、あらゆる分析的治療法でベースとして関与しているもののように思える。少なくとも抑制され、抑圧されて生じている経験のなかの歪みのかかった緊張は解除されている。これは想起するという行為をつうじた再編である。

患者が抑圧されたものをみずから知るというプロセスへと誘導される場合に、治療者（医師、セラピスト）が知りたいと思っていることに合わせて、患者自身がそれについて述べてしまうことがある。心的外傷が身体の痛みに影響をあたえているのではなく、強い外的印象とたまたまその時期に起きていた身体の痛みが時間的に共存するだけで、患者本人がそこに何かのつながりがある、と思いこんでいるだけの場合（エリザベート・フォン・R嬢）には、心的外傷由来の記憶の負担は、ほとんどかかわっていない。そのため、治療者（フロイト）が自分の問題とは異なることを言わせようとしている、と患者自身は感じている。医師によって訊ねられたことが、自分の固有の問題に対して筋違いだと感じられることは、しばしば起こる。医師は繰り返し何度も筋違いの問いを向けてくる。そして患者は何かが違うと感じながら、それに対して答えなければならないと強制力を感じるのである。

想起そのものは、一つの行為であり、まさにそれを実行することによって、記憶そのものも再編される。だが多くの場合、強烈な心的印象となった表象を何度も思い起こし、それによって患者自身がこの印象を強化している。そこへの対処へ向けて、フロイトは、機械的因果関係をベースにして、語りによる認知をつうじて患者の病態を動かそうとしたのである。

## 第三の記憶

情動の記憶には、特殊なモードが関与していることがわかる。それは認知科学では容易に手の届かないようなものである。情動や感情や感触の記憶は、第三の記憶というべき独特の仕組みになっている。情動や感情や感触は、直接現われることはない。現われるのは表象であり、情動や感情と表象は直接的な結びつきはない。つまりそれらのつながりには、ある意味での自由度と選択があり、さまざまな理由から特定の表象と結び付けられている。言語と情動は由来からみると、相当に近い位置にある。そのため情動に対して言語的な表現をあたえることは、情動や感情を整えることでもある。言語的表現は、表現されたものが何であるかを知ることとはまったく異なる働きをする。情動にメリハリをつけ、リズムをあたえ、それとして作動の調整の変数を多くするのである。

情動や感情は、それ単独で自律的に作動するシステムではない。身体的行為と認知とのギャップから生み出された派生的なシステムである。これが情動仮説であり、感情仮説であった[22]。派生的なシステムであってもさまざまなシステムと連動しながらマトリクスとなって作動している。そうするとシステムの連動のありかたを変えることで情動や感情の作動のモードを変えることができる。言語的な表現は、そうしたモード変更の一つの手段である。

情動や感情に対して言語的表現をあたえることは、叫びやうめきのような詩的言語の場合には、それらに対してある種の爆発性の身体運動をあたえる。言語のなかに含まれる運動性の要素を最大限活用するのである。これも言語的な認知とは異なる働きである。また言語的な表現は、物語化を含む。いわば事象を時系列的に記述することを可能にする。すなわち前後関係での配置をあたえることを可能にするのである。これは記憶の仕組みを時系列で再編することで、事象は選択された事項からなるコンテキストとなる。ところが事象や表象は時系列化できても、情動や感情そのものは時系列化されない。このギャップに作為的な無理がかかったり、本人にも理由のよくわからない緊張が出現したりする。

一般に、記憶にさいして表象化できる記憶は、特定の断片となる。こうした表象の断片化は、記憶のさいの簡便さ、呼び出しの簡便さ、表象間の置き替えの容易さをもたらす。フロイトが問題にしたのは、記憶に意識的、本能的な制御（抑制）がかかった場合の情動の記憶の作動モードである。そのさいのシステムの定式化は次のようなものとなる。

身体生理
情動の起動・再起動（感触・気づき）……表象の想起……イメージ（感触）……（意識）
言語

情動の起動・再起動と表象との間には、比較的緩やかなつながりしかなく、別の表象との置き換えが効く。表象とイメージの間も比較的緩やかであり、ここには新たなイメージを設定して誘導を行なうことで、一挙に情動を再編するような働きも含まれている。それはラカンが、威力が強烈過ぎると規定したような事態である。このとき意識は、多くの場合選択の場所を開き、選択的に事態を制御しようとする。

情動の起動にともなう感触とでも呼ぶべきものがある。ちょっと調子が悪いということにともなう気づきである。こうした感触をうけて同じように抑圧をかけているとすると、そうした場合には抑圧の仕方を学んでいないことになる。多くの場合、意識の努力をともない、意識的な充実すなわち我慢の快感にも支えられた抑圧を繰り返しているように思える。抑圧は、それを解除するだけが正当な手続きではない。抑圧を別様に実行し、別様に活用することはできる。その場合には、意識はいくぶんか緊張を帯びており、こうした緊張を解除しながら別の抑圧の仕方を学ぶことができる。たとえば先送りであり、また次の機会に考えましょうというような先送りである。それは意識そのものの制御の仕方を学ぶことであって、同時に意識から力を抜くことでもある。

あるいはすでに症例でみたように、連動するイメージを活用することもできる。イメージの連動によって、身体的痛みと過去の記憶とが独立であるにもかかわらずどこかでつながっていると思いこんでしまっている症例がある。この場合には、なくてもすみ、ないほうがよい身体的症状と記憶された情景の連動が形成されていた。そこで、積極的に、連動の新たなつながりを作ってしまうことも考えられる。何度も同じ表象が浮かんでしまう場合には、別様のイメージを連動させると局面が変わってしまう。私は中学生の頃、粗暴で無茶なことばかりしていた。階段の手すりで逆立ちするようなことまでやった。後年その場面を思い起こすと、全身に緊張が走り、意識にも身体にも緊張が張って解除できないことが続いた。あのときの緊張の感触が何度も出現するのである。そのときには転がり落ちて背骨を骨折するようなイメージが連動して浮かんだ。そこでウルトラC並みの、転んでも一回転して足で着地するイメージを何度も接続して行なった。その逆立ちの情景が浮かび、あの緊張の感触が再起動するたびに、ただちにそのウルトラCの動作のイメージを接続してしまい、経験の局面を変えてしまったのである。

システム的な複合連動系で考えていくさいには、どこが連動しており、どこが選択肢を含む連動であるのか、選択肢がある場合には、どこに介入のポイントがあるのかというような手順が重要である。それは情動の記憶のようなマトリクスに対して、分析性の度合いを上げ、かつ作動のための選択肢を探し出し、新たな作動の回路を見出していく企てとなると考えられる。初期フロイトの症例から見る限り、システム的精神分析は可能であるように思われる。精神分析には、当初、多くの可能性があったのである。フロイトは、因果的作用関係と言語的な思考を軸とし、知ることに力点を置いて精神分析の枠組みを整えていった。しかし今日、自己組織化やオートポイエーシスから見る限り、いまだ多くの可能性を使い残しているのである。

## 4　記憶の補遺

記憶のなかには、エピソード記憶のように、一連の場面が次々と移り変わり、ある場面を思い浮かべると一まとまりの場面の移り変わりが出現してくるものがある。一つ一つは想起像であるかぎり、断片である。断片が数珠のようにつながっている。まるで映画の場面の移り行きのようである。それぞれの断片には選択性がある。夕食の場面で、ある会話の場面を次々と想起することもできれば、その合間に相手にしてもらえないで鳴き始めたネコの仕草を思い起こすこともできる。想起像の接続には、選択的な注意による場面の切り替えが起きる。同じように動作の記憶のなかにも、それが起動しても、一つ一つの動作単位での選択があり、異なる接続がある。これらの記憶は、短期記憶にも長期記憶にも分類できない。幼少期から習得しており、いつ習得したのかさえはっきりしない長期サイクルの記憶とも、そのつどほとんど捨て去っていく短期サイクルの記憶とも異なる別のモードの記憶である。こうした記憶こそ、新たな知識を獲得させ、新たな動作の獲得を可能にしているものだと思える。こうした記憶は、一般にワーキング・メモリと呼ばれている。おそらくワーキング・メモリには、かなり多くの下位区分があると予想される。一般に中期のサイクルをもつ記憶だと言われており、これらが行為や動作の多様性を形成するさいには、決定的に関与しているのだ。

いま手拍子を一定のリズムで打ちながら、86、92、98、104、110、116、……と数えてみる。数字を6ずつ大きくしていくのだ。すると手拍子のリズムが乱れたり、逆に次の数字が簡単には出てこないというような事態が起きる。行為や動作には、それらを反復し、自動的に行ないうるような行為や動作の再編があり、一まとまりの行為や動作を可能にするような記憶の関与がある。それらは作動を継続することもできれば、また作動の継続中に訂正を行なうこともでき、ほどよい長さの作動の継続後に、行為や動作を打ち切ることもできる。数を6ずつ増やして数えていく課題で、100を越えたとき8つずつ増やすという規則の変更を行なっておけば、ごくわずかの訂正を行なうだけで、自動的に変更しながらさらに継続することもできる。

行為や動作の継続のうちに、そのつど別の選択が生じる場面がある。それらの選択の出現するところで、行為や動作に区切りが生じる。それが行為や動作の要素単位である。100を超えて8つずつ進むように切り替えるさいには、手順が少し変更されるだけである。ところが102から順に6ずつ小さくしていく課題では、異なるオペレーションを行なわなければならず、区切りが変わるだけではなく、オペレーションそのものが変更されている。こうした要素単位の繰り返しは、機械的な反復を支えるだけではなく、選択性のある分岐点でそれ以前の行為を選択的に放棄できていなければならない。そうすると、学習障害でのワーキング・メモリの障害には、要素単位の形成の障害、選択的制御の障害、すでに機械的に実行できていることを放棄することの障害、あらたに起動されたオペレーションを選択的ネットワークに組み込むことの障害、選択的ネットワークの再編の障害等々があることがわかる。行為の要素単位が、おのずと形成されているのか、オペレーションの局面が変わったとき、別の行為単位を選択できているのか、とりわけ現にすでに実行されている行為単位を選択的に放棄できているのかが、分岐点となる[23]。

## 動作の感触

動作の記憶は、基本的には手続き記憶であり、なにかのきっかけで一まとまりの一連の動作が起動し、進行する。手を上げようと思い、苦もなく手が上がる場合、手を上げようとする意志の働きが動作を起動させているのではない。意識的な意志の働きはいずれにしろ動作のきっかけをあたえることはあるが、それが動作を起動させたり、動作を制御させたりするというのではない。おそらくスイッチのような起動開始条件でさえない。というのも電車のなかで立ったまま新聞を読んでいて、急に電車がブレーキをかけて減速するようなときは、おのずと後方の足を踏ん張りながら、吊革につかまろうと手を上げているのであり、意識的な意志は関与しなくても、おのずと反射的に手は上がっている。ただし反射行動だけであれば、動作は一般に多様化することも複雑になることもないと考えられる。

動作の感触の変容は、中枢神経や末梢神経の損傷時に比較的頻繁に現われる。歩行しても以前に歩いた時のような感触がない、リハビリで歩行訓練を行なっても、集中し訓練を行なったことの疲れと困難と難儀の感触はあるが、歩行したという動作の感触がない、という訴えは多い。むしろそうした動作の感触の喪失は、神経系の損傷の場合には、ほとんどつねにともなってしまうほどの頻度である。リハビリの場面で生じる記憶の関与する行為についてまとめてみる。

神経系損傷による麻痺によって、第一に、そもそも行為や動作にともなう「身体内感」がない局面がある。身体の感覚がなく、身体を動かしてもそもそも動かしたという動作の内感がないのである。このときには、身体を動かすことはどうすることなのかがわからないままである。訓練を行なう場合、一つ一つの訓練は支えを得て実行できても、何かができるようなったという内感がともなわないのである。つまりその訓練で少しは良くなるという感触がまったくない。この場合には、訓練を繰り返しても神経系が再生するまで、いつどのような形で歩行が獲得できるのか、まったく見通しがもてないままである。この段階では、動作の内感が形成されないために、おそらく動作訓練は記憶には落ちていない。何度繰り返しても一から開始するという状態に近い。

記憶そのものに損傷があるわけではない。先週の訓練の風景を想起することはできる。それが苦しい訓練であったことも想起できる。また快・不快の感触は想起できている。だが動作について、記憶の回路に入るものがない、すなわち記憶すべき経験がないという事態に近いと思われる。これは何かを記憶できないことではない。すなわち選択的な排除ではない。むしろ「非記憶」なのである。訓練を行なっても、その場だけの訓練である。

しかし過去の歩行の感触はいくぶんか想起できている。現在の歩行がそれとは随分と異なるものであることは感じ取れている。最低限、そのことについては理解できている。しかし想起した過去の歩行の感触と現在の動作の感触の隔たりを感じ取ることは困難のように思える。そこには無限の隔たりがあるからである。重度の脳卒中や脳梗塞による片麻痺では、こうした事例が多い。世界的免疫学者であり、自ら重度の脳梗塞からのリハビリを体験した多田富雄のリハビリ記には、こうしたことからくるいらだちやどうしようもなさや絶望に近い嘆きが多く含まれている。過去の感触のようなものも、動作や行為の感触ではなく、動作や行為を行なった場面やそのさいの充実の感触のようなものかもしれない。

第二に、リハビリでの歩行訓練で、歩いている感じがしないという場合、過去の歩行とは感触がまったく違うというように感じられる局面がある。少し歩行はでき、歩行にともなう動作の感触もあるが、かつての歩行の感触とまったく異なるというのである。ここでは再認は働いている。しかし動作の再認は、認知的な再認ではなく、感触の想起である。動作の感触の想起はできていて、そこにズレがあるのだ。再認されている感触は、現在の歩行訓練の手がかりとなり、調整能力の手がかりとなるが、それに合わせるようにして現在の歩行を形成することはできない。このとき当日の訓練のそのつどの試行で、そのつど動作や行為の感触を想起してみる。想起をつうじて、その日の経験を再度組織化し、動作の記憶を再編するのである。そしてそれを繰り返すのである。どの程度の効果があるかわからないが、想起の活用法を考案する必要はある。

第三に、選択的想起の障害というようなものがある。何かを覚えており、しかも大量に覚えているにもかかわらず、思い出せないという感触が前面に出てしまう場合である。過去に何かはあり、その感触は残っているが、それが何であったのかを選択的に呼び出すことができないのである。記憶野の局所的障害の場合もあれば、想起の回路の不全なのかもしれない。想起するという経験の感触はあるのに、想起そのものができないというのに近い。左脳の言語野もしくは記憶野の近くに脳卒中の出現したジルボルト・テイラーの回想録には、そうした場面が出てくる。

> 脳のなかの壁にそって、ファイル用のキャビネットは並んだままでしたが、あらゆる抽斗《ひきだし》はぴしゃりと閉じられ、キャビネットも手の届かないところに押しやられています。
> ここにあるすべての資料を知っていたこと、脳が豊富な情報を保持していたことは思い出せます。でも、それはどこへ行ったの？　たとえ情報があったとしても、わたしはもう、それを取り出せない。……
> 言語と記憶を並べる機能が全くなくなり、これまでの人生から切り離されてしまった感じ。そして、認知像や概念の拡がりがないので、時間の感覚もありません。過去の記憶も、すでに呼び戻せなくなっていました。[24]

この局面では論理的思考は大幅に解除されてしまい、もはや論理的に考えることは経験の制約条件ではなくなっている。逆にその分だけ右脳の直観的な自在さが前面に出て、いっさいの制約が解除されたかのような解放感さえ生まれている。「至福の時」だとも語られている。記憶の障害は、過去から解放されることでもあり、既存の制約から解放されることでもある。だがこうした記述は、特殊な感覚の感触を伝えている。つまり記憶があるという感触は残っており、それの一つ一つが思うように呼び出せないことにかかわっている。この場合、呼び出しに選択性がないというのが実情に近い。

第四に整形疾患で、末梢の神経系に損傷を負った場合にも、動作の感触が容易には戻ってこないことがある。外科手術による骨折や関節疾患への対応はできても、末梢神経系の損傷は容易には回復しないのだ。ところが突如神経がつながるようにして回復することがある。この場合には中枢性の疾患はないので、過去の動作の想起は支障がない。現在の動作の感触がどうにも動作とは感じられないだけである。オリバー・サックスはノルウェー山中の崖から落ち、左大腿四頭筋腱切断という重傷を負い、切断した神経の障害によって足の感触も、歩行時の動作の感触もなくなった。外傷性の筋肉・関節の障害は、外科手術で治すことはできる。しかし抹消神経系の障害は、また別である。オリバー・サックスが自分の身体や動作の感触を回復する場面は、いつものようにまるで劇画を見るように印象的である。

ひどく骨の折れる機械的な精確さ、慎重さ、うんざりするような計算が必要だったにもかかわらず、動物や人間の動きとはいえなかった。「これが歩くってことなのか?」恐ろしくてめまいがした。「死ぬまでずっとこんな歩き方をしなくてはいけないのか？　二度と本物の歩き方をとりもどせないのだろうか。自由に自然に歩くことはできないのだろうか。これからずっと、動くたびにやり方を考えなくてはならないのだろうか。すべてがこんなに複雑で煩わしいのだろうか？　簡単にはいかないのだろうか？」

凍りつくようなイメージが、心のなかで無声映画のように音もなくちかちかとつづいた。突然、歓喜、静寂をやぶって、音楽が聞こえてきた。メンデルスゾーン。力強いフォルティッシモだ。生命、うっとりするようなメロディーの動き！　考えるまもなく、気がつくと私は歩いていた。かろやかに楽しく、音楽に合わせて。魂が呼んだのか、幻聴だったのか。ともかく、心のなかで音楽がはじまったとたんに、私自身の動きのメロディーが、歩行がもどってきた。そして左足も、なんのまえぶれもなく、そっくりもどってきたのだ。左足は、生きている自分の足として感じられた。それはまさに、自然に歩けるようになり、心に音楽がうかんできたそのときだった。ちょうど廊下から部屋に入ろうとしていたそのとき、まるで奇跡のように、音楽、歩行、足の現実化が一度にやってきた。(25)

この場面では、神経系の再生がネットワークとして一挙に進んだことがわかる。音楽は、幻聴でも想起でもよく、いくつもの感覚がネットワークとして再編されている。歩行訓練でいつものように力を込めて訓練を開始した。ところが、頭に鳴り響く音楽とともに、歩行の感覚も身体の感覚も一変する。とりわけリズム性の感触が再編の要であり、音楽のリズム性と動作のリズム性が連動している。しかしこうした局面がいつどのようなかたちで出現するのかを、あらかじめ決めることはできないと思われる。またつねにリズムが基調となるとも言えない。神経系の再編が起きる場面では、運動感覚や身体感覚だけが単独で再編されるとは考えにくい。特定の連動する感覚を指定し、そこから誘導することはできない。身体や身体運動の連動する範囲をあらかじめ決めることはできず、連動する作動のなかで、連動するものの要素の範囲がそのつど境界づけられていく。それは創発するシステムの鉄則でもある。そうしたさいの動作のマトリクスは以下のようなものとなろう。

個別動作（動作単位）……動作の感触（想起される感触・気づき）……動作の遂行的イメージ（予期・調整・気づき）

記憶への問いは、リハビリのような人間行為の再生プロセスでは、いつもつきまとう課題である。片麻痺のように脳神経系の障害では、過去の歩行の姿や歩行の感触は思い起こせるが、そのことが歩行という行為の実行にはつながっていかない。その落差を段階的に埋めていく工夫は、いくつもの局面で実行可能だと思われる。こうした地点でようやく問いの局面が明確に見えてくるというのが実情である。

# 第四章　動作システム

動作は、システム論にとっても現象学にとっても、最難関のテーマの一つである。一般に動作の形成は、学習、治療、能力の形成にとって、もっとも緊要で欠くことができないものであるにもかかわらず、動作の形成はどのようなものかを語ることさえ難しい。名人芸のような動作能力を備えた人たちは、実はたくさんいる。夥しいほどの書物も書かれている。だが書かれた内容は、およそその人の動作能力とは無縁なものである。ほとんどの場合、書物からその人の動作能力を学ぶことはできないのである。動作の言語的公共化は難しい。だが誰しも歩けるのではないか。まるで公共の作法であるかのように、皆二足歩行ができるのではないか。しかし誰であれ、自分がはじめて歩き始めたとき、どのようにしてそれができるようになったのかはわからない。ただ歩けるようになっているのである。このわからなさは、動作が言語と疎遠だからということではなさそうである。はじめて逆上がりができるようになったときも、どうしてできるようになったかはわからない。ただそのさいの感触はある。

動作の創発に意識はほとんど関与していない。この関与しないことに動作の自然性がある。手足を動かすさいに、いちいちそこに意識を向けていたのでは、とてもなめらかな動作はできない。動作の進行において、意識がそこから消えていくことに動作の自然性がある。この消えていくという事態を意識の積極性と考えようと思う。そのため動作を現象学から考察していくためには、**意識がそこから消えていく分だけ動作の自然性が出現し、動作がそれじたい作動するように意識が身を引く事象として成立する**。こうした設定を行なうことが必要である。またそれに応じた工夫が必要である。脳神経科学でいえば、はじめて歩行を開始する幼児は、大脳前頭葉から全身に注意を向け、全身の多くの箇所に力を入れている。ところがほどなく歩行動作は小脳で制御されるようになる。そのため小脳には「内部モデル」があると言われる。だがその内実が問題になる。まさかこのモデルが建築のさいのミニチュアのようなものであるはずがなく、また典型事例としてのモデルケースのようなものであるはずもない。内部モデルというのは、現状ではいまだ一つの比喩である。

体験的行為は、その進行過程を意識から捉えることができない。意識はプロセスの終了後に、その完了した事態を捉えることはできる。だが体験的行為をそのさなかにあってプロセスとして捉えることはできない。実際自転車に乗るときでさえ、乗れた後の状態に注意が向き、バランスもとりながら制御を行なうことはできる。だが乗る動作そのものがどのように進行したのかは、思い出そうとしても思い出すことはできない。動作は、歩行やまばたきや自転車に乗ることのように途中では中断できず、中断したのでは別のものになってしまうような一まとまりの単位である。こうした単位は経験にとっては一つの「出来事」となっており、多くの場合には進行する出来事の途上では意識によって制御することはできない。だが他面、体験的行為の過程には、ただの機械的運動とは異なり、そのプロセスが進行すること以外になにもないというわけではない。これが動作の微妙なところである。動作は一つの運動である以上、一つのプロセスである。だがたんなるプロセスではない[1]。この「それ以外になにもないわけではない」という二重否定の隙間に、解明のための経験の広がりがある。また動作は、それの到達点（目的、目標）に向かおうとするだけではない。事実、散歩はどこかに向かうために行なっているのではない。動作は、原因－結果の関係からも、目的－手段の関係からも考察できないのである。

　こうした体験的行為は明晰な意識や自分自身にとっても鮮明な経験には属していない。だからといって生存本能や欲動や意志や欲求の領域に近いわけでもない。高次の分析能力に展開していくタイプの能力ではなく、また際限なく反復されるような能力でもない。正直にいって、何を先行研究として手がかりにすればよいか迷う領域である。おそらく「魂」（Seele）と呼ばれてきた経験領域に近いのだと思われる。魂は一つの活動態であり、それじたい生命の近くに位置して、それを主題として語れば、決まり文句のように「神秘主義」と呼ばれてきた。おそらく人間は、魂の経験についていまだうまく語れる回路を探し当てていないのである。あるいは人間の知識は、そうした回路を探し当てにくい方向に進んできたのであろう。実際、動作を論じるために、魂の議論を読んでもほとんど接点は見つからない。この場合、見えない接点を読み取る以外にはない。ここでは可能な限り、道具立てを一新して進むつもりである。

　動作に限定してみれば、人間の動作は圧倒的に多様である。マグロの横たわり方、ワニの歩き方、リスの物の食べ方、白鳥の飛び上がり方を模倣することはそれほど難しいことではなく、またそれが不自然なことにも見えない。そのさいにもよく似ている、かなり似ている、少しだけ似ているなどの区別がある。人間の動作の模倣は、種の境界を楽々と超え出てしまう。そうしてみるとこうした模倣は、学習の範囲を超え出ている。先行する個体から何かを学んでいるのではない。さらに身体動作には、通常の生活に必要とされる以上の動作が入り込んでいる。各種の身体表現は、パントマイムを含めて、何かを表現している。それは環境とのかかわりにも、身体を用いた生産にも直接つながらないものが多い。言ってみれば生存に不可欠と言えないようなもの、さらにはおよそ生存に不向きなものまで身体表現を拡張している。こうした身体の活用の拡張が、何に由来するかを突き止めることは容易ではない。そしてその領域に進んでみるつもりである。

## 1　動作の多様化

### 模倣する人間

人間の動作には、およそ他の動物には見られないものがある。他の動物のしぐさや動作を模倣することである。ヘビのもの真似や、クマの胸を叩く仕草、大空を向いて鳴く鳥の仕草のもの真似が、比較的自然に人間の場合にはなされる。人間の動作の延長上にはないが、にもかかわらずそれを真似て自分の動作の範囲に入れてしまうのである。人間の動作の多様化には、三種類の起源がありそうである。こうした物真似と、脳神経系の仕組みと、道具の製作のさいに起きる「身体のみずから自身を越えてしまう働き」である。

物真似の条件は、個体発生の「初期化」がとても弱く緩やかであることである。動作の幅は、最初期の環境条件によってほとんど固定される。「刷り込み」と呼ばれる初期化が働くのである。動作は、生存可能性からみて、無駄な動作を行なわず、コスト削減に近い経済性にもとづいて固定される。進化論的にみると、発生の初期段階で類の段階の形成が行なわれ、それが種の固有化に近づき、やがて個体化が進んで、個体の固有性が形成されるというのが、一つの定式化である。これはフォン・ベーアの法則と呼ばれる。発生当初は、いまだ未分化で多くの可能性をもつが、やがて可能性が限定されて、「個体化」されるというのである。この一般的定式化にしたがえば、人間の場合にはつねに可能性を維持しつづけるような「個体化の抑制」、「個体化の進行の停止」が起きていることになる。幼形を維持したまま加齢が進行するのである。これが生存戦略として実行された場合には、幼形成熟（ネオテニー）と呼ばれる。進化論的には、少ない生活資源を有効に活用するために発達を遅らせることだとされている。[2] だが人間の場合には、事情が異なる。みずからを可能性の宝庫に留めるように非限定、未決定のままに留まることに近い。つまり動作の形成でも、人間は自然界の例外なのである。

しかし人間の生活圏の近傍で育つ動物は、かなり事情が異なる。近所に、ネコに育てられた子犬がいた。この子犬は当初、育て親のネコにくっついて近所を歩きまわっていた。そして家屋のブロック塀の上を歩くようになったのである。ブロック塀の上を歩くイヌはとても奇妙だが、動作の模倣のある段階では起こる。もちろんそれも幼少期の頃だけである。体重が増え、走力がつくと、そうした動作はまたたくまに消えた。また人間に育てられたツルは、当初飛び方がわからない。実際、育て親である人間にくっついて歩いている。その歩き方がとても人間らしいのである。鳥類の歩行は、膝の屈伸をあまり使わず、股関節の開閉で前進していく。ところが人間に育てられると、膝の屈伸を使って、腰がいくぶん落ち、膝の曲げ伸ばしで歩いている。さらに歩いているだけの鳥に飛ぶことを教えなければならない。そこで人間が走力を上げて走りだし、手を羽のように上げ下げすると、ツルもそれを模倣する。このときツルの身体が少し浮く。それを何度か繰り返していくと、ツルは身体が浮くだけではなく、飛行体勢に移行する。羽を上下させる場面で、身体の浮く瞬間に、足で地面を蹴り、足をたたむと、おのずと羽だけの飛行に移行できる。こうして模倣の延長上に、種に備わる器官の別様の活用の仕方に到達したのである。

人間の場合、訓練の結果、物にも植物にも動物にも化身することができる。生存の必要性をはるかに超え出て、みずからを特定化しないことは、個体そのものの拡張でもある。たとえば植物の茂みになろうとすると、外形を似せるだけではたんなる物真似である。植物になるさいには、みずからの身体のなかの植物性を探り当てるようにして、その感触を感じ取りながら、外形的に思い描かれた植物に寄り添うのである。みずからに潜み、通常は顕在化しようのない身体の植物性そのものの感じ取りがなければ、たんなる物真似以下に堕してしまう。ただし植物性への思い入れや思い込みだけではただちに擬人法になってしまう。それは気持ちだけが先行した思い入れたっぷりの物真似である。むしろ植物性の経験がみずからに立ちあがってくるように、植物に寄り添うのである。それは身体の植物性からみれば、それがおのずと表現となることであり、身体からみれば、おのずとそれが植物のかたちをとることである。こうした動作はいわば模倣するものにとってはある種の自己発見であり、この発見がみずからに潜在する植物性に触れることになる。このことがたんなる

「観察」を越えた行為そのものに変化をもたらしていく。つまり発見と同時に動作の新たな可能性を獲得するのである。こうして模倣という働きが、生存の必要条件を越えた動作の多様性をもたらしていることがわかる。

このとき身体の内部に、みずからおのずと生育する植物性やおのずと動いてしまう動物性を感じ取り、それにかたちをあたえていくような働きが進行していることがわかる。植物性やさらには動物性を感じ取り、それについてのいまだはっきりとはしないイメージをもち、このイメージと現実の植物や動物に輪郭を合わせていくのである。こうしたイメージ形成の圧倒的な多様さが、人間の特質となっている。むしろこうしたイメージを次々と開発することになって、模倣から進んでさらに新たな動作に繰り返し踏み込んできたというのが実情であろう。歩行という単純な動作でさえ、自分で自分の動作を直接見ることはできない。だがどのような歩行であるかについての感触は、イメージとして手にしている。このイメージの圧倒的な多様さが動作の多様さにつながっている。

たとえばネコが玄関から出ようとしているとき、ドアを半開きにすると、身体をくねらせてドアにぶつからないように出ていく。このときネコは、自分の全身を見たことがないはずであり、見るとは別の仕方で全身が何であるかの感触をもっていると考えられる。それはたんに全身を感じ取っているだけではなく、全身の輪郭についての距離のないイメージをもっているかのようである。というのもドアの隙間を少し広めに開けておくとくねらせ方の幅が小さくなり、ドアの隙間を小さくすると身体を大きくくねらせるからである。しかも何度もドアにぶつかって試行錯誤の結果、獲得したものだとも思えない。見て真似るときでさえ、見え姿ではなく、むしろ動きや動作のイメージが関与している。このイメージには運動感や力感が含まれ、ときとしてそこに仕草のこっけいさやユーモアが含まれる。種の境界を超える模倣は、どこかユーモアに満ちている。

## 左右分担制御

人間の動作の多様性の特徴は、動作の由来が不明になるほど次々と動作の局面を超え出てしまうことである。体操競技や水泳の飛び込みやフィギュア・スケートを見ると、身体や身体動作は、およそいっさいの生存の必要性から断ち切られて、それじたいで自己形成の回路に入り込んでいるように見える。このことの基礎には、身体動作の制御に当初より、脳の左右が分担して異なる制御機構を作り上げていることが考えられる。脳は、身体動作を左右分担制御しているのである。小型のサルまでの身体動作を見ると、左右を対称的に活用している。リスは、物を齧り食べるときでさえ、身体の左右対称的な動作を行なう。サルが木の枝を移っていくさいにも、左右対称で左右に大きな違いがない方が、スムースに移行できる。ネズミの脳に人工的に片麻痺に相当する障害をあたえても、脳を縫合するとネズミはすぐに走り始める。その場合、非損傷脳だけでも、基本動作を起動し制御できるようである。

人間の身体動作にとっての画期的な変化と変貌は、基本動作を行なうさいにも脳の左右非対称的な動作の制御を獲得したことである。これを「非対称的動作制御仮説」と呼んでおく。この仮説は、おそらく多くの脳神経系のデータによって支持されることになると私は予想している。たとえば個々の動作の順序と組立ては、左脳が制御し、環境空間内での配置や位置は、右脳が制御している。

異なる制御の仕組みを左右の脳で分担制御しているために、たとえば基本動作（立つ、歩く、走るなど）であっても、それに不要と思えるほどの複雑な制御の仕組みを用いていることになる。人間の場合、片麻痺のように左右のいずれかの脳に損傷を負うと、歩行のような基本動作の方が回復が難しくなる。基本動作を脳損傷後の異なる制御の仕組みで形成しなければならないからである。その場合、認知能力は維持されていることも多く、認知的に多くのことが理解でき、立ち上がること、歩くことがどうすることかは理解できていても、容易には実行できないのである。周産期に酸欠その他の後天的な障害によって大幅に発達の回路が崩れてしまう脳性麻痺では、認知機能は比較的形成されやすいが、立つ、歩くのような基本動作の獲得は、きわめて難しくなる。言ってみれば、人間の場合は、基本動作をそれに不要なほどの複雑な制御機構をもちいて形成しようとしているのである。それが脳損傷の場合での基本動作の回復を、とことん難しいものにしている。そのことの裏面は、ひとたび立位、歩行のような基本動作が形成されれば、直進歩行だけではなく、意図すればカニの横歩きのような動作、斜め歩行、一歩前進二歩後退のような動作まで、半自然な動作として実行できるようになることである。

動作の左右脳による分担制御は、生存に不要なほどの動作の可能性の幅をもたらしている。その幅を当初より確保して、動作の形成を始めてしまったのが、私たちホモ・サピエンスである。ホモ・サピエンスの場合、一年近く、自分で歩行し動くことができない。一年早く生まれてしまったのが、人間である。そのため「壊れ物としての人間」とか、脳の巨大化のために一年早産しているとか言われてきた。だが実情は、後の動作の際限のない多様化を可能にする脳神経系の基本設計ができるまで、基本動作の形成が遅れるということであると思われる。左右脳分担制御による人間の動作の幅が、どの程度の可能性をもち、どの程度の将来の展開見込みをもつものかは、おそらくどの時点でも判定できない。

それと同時に、動作の多様性の可能性を動作の内部から考察してみる。動作の形成の基本は、たとえば鉄棒の逆上がりの練習に典型的なように、小さな試行錯誤を繰り返している場合でも、ひとたび一つながりの動作が形成されれば、それらの試行錯誤はまるでなかったかのように、一まとまりの動作のなかに組み込まれ組織化されてしまう。逆上がりの練習のためにもがいていた日々の試行錯誤が、どこかに消えてしまう。あの試行錯誤は何だったのかと思うほど、痕跡がなくなってしまうのである。ここには不連続な形成プロセスがあるに違いない。まるで新たな変数が獲得されるように、動作の形成プロセスには飛躍がある。一まとまりの動作が、動作の単位である。歩行には歩行の単位があり、瞬きには瞬きの単位がある。要素単位とその単位の反復まで形成されれば、そこに到達するための多くの試行錯誤を含む身体の挙動は、動作単位とその反復に組み込まれ、回収され再編される。ところがそうした細々とした挙動と要素単位にまで形成された動作の間には、多くの隔たりと隙間がある。言ってみれば、もがく身体から動作する身体までの隙間に多くの可能性が内蔵されてしまう。そのとき形成された動作する身体から、みずからの前史を遡行するように、いわばこの不連続に切断された隙間を別様に活用する可能性が生まれてしまう。ごく自然な動作を行なうことのできるものが、この自然な動作の手前に、みずから別様でありうる身体の形成回路を模索するように、前史を別様に遡ることができる。

大野一雄　植物のさなかで生きる

たとえば通常歩行できるものが、条件を変えて、足の指先だけで歩を運んでみる。すると能の擦り足になる。中腰のまま歩行してみる。腰を落とし、重心を後ろに残し、歩くというよりも、中腰で叫ぶ姿でそのまま前進してみる。これは鈴木忠志が劇団「スコット」の舞台で多用した姿勢であり、鈴木メソッドの一つである。発声の姿勢を基本にして、移動の速度を犠牲にする。あるいは歩行を遅延させる。身をかがめるのではないが、身体の別様の仕草を前景化している。歩行は歩行にふさわしい動作に繰り返し再編され、それによって動作は自動化する。動作は動作へと接続される。そうなることの手前に、もはや思い起こすことのできないさまざまな動作の可能性があったはずである。そうした思い起こすことのできないみずからの前史をたどるようにして、動作の可能性を拡張していくことができる。いわば動作の「先験的過去」を思い出すようにして、別の組織化の水準を見出すのである。動作は、結果として目的にふさわしく機能するが、目的のために形成されたのではない。動作は、自己組織化のプロセスをつうじて結果として合目的的になるが、目的へと向かって組織化されるのではない。この隙間に、多くの別様の可能性が含まれている。こうした隙間へと向かって、大野一雄や土方巽のような世界的に稀に見るダンサーが出現することになった。

これは日常の経験としては、身体が際限のない「深さ」をもつという感触であり、肉の深さには限りがないという事象である。この限りのなさそのものは、深さに応じて身体が見出され、新たな身体が形成される以上、それじたい一つの事象である。身体は、繰り返し発見され続けることのできる底なしの活動体である。一般に身体が気づかれるのは、それじたいが何か別様なものに成るときであり、たとえば鉄棒の逆上がりができるようになった後のことである。成るという事態に対しては、意識はつねにすでに遅すぎる。

## 影の活用

人間の歩行などの身体動作で、地面に自分の影が映っていれば、影を活用しながら動作を確認することがある。自分で自分の影を見るという動作の仕方は、自分の動きの分身を外に知覚する以上、動作の精確な制御ができるようになるだけではなく、動作を視覚像として別の活用の仕方を見出す回路を開くことになる。動作の影は、動作の分身であるが、現実の動作以上に動作の面白さを引き出すことができる。影を見ることの起源は、一般的には「ナルシス」であろう。水面に映った自分の顔を見て、おそらく驚愕したに違いない。自分の顔を外に見るのだから、当初はそれが自分の顔であることに気づきようがないはずである。何かが水面に映っている。それが自分の顔であることに気づいたとき、その不思議さのなかに浸されてしまう。一度も見たこともない自分の顔に当惑する。それが自分の顔であることに当惑し、顔を外に見ることに当惑する。さらに影は自分の身体動作にともない動いてくれるし、影を映しだす仕方によっては、異様に足の長い自分の影や細長い顔の自分の影を作り出すことができる。影は、身体の変形可能性と身体そのものの変化の可能性を、自分とともに動くというかたちで理解させてくれる。イメージではなく、分身そのものが多くの変形可能性を含んでいる。壁際に立つと、自分の影の半分が、床と壁に折れるように映し出すことができる。身体は、空間の条件さえ変われば、そのように折れるのである。

影は鏡像ではない。鏡像は、像として自分自身を外に捉えることにかかわっている。自分ではないものを自分として捉える働きである。そのため鏡像から自分の身体の統一性、全体性を獲得したとしても、それは外から獲得されたものであるため、つねに自分自身と、あるいは自分の身体との違和感を含み続ける。ラカンの鏡像段階論は、そのことを基調にして組み立てられている。しかし身体感覚の変容、身体内感の変容が起きるさいには、統一点が消滅して、身体が寸断されるような仕組みにはなっていない。少なくとも身体の諸部分が、外からの統一点を介して、部分－全体関係でまとまりを形成するようにはなっていない。身体の統一性、全体性は、基本的には運動の習得と運動の変化可能性から形成されるのであり、鏡の像から形成されるのではない。

## 制作

さらに身体動作の多様性を可能な限り開いた行為が、制作である。制作は、たんに物を作るだけではない。また物を作るに適したように身体を馴化させるだけでもない。身体に極端な変化をもたらしてしまうのだ。オランウータンでも、石と石をぶつけて石器状の道具を作るものがいることについては、多くの報告がある。おそらく個体のなかにそうした振舞いをするものが現われ、結果として道具として活用できることに気づくものが出現したのである。ただしオランウータンの場合には、それ以上細かな動作に至るプロセスがあるという事実は報告されていない。

### イデアの出現

石器を作るさいには、何度も切片を剝がして、より鋭いエッジを作っていく。このプロセスのさいに、どこを剝がせばより鋭くなるかについてのイメージがともなっている。実際、作業を行なってみると、イメージどおりには進まないことがほとんどで、収拾がつかないと思われた場合には、その石は捨ててしまう。このイメージは動作にとっての予期として働いている。イメージは次のステップを導くが、それによってどのように切片が形成されるかまでは決定することはできない。そのため次のステップの終了後に、さらにその次のイメージを形成しなければならない。このさいのイメージは、制作物の最終形態（目的）から導かれたものではない。最終形態がイメージされた場合でも、それはつねに参照すべき外的目標であって、そのつどの動作を導くようなものではない。こうした継起的なイメージの連鎖が、動作の可能性を詳細な局面へと導いていく。だがこうした継起的なイメージ連鎖とともに、理に適った「鋭さ」のようなある種の理念型が獲得されていることがわかる。こうした理念型は、制作行為《ポイエーシス》を括弧入れし、作られた制作物に実現された「かたちの知覚」だけからみれば、ある種の極限形態になっており、そのまま「イデア」と呼ばれるものになる。現実にはどこにも存在しないが、どこかでよく知っている「イデア」は、起源からすれば制作行為とともに出現し、制作行為の継続の方向づけに役立つ。しかしそれを観望するものからは、制作目標であったり、制作を導く理念であったりする。イデアは、制作行為のさなかにしばしば行為の方向づけのために活用されるが、それを観察者が捉えたとき、個々の制作行為を超えた理念となる。

このことは、**イデアの由来が、言語や数ではなく、制作行為にあることを強く示唆する**。三角形というとき、夥しいほど多様な三角形がある。いままでまだ見たこともない三角形がありうることも理解している。多くの図形のなかで、四角形が混ざり込んでいれば、それは理由を明示できなくても三角形ではないことはわかる。理由を問われると、角が四つあると説明するが、それは説明のための理由であって、それを三角形ではないと見分けているのは、もっと直観的な知覚に依存している。ここに個々の特定の三角形ではないが、三角形一般が理解されている。この三角形一般がイデアである。こうした思考系列をたどると、イデアは個々の物ではないが、個物に宿るように見える。こうした説明は、三角形の知覚の場面、三角形を知るという場面で行なわれているのである。ところが三角形を描いてみればわかるが、いろいろな三角形を描きながら、どこまで変形すれば三角形ではなくなるか、どうすれば三角形になるかは、おのずと身につく。制作行為とともに、その制作行為にともなっている行為を方向づけるイメージを、おのずと理解しているのである。**つまり、制作行為は知覚に先行するのだ**。

また石器の材質も重要である。少し柔らかい素材を用いることができれば、削ぎ落としのような手順をとることができるからである。削ぎ落としは、硬い物体をぶつける動作ではなく、圧力をかける動作である。しかもそこで必要とされる「ほどよい圧力」が試行錯誤のなかで見出されなければならない。作ろうとする道具に応じて、身体の活用はおのずと細分化されてきたと考えられるのである。

**過剰代替**

人間学のゲーレンによれば、物を作ることをつうじて同時に人間に出現した事態は、以下の二つである。

（1）負担免除（機能代替）――たとえば手作業をスコップに置き換えることで、身体的負担を軽くしている。身体的作業の一部を、道具（制作物）へと移譲、代替する。このさい身体の働きも認知の働きも変化する。道具は、身体の外に出た身体類似物であるため、身体の動きはその範囲での身体体勢を常態とするようになる。さらに棒をつうじて地面の起伏を確認しながら歩くとき、手で感じ取っているのは、地面の凹凸であって、棒の振動ではない。棒をつうじて棒の先の地面を直接知るのであって、いわば道具は、認知の場面では認知の媒体としてそれじたいが透明となり、道具の先で環境を直接知覚する。これは認知の手段を一挙に拡大することを意味する。

（2）過剰代替――たとえばスコップでの作業能力は、手の作業能力を大幅に上回り、コンピュータは計算能力だけでみれば、人間の計算能力を大幅に上回る。このとき（a）制作された道具の機能性に身体そのものが背伸びするように適応しなければならない。（b）そのため道具は身体の延長上ではなく、道具の機能性に応じて、身体そのものの作り変えをうながす。つまり道具の制作とともに人間はもはや身の丈にとどまることができなくなってしまう。道具とともにある身体は、道具の機能性に特化して形成された身体であり、道具の機能水準に否応なく適合させられている身体

なのである。(3)

ホモ属の系列をみると、石器造りの技法にもさまざまな紆余曲折があったことがわかる。適当な大きさの石を用意し、周辺の欠けやすい部分を落としていく。そうすると中央の盛り上がった塊ができる。この状態から一挙に中央に一撃を加える。これによって大きな破片が切り取れれば、そのまま石器になる。最初の準備段階で、丸みを帯びた石、尖った細長い石、三角状の石などを用意し、同じように周辺を削り、最後の一撃で最も大きな破片を作るのである。こうした制作技法が、「ルヴァロア技法」と呼ばれ、ネアンデルタール人がすでに実行していたようである。クロマニョン人(ホモ・サピエンス)になると、さらに矢のように尖ったもの、均質に広がったもの、幾何学図形に近いような石器が出てくる。ルヴァロア技法の延長上に、最後の一撃をさまざまな角度で行なってみる。すると薄く鋭利な切片が得られることがある。これが「石刃」と呼ばれるものである。最後の一撃が角度次第で、多くの多様な石刃を生み出す。ホモ・サピエンスの場合、制作器具が多様になること、制作プロセスのなかに、基本形を作ること、基本形のもとでの極限形態に近づけること、使い勝手のよい道具にすることなどの段階的な局面の進展が出てくる。これに応じて、身体動作は細分化し、多様化する。また、身体の活用の仕方がずっと細かくなることがわかる。(4)

**動作は、物を作ると同時に、まさに身の丈を超えるかたちで、みずからの可能性をおのずと引き出している。**また物の使用をつうじて、物のなかに実現された圧倒的に多様な人工環境に、身体はおのずとみずからを適合させてきている。これによってみずからが作り出した微細な道具や制作物に対応するように、身体動作はさらに多様化する。

身体ならびに身体動作とともにある意味の出現は、建築の出現と同じほど古く、ほら穴を掘るような場面ですでに出現している。約二五〇〇年前になって、この意味を単独で取り出し普遍化させたとき、プラトンのイデアが登場した。イデアの単離は建築の出現から見てごく最近のことである。こうして**道具の制作が、言語記号の出現とは独立に、固有の意味の領域を形成してしまったことがわかる。**そして知覚の形成は、こうした身体的環境のなかで世代をつうじて継承されているのである。かりに意識がつねに世界へと向かうものであるなら、すでに意識は制作を介して身の丈を超える状態へと入っている。同様に、身体が重力や大気へと向かい、みずからの作りだした道具に適合するのであれば、身体もつねに身の丈を超えてしまっている。人間にとって身体も意識も、制作を介して落ち着く先をすでにもてなくなっているのが実情である。

一般にホモ・サピエンスの経験の形成史には、画期的な出来事がいくつかあった。一〇万年前から七万年前に起きたと考えられる制作道具の微細化、極限化が、身体行為の形成にとっては最も大きい。それ以降、言語の発明（約五万年前）、絶対超越の経験の獲得（約四千年前）、自己意識の獲得（約四〇〇〇年前）のように、経験そのものを圧倒的に変容させ、経験の可動域を変え、現在の経験に決定的な影響を及ぼしたものがある。現在の線形言語は、記憶の容量を極端に拡張し、コミュニケーションの技術を多様なものにしたが、経験に及ぼす制約はとても大きい。私は個人的には、人間による言語の発明はとても不出来な発明だったと感じている。なによりもこの言語によって、経験は「線型性」に制約されてしまった。この言語のおかげで、人間は多くの経験の可能性を失ったと感じられる。しかもこの言語を捨てることができないのである。絶対超越とは、ユダヤ一神教に見られるような「経験の延長上には絶対に届くことはないが、にもかかわらずそれなしではすますことができない」ような、超越にかかわる経験である。自己意識（意識の意識、意識についての意識）の獲得は、多くの誤った問いを生み出すことになった。とりわけ経験の可能性を拡張していくさいに、自己反省以外の回路がとても見えにくくなってしまったのである。(5)

## 2　動作の組織化

動作は、動作からしか形成されない。これは作動するものはみずからの作動においてしか形成されず、作動するものはそれが生命であるかぎり、たんに作動するだけにとどまらないという、システムの一般的特質に対応したものである。動作のさなかで、動作ついての認知は出現する。しかし認知から動作を形成することはできない。他者の動作を見て学ぶだけでは、動作は形成されない。ここにはシステムの特質がよく出ている。動作には、動作の行なわれる空間、動作の進行する時間、動作のさいの力感等々の要素的指標を取り出すことができる。だが動作のようにそれじたいで作動するものは、どのような指標のデータにも解消されず、データはつねに外的で断片的な指標に留まってしまう。

こうした科学的データそのものは、科学による外的記述の本性でやむをえない面もある。問題は実はその先である。こうした科学的データに基づき、動作の形成に向けて指示をあたえようとすると、動作がうまく形成されないのである。歩幅が小さく、あと五センチ歩幅を広げてと言うと、外的基準に合わせて身体運動の振舞いを制御しようとすることになる。こうした動作の訂正は、補助員やセラピストが脇で見張っている限りでは実行されるが、ひとたびそうした外的視線を取り外してしまえば、ほとんどの場合もはや実行できなくなってしまう。動作形成の成果は、科学的指標によって明示されねばならない。それは近年強く要請される「証拠に基づく学習」や、「証拠に基づく治療」で繰り返し主張されることである。

科学的データは、かりにそれが取れるのであれば、当然のことながら取り揃えられた方がよい。だが科学的データに合致するように教育や治療を進めたのでは、動作の組織化は困難になる。あるいは科学的データは、形成され組織化された結果の判定でしかなく、組織化そのものを方向づけることはない。多くの場面で見られるパラドキシカルな事象がここでも出現する。こうした事態を、「科学的記述と動作のパラドクス」と呼ぶことができる。だが動作の組織化では、動作そのものに内的な視点と科学的な外からの指標との間の隔たりが著しいだけではない。特異な隔たり方をしているのである。それが動作領域の特徴でもある。

### 内的視点と外的視点

一般には、生命の運動に対して、ベルクソンが指摘したものと同じ難題がここでも生じている(6)。動作の一コマ一コマを丁寧に記述して、それを速回しにすれば、アニメになるだけである。人間の動作が、アニメのように行なわれてはいないことは誰であれ、よく知っている。しかし動作を丁寧に記述し、映像のように連続的に撮影すれば、かりに記述が外的記述であっても、それじたいの運動と外的記述の違いはなくなるはずである。

その場合、それじたいで動くということについての外的記述では、いったい何が欠けてしまうのか。それはみずからで動くものの内的な視点とそれを外から記述する外的視点の間の視点間の隔りではない。動作は、たんなる運動ではなく、場所移動でもない。純粋にひとつの場所で回転運動を行なえば、それは動作であっても場所移動ではない。動作には、ひとまとまりの区切りがある。歩行も寝返りもまばたきも、動きに一まとまりの区切りがある。この区切りをさらに細分化しようとすれば、動作とは別のものになってしまう。こうした区切りの反復が、動作である。そのため動作の継続が作り出す軌跡は、派生的にそれ固有の空間を作り出すと考える方がよい。動作は空間のなかを進行するのではない。むしろ空間は動作とともに動作をつうじて出現してくるのだ。そのため動作を空間的な特徴から指標すれば、いずれにしろそれはどのように微細で詳細なものであったとしても、なにか別様の事態を記述していることになる。

すでに歩行のような一まとまりの動作ができるものにとって、空間は動作を制御するための指標にはなる。あと五センチ、あと一〇センチ歩幅を延ばすという課題が意味をもつのは、すでに歩行ができ、空間的な指標を歩行調整の手がかりに使うことができるものにとってだけである。はじめて歩行を開始するものは、五センチ歩幅を延ばすことがどういうことなのかを理解することができない。

また動作を、到達すべき目標から誘導することはできない。動作の到達点は動作の結果なのだから、あらかじめ想定された結果（目的）から、動作を起動させることはできない。一般に行為を到達すべき目的から誘導する行為のモードを目的合理的行為という。目的合理的行為が意義をもつのは、いくつもの選択肢のなかから目的に到達するための選択を行ないうる場合だけである。逆上がりのできない子どもにとって、逆上がりを行なうことは目的でも目標でもない。このことはすぐには理解されないだけではなく、少しでも気を抜くと実質的に理解できなくなってしまう。逆上がりが目標になるのは、逆上がりができるようになり、行為遂行が再編されて、初期条件と目標へと組み換えられて以降のことである。そのときには、すでにプロセスやプロセスのさなかでの組織化はすべて傍らに通り過ぎられている。動作を形成する途上では、動作の到達目標は動作の延長上にはない外的指標である。動作を外的目標から作っていくことはできない。**結果として到達できるようになったとき、行為はまたたくまに再編されて、まるで目標へと向かうかのような指標となる。こうした事態を「行為形成のパラドクス」と呼ぶことができる。**

## 内的感覚と外的像の変換不全

動作には、動作のさなかで感じ取っている内感がある。歩きながら、あるいは走りながら、自分自身で自分の動きを感じ取っている。これは内的に感じ取られている体勢や体制移動や、さらには移動の速度感である。ところが動作では、本人の外的映像と動作の身体内感の間に原則、変換関係がない。それは自分の動作の映像を視覚的に知覚することと、内的に感じ取ることが、第三の座標軸をつうじて変換されるようなものではなく、またそれらは由来が異なるからである。動作の内感は、力を籠めたりゆるめたりする際の力感の調整を行なっているが、視覚像はなにか空間内に動きもしくは変化を見るだけだからである。

これはリハビリで動作が容易には改善されないことの決定的な理由の一つである。映像を見てそれに合わせて本人が訂正しても、さらに悪化することがある。映像からイメージを作り、そのイメージどおりに行為したとしても、本人は身体内感でそのイメージに合致していると確信している動作しか実行できない。そしてセラピストから見たとき、それは健常歩行とはずいぶんと隔たったものになる。

あるいは一般に一流のアスリートの走り方を見て、その恰好の良さだけ真似ようとすると、似ても似つかないものとなる。一流のアスリートの走り方の身体感覚、体勢感覚から感じ取って、それに近いものを自分で実行できれば、かなり類似した走行動作になるはずである。だが外形だけからそれを真似ようとした場合、たとえば腿を高く上げようとすれば、重心が後ろに残り、その結果腰が落ちて、腿は上がらなくなる。駅伝の選手が、ときどき道路わきのビルのガラス窓に映った自分の走りの横姿を見て、その日の走りを確認していることがある。かりにそれが有効に機能しているのであれば、その選手は自分の走る動作の調整ポイントを獲得していることになる。つまり外的映像と動作の身体感覚の間の変換関係を訓練をつうじて獲得しているのである。しかもこの変換関係は、繰り返し形成しなければならない。こうした場面では、異なる系が緩やかに連動しているだけのカップリングの関係が成立しており、そうした特質がとてもよく出ている。

## 動作の形成

動作は環境情報からも、体性感覚からも形成されない。だが他面、動作はどのような認知的情報であっても、動作制御のための調整要因として活用することはできる。つまり動作という運動性の行為に対して、認知的な制御変数は、あまりにも多様すぎるというのが実情である。

個々の静止状態で、身体のバランスをとる体性感覚の訓練からは、歩行という動作は導けない。体性感覚を形成するさいには、それぞれの場面での体勢の均衡を前提とする。均衡の外れた状態を人為的に作り、そこから均衡回復を図るのが体勢感覚の形成場面である。体勢感覚は基本的に、均衡維持へとおのずと向かう傾向がある。シーソーに両足を置き、均衡状態と均衡状態から外れた状態との区別を行なう場合でも、均衡へと回復しようとする体勢感覚が基本となる。それがバランスについての身体の自然性である。だが歩行は、自分からバランスを崩し、それとともに重心移動を行ない、さらに同時にバランスを回復するような複雑な仕組みになっている。均衡状態からみずから離れることがなければ、動作は生まれない。均衡状態での体性感覚を細かく作り、それを継起的に動かすとアニメの動作になる。これは動作の断片を一つ一つ丁寧に作り、それらを積み上げても、進行する動作にならないことを意味する。動作は体性感覚や体勢感覚の積み上げではない。これを「非アニメ動作の原理」と呼んでおきたい。

## 動作の原理はどのようなものでありうるか

歩行のような単純な動作でさえ、それをどのように理論的に組み立てたらよいのかは、はっきりしない。歩行のように相互に左右が入れ替わり、それが反復する動作は、何に似ているのか。知識は、どのような局面でも、類似したものから構想を組み立てるしかない。つまり知識の基本は、アナロジーである。ゲーテが言うように、アナロジーは最終的なものを求めず、かつさらに進んでいくための手がかりを得るのに適している。そのときどの特質をアナロジーとして取り出すかが、探求と治療、さらに教育のセンスである。

反復のあるものには、リズムがある。リズムとは、流れのなかでの自己分節のことである。この点を歩行動作のアナロジーとして活用してみる。クラーゲスは執拗に分析している。クラーゲスによれば、リズムと手拍子の違いを、クラーゲスは執拗に分析している。大まかには、手拍子は時間に対して外から区切りを入れることである。それはその区切りが何であるかが本人にとってもわかるように、区切りを入れることである。日本文化の手拍子には、ワンテンポ遅れるという特質がある。区切りが来ると感じられる瞬間に遅れるように手拍子が打たれる。いずれにしろ流れに対して、外から区切りを入れることが手拍子の本質であり、クラーゲスはこれを「精神の働き」だという。これに対して、リズムは波に近く、波は自分で頂点と底を作り、自分の動きのさなかにおのずと区分を入れる。波は自己分節を行なう。しかも頂点の位置にくるもの、底の位置にくるものは次々と入れ替わっている。クラーゲスは、波は「生命の働き」だという(7)。しかし波の特質にどうやったら迫れるのだろう。波を三角関数のサイン・カーブで表記することはよく行なわれる。波のなかに木端《こっぱ》を浮かべ、この木端の位置を時間経過とともに打っていくと、サイン・カーブのようになる。しかしそれは波の流れのなかに置かれた一つの指標の位置変化と時間経過だけである。それは流れの指標の変化であって、木端がそこに浮かべられている流れそのものとは別のものである。なによりもサイン・カーブでは動きの形が示されているだけで、何が動いているのかがわからない。波では何かが動いているのである。その何かを波の運動の記述は表記することができない。波の運動の外的軌跡を追跡したのでは、波の内実に迫ることができない。

そこでリズムについての記述ではなく、リズムを作り出す働きの機構を考えてみる。これは動きが継続する仕組みを含む以上、動力学的なものとなり、しかも不均衡動力学となる。動力学は、明示的には、剛体の説明にさいしてニュートンによって導入された。ただし起源は、ギリシアの自然哲学、あるいは土着の信仰に遡ることができるほど古い。剛体は放っておけば不変なままに留まる。そこで引力と斥力という、相反する二つの原理で、この事態を説明しようと試みる。引力過多であれば物体は、収縮する。他方斥力過多であれば、物体は離散する。そこで剛体が一定に留まるさいには、引力と斥力が詰抗し、均衡状態が生じると考えるのである。定常形の剛体は、引力と斥力の均衡であり、むしろこの均衡の外的な現われが、剛体の形だと考えるのである。動力学は、内在的な力を仮構する。そのため形として現われたものは、これらの力の自己表現となる。しかし均衡状態のままでは、リズムは出現しない。動くものは、内在的な不均衡を含まなければならない。

ここで初期シェリングの構想を変更しながら再構成的に進んでみる。シェリングは、たとえ見かけ上の剛体であっても、それは「つねにいつ変化してもおかしくないが、かろうじて同形を保っているもの」として構想しようとした。そうなると引力・斥力はつねに不均衡状態にある。不均衡状態であるのに、何故同じ形を維持しているのか。そこにもう一つの働きが関与する。それが不均衡の連続的産出である。そうすると眼前の花瓶であれ、机であれ、食卓であれ、それぞれの形のまま不均衡であり、不均衡が同形に繰り返し産出されていることになる。この不均衡は時に応じて、形を変え始める。この形を変え始めることも再産出されるのであり、継起的に形の変化が続く。こうした組み立ては無理を押しとおしたような構想であるが、一応の理論構想にはなっている。

このときこの構想には、相反的ではない複数の原理や働きが含まれていることがわかる。一つは不均衡状態を作り出す拮抗する働きであり、もう一つはそれを同形に反復的に産出する働きである。こうした対抗関係になく、かつ質の異なる二つの働きによって特徴づけられるのが、不均衡動力学である。

不均衡状態は、つねに均衡状態から逸脱しており、流動状態に入るさいには複数の回路がある。こうした事態は、現在、環境システムでさまざまなかたちで少し表現を変えて解明されるようになった。それが「二重安定性」と総称されているシステムの機構である。

## 二重安定性の拡張

生成プロセスでの複合的なモードについては、「二重安定性」という仕組みが今日明らかになっている。このなかにはいくつもの仕組みがあると思われるが、展開可能性が大きいと予想されるので、取り上げておく。それは、(a) 同じ要素から成るシステムでも異なるプロセスをとる変化のモードがある場面と、(b) 複合的な要素のなかである要素が起動するまでに周辺条件が整うことが必要であるような入り組んだ作動のモードがある。

実際に、たとえばオランダのベルエ湖の富栄養化過程で観察された事例で、一般的には湖水リン濃度が増大すれば、湖水表面の植物の割合は低下する。（a）リン濃度を急激に上げた場合には、ある段階で植物は激減するが、逆にリン濃度を徐々に下げた場合には、別の経路を通って植物量が徐々に増大する。これは可逆過程になっておらず、水質汚濁と環境修復には別の回路をとらなければならないことを意味する。（b）同じように池の水の透明性について、湖のアオコの増殖のような場面では相転位が生じる。アオコの量（単位体積あたりの密度）が臨界点の「ある量」を超えると、水質が一挙に濁る。そして自律回復は困難になる。またコイの放流その他でアオコを減らしても、この「ある量」よりずっと小さい値にまで戻さないと透明化のプロセスには入らない。また富栄養物質の増加に応じて、植物プランクトンは漸次的に増加するが、一定量のプランクトン残存下では富栄養物質を減らしても、しばらくはプランクトンは増える。つまりバイオマスは、二つの安定状態の極をもつ。そして多くの場合には、複数の安定状態の間を非周期的、非規則的に揺れている。

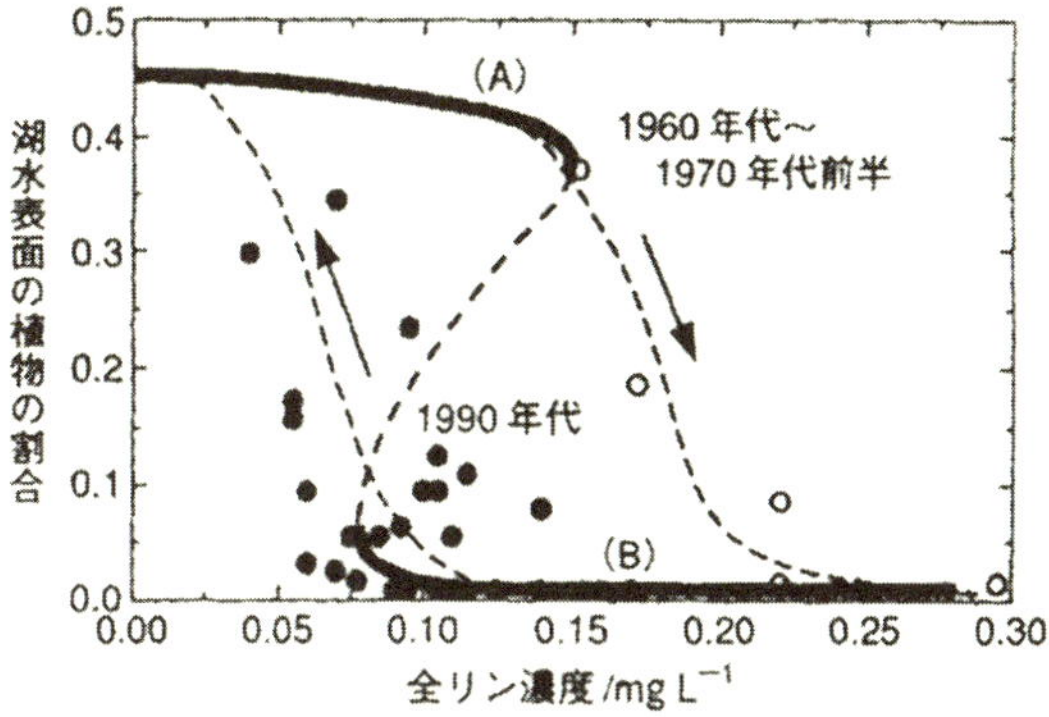


オランダのベルエ湖の富栄養化過程（○）とその修復過程（●）で見られたヒステリシス（履歴をもつプロセス）（細い破線と矢印）

二重安定性をもつ系は、定常だと見えているもののなかに、一定幅を内蔵した修復機構があること、この修復機構には、系の複数の状態を規定する変数があり、この変数の変動経路によって系の状態は選択されるのである。この場合、特定の状態の回復というより、回復するための手順やプロセスの設定が重要になる。生態環境の修復といっても、たんに元に戻すことはできない。むしろどの変数を有効に変動させるかが問われる。安定性を支える変数が少なくとも二個以上になっているのだから、どの変数をまず変えるかで、次の変数の変わり方が決まる。

こうした二重安定性の仕組みを、動作歩行のような動的不均衡系に適用してみる。個々の動作の場面には、分岐があり、分岐の局面では選択がある。動作は、ひとまとまりの区切り（自己分節）があり、それが反復されリズムをもつ。波に喩えたとき、頂点がいつで底がいつかをそれじたいでは確定することができない。波に浮かべた木端のような指標には頂点も底もある。だが波の内実をなしている当のもの（たとえば水）では、頂点も底も継起的に入れ替わっている。この入れ替わっている当のものが、身体動作の場合の力感の移動である。身体動作を行なうとき、身体や身体部位だけが動くのではない。動作する身体のなかを、波の媒体が移動するように何かが動く。この何かを「身体力感」と呼ぶことにする。

物理的に（動力学的に）近似すると、動作とは均衡状態からの逸脱傾向マトリクスと均衡状態への回復傾向マトリクスという二つの傾向マトリクスの連続的な非拮抗状態であり、二つの異質な傾向性の連続的な入れ替わりである。これは動力学のように、逸脱－回復という相反的傾向を対の原理にし、かつそれらの間の不均衡を骨子としている。

さらに場合によっては、均衡逸脱マトリクスと均衡維持マトリクスの非拮抗状態で設定した方がいいかもしれない。均衡逸脱マトリクスというのは、本来身体はそれじたいで非安定状態におのずと向かう傾向があるということである。また均衡維持マトリクスというのは、どのように傾いた体勢であっても身体の制御中心を感じ取る傾向があるということである。この場合、均衡逸脱マトリクスを身体力感に、均衡維持マトリクスを重心に対応させることができる。そこでこれらを「**力感マトリクス**」と「**重力マトリクス**」と呼ぶことにする。これらの関係は擬似ダイナミクスであり、二つのマトリクスは相反的ではない。相反的ではない傾向性が連動して、相互に媒介変数となるように関連すると、外見的には二重安定性の機構が出現する。二重安定性とは、一般に均衡状態にあると見えるものでも恒常的に一定幅で動き続けており、均衡とはこの一定幅のなかにあることである。

二重安定性は、本来一つの系に集約することのできない複数(少なくとも二つ)の変数を持つ場合であり、変化に対して二つ以上の選択肢が生じる。たとえばツンノメッタとき、バランスの逸脱を感じており、またその体勢のなかでの制御中心を感じ取っているはずである。このときもう一方の足をつっぱるようにして均衡維持にもっていくこともできれば、もう一方の足をさらに均衡逸脱方向へ移動させ、小走りに走り出すこともできる。ツンノメリのような意図せず出現する不均衡状態に対して、同じ地点で複数の選択肢が生じることが、二重安定性の特徴である。

ここには時系列的にみると別の特徴があることがわかる。それは起動すること(開始すること)、向かうこと、区切ること(頂点を打つこと)、入れ替わること、繰り返すことのような順序の関係での特徴である。特に起動することは、無から有が出現するほどの変化である。喩えてみれば、一歩前に足が出るたびに奇跡が起こるようなことである。この奇跡のような一歩を覚えている者は、もはやほとんどいないはずである。というのもかりに均衡逸脱マトリクスが出現してくれば、一歩踏み出すことはごく自然なことだからである。

また歩行のような自分の重さがかかる場合には、身体力感の位置（どこに力が籠っているかのマトリクス）と重心の位置（どこに重さがかかっているかのマトリクス）に「ずれを含んだ変換関係」が成り立っていると予想される。つまり重心の位置に対して、身体力感はその前方に移動している必要がある。身体力感を前側に移動させるさいには、現にある状態に注意を向けさせてはいけない。つまり自分の足や膝に注意を向けさせてはいけない。むしろ前方にまなざしを向けさせる。これは歩行によって向かうべき目標を設定することではない。目標に向かうようにすることは健常者（観察者）の粗雑な誤解である。現在の重心に対して、ずれを生むような前方の位置の指定（ランディング・サイト）を作り、身体力感を前方へと移動させるのである。

重心マトリクスの体性感覚的感じ取りは、立位の場合と同様、身体に均衡状態を作るように働く。均衡へと向かう傾向が、重心マトリクスの自然性であり、健常者でもバランスを失ったときおのずとそれに対応するように均衡回復に向かって移動している。これに対して身体力感（力感マトリクス）を前方に移動させる。不均衡を作るためには、身体内に重心（一般的に重さの感じで、どこに重さがかかっているかの感じであり、分散している質料はそれによって焦点をもつ）と身体力感（どこに力を向けようとしているかのマトリクス）に不均衡が生まれることが必要である。それぞれの歩行にふさわしい不均衡な状態があり、どの前方の位置を指定するかは、歩幅に直結する。

動作の一部には、重心にかんして均衡状態がいくつかある。ゆっくりと重心が移動する場合には、一定の歩幅で前後に足を広げた状態も一つの均衡状態である。均衡状態から不均衡状態へ移行するさいには、身体部位に選択肢が生じる。歩行や走行にも各人の足の動きに多くのモードがあるように、選択肢は歩行のかたちに直結する。爪先が上がらない、踵《かかと》が上がらないという事態は、それとしてみれば一つの選択肢である。

歩幅を広げた均衡状態での複数の選択肢の獲得にさいしては、体勢感覚、重心感覚、身体力感の三つの要素が決定的である。この三つの変数のいずれも媒介変数であり、他によって置き換えることができず、またどれかを欠いたのでは「制御変数」が足りなくなる。歩幅を一定程度広げた状態での踵を上げ下げする姿勢・体勢制御のさいに、同時に身体のどの部位に力を込めているか、どの部分からどの部分に身体力感の移動があるかが感じ取れれば、身体力感を調整・制御に活用することができる。そのさい重心の感覚は、つねに過度に均衡状態に戻りたがっているため、妨げにもなる。また爪先の位置、踵の位置のような静止状態での位置指定を行なう体勢感覚の獲得では、身体力感の移動がともなわないので、動作の獲得には足りていない。

身体力感（力感マトリクス）の焦点が、動作の進行にマッチしていないことがある。このミスマッチは、開始、移動、区切りでは別個の意味をもつ。開始と区切りは変化率であり、移動は変化である。変化率は、本人には強度の変動としてしか感じ取れない。つまり繰り返しの訓練のなかに、度合いの違いを感じ取ることによってしか制御できない。移動の場合には、余分な動作の介在、すなわち最短性の欠如（片麻痺に見られるぶん回しその他）と身体の動作単位の不備が起こりうる。これは健常者でも起こることであって、たとえば走り方のなかで、ただ力強いだけで無駄の多い走りは、ただちにわかる。重心の移動に対して、力感の推移が整合的ではなく、力感が右往左往しているのである。最短性の欠如は、身体力感の方向性のずれに起因し、動作単位の不備は局所動作とその組合わせの不整合に起因する。つまり特定の局所動作が組合わせのレベルで代償される。その代償が、余分なところに力の入っている感触であったり、無理を押し通している感触である。

均衡状態から不均衡状態へ起動するさいに、均衡維持過多（重心が後ろに残る）と均衡逸脱過多（つんのめる）では条件が異なる。これらの多くの場合、上体でのバランス制御がともなっていないことが多い。足もとの自由度を作り出す技法は、サッカー選手の体勢バランス制御に見られる。大別すると、股関節の柔らかさを使って、上下の重心移動を活用しながら、足もとの自由度を作り出す（ブラジル・サッカー）か、肩の振れ幅を使い、肩での回転モメントによるバランス制御を起点にして、足もとの自由度を作り出す（ドイツ・サッカー）かである。見かけ上の特徴は、信じられない位置から足が出てくるという印象と、あれだけ図体が大きいのに足もとが器用だという印象である。身体力感の移動とともに、上体制御を変数として導入しているのである。

こうした考察は、動作に内的な必要条件となるエッセンスを取り出すような試みである。そのため物に引力と斥力を仮構するような動力学的な考察でもある。そのことは動作を規定する最小限の要素を取り出し、そこから動作を制御するためのさまざまな調整要因を考案するための必要条件を指定することでもある。しかしこうした必要条件から見たとき、現実の動作ははるかに複雑で容易に現実の動作へと到達することができない。また必要条件を動作とは独立に単独で取り出すことも難しい。しかし外的に観察される動作と動作の内感との間には変換関係がないのだから、それらの中間に別の原理を入れて考察していく必要もある。ここでの試行錯誤は、そうした中間に原理を設定する企てなのである。

## 動作の空間

眼前に広がる空間は、体験的生とともに出現している空間である。この事態は、生きることと空間を直接関連づけている。だがそれだけではなく、逆に体験的生と空間を一つの系としては、捉えることも記述することもできないことを暗に示唆している。生きることは、まぎれもなく生きていることそのものであり、それとして語るよりない。呼吸し、移動し、時として飲み、食べ、糞をするなどの活動である。この延長上にはどのようにしても空間らしきものは出てこない。逆に空間に世界性を帯びさせ、世界性をもつ空間を捉えたとしても、そのこととの延長上には生きていることへと接続することはできない。つまり世界内で生きているという事態は、本来どのようにそれに接近しようとしても、ありえないことがらである。世界の側から進むと、生はつねに一個の不連続点でしかない。生と空間もしくは広がりの間には、どのようにしても埋めることのできない裂け目がある。裂け目を含む生と空間の隙間を、たとえば相互内属、相互浸透、カップリングのような言葉で接続しても、そのことによってはなにひとつ解消されないような隔たりの深さが残る。体験されている空間にも、この裂け目の痕跡は残っているに違いない。このことは、体験から出発する限り、空間もしくは広がりは、つねに別様でありうるだけではなく、際限のない深さをもってしまうことを意味する。

アリストテレスが述べるように、空間には六種類の方位がある。すなわち上、下、前、後、右、左である。このなかで上下の軸は、人間の直立姿勢によって条件づけられており、他の軸との変換可能性がない。この上下軸を中心にして、回転運動を行なってみる。すると円盤上に広がった面が眼前に出現する。ここにはいまだ前後がない。前後が出現するためには、どこかへと向けていくだけでは足りない。行為志向的にどこかへ向かおうとした場合でも、時計の針のように右回転し続けることもある。すると前後の線型性が出現するためには、行って帰るという動作が必要となる。行って帰る場合も、まず右回転を行ない、その後左回転で帰ることもできる。だがこの動作の反復には、動作につきまとう最少性が出現してくるはずである。線型性とは、円環運動のもとでの最少性へと向けた習慣的傾向の獲得である。実際、まっすぐに歩いているつもりでも、本当にまっすぐに歩いていることはほとんどない。ここに身体動作をともなう了解があり、この了解は意味の理解だけではなく、行為や動作の予期になっている。身体動作をともなう行為においては、「できる」という体験モードに関与する働きがある。それが行為の予期である。まっすぐが意味理解され、その意味が行為に適用されて、まっすぐに歩くという動作が出現するということは、ありそうにない。これでは一般に認識のなかで、原理的な規則を理解しそれを個々の現実に適用するという事態を、行為に直接応用しただけであり、端的にカテゴリー・ミステイクである。また最少性のような原理は、論理的な配置でいえば、たとえばライプニッツに見られるように、事象‐根拠関係での根拠の位置に置かれる。物理学での「最少作用の原理」のようなものは、経験的に確かめようがなく、それじたい個々の経験の可能性の条件となるというように、根拠の位置に配置されるのである。ところが最少性そのものは、つねに行為のなかで働いており、行為の選択肢のなかで、たとえば少し右に行くことも少し左に行くこともできる場面での選択的行為そのものの手がかりになっている。そのため行為においては、根拠となる原理は最低限行為を方向づける統制原理でしかなく、より行為内在的には、方向づけに手がかりをあたえるものでしかない。この場面でのカテゴリー・ミスティクも夥しいほど見られる。

## 奥行き

空間には奥行きがある。視覚的なパースペクティヴのなかで奥行きがあるという事態は、意識がそれとして成立することと同義であるほど、つねに成立してしまっている。しかも闇夜でなにも見えなくても、奥行きがあることはわかる。ただし遠近法は解除されている。それどころか眼を閉じて、腕を伸ばそうとするときでさえ、奥行きがあることはわかっている。その奥行きのどこかに何かがあるという事態にも気づくことができる。それは何であるかわからないが、何かがあるというのはまぎれもなく注意の働きである。そこからうっすらと何かの輪郭が見えてくることがある。このとき知覚が出現してくる。こうしてみると闇夜の奥行きは、遠近法やその他いっさいの視覚の技法とは独立であるような、注意と注意をささえるさまざまな感覚の働きに依存している。この感覚の働きのうち、最大のものはおそらく触覚性の運動感覚である。手を伸ばせばやがて何かにぶつかるかもしれないと予期されているさいの、その手の動きそのものの感覚である。この感覚に「つねに同時に」ともなうように、奥行きが成立している。この「つねに同時に」という仕方で語られている事態が、根拠関係を解除し、世界に多様性を出現させる機構なのである。

実は、発達障害の場合には、ときとして奥行きのない世界をもっている幼児がいる。奥行きがない世界は、平坦ではないはずだが、眼前の物や人の前後の移動をそれとして感覚知覚することができない。パースペクティヴの欠落というより、前後の移動を空間的変化として感じ取ることができないようである。発達障害について多くの貴重な症例をもっていた人見眞理によれば、そうした場合には、母親に幼児の名前を呼びながら、前に進み出てもらったり、後ろに退いてもらう局面を何度も繰り返すという。これは声の接近や遠ざかりを活用しており、こうした接近－遠ざかりから空間的な奥行きが生じるような治療法を行なっているのである。

## 空間の現われの変容

オリバー・サックスの『妻を帽子と間違えた男』の冒頭の章では、視野の左側の空間が見えなくなってしまった症例が語られている。軽度脳出血（片麻痺）や脳血栓で右脳に欠損が生じると、高い確率で左半側が見えにくくなることが知られている。この症例はこの本で有名になったが、医療関係者の間では約一世紀前から知られており、また視野の半分が欠損しても日常生活を送ることのできる軽症の患者が多いために、認知科学系の恰好のターゲットともなり、膨大な文献が出てもいる。病名は「半側無視」である。脳神経系の欠損では、それぞれの基本病態で回復期がおおむね設定できる。片麻痺の回復期は約半年であり、これを過ぎると病態が解除されないまま、脳神経系が病態の補償を含んだかたちで安定してしまう。半側無視の場合も回復期に適切な治療を行なえば急速に視野を回復するが、それ以降は脳神経系の自律回復そのものに病態が含まれてしまうために、視野を半分欠いたまま安定してしまう。

こうした症例は、現象学に直接関係ないのではないかと思われるかもしれない。しかし直接的な体験世界を考察していくとき、そこで示された世界がどの程度の可変性の幅で成り立っているのか、また体験的経験の形成そのものはどのようになっているのか、というような問いにぶつかったとき、多大な手がかりを提供してくれるのは、こうした症例群である。体験世界の現われを明証性や判明性で捉えていくときでも、経験そのものが変化するさいには、何が起きたのかがわからないような局面を通過する。

視野の成立には、体性感覚、運動感覚を含んで形成されている「正中線」が成り立っていることがわかる。通常、視野は左右対称に広がっている。そしてそこから右側・左側の区別が可能になる。右側・左側を知ってから、真中に正中線が引かれるということはありそうにない。視野の左右対称性は、運動性の働きをもつ動物に広くみられるような体験的世界の基本事実である。この左右対称性は、ここ－向こうという奥行きの成立と並ぶ根本的な体験的事象である。正中線を引くことは一つの行為であり、左右対称がその行為の「規則」である。だがこの「規則」は現われそのものを成立させている規則でもなければ、現われを構成するような規則でもなく、むしろ現われにつねに同時に内在する行為的な規則である。そうした規則は、身体行為とともに世界にかかわってしまう場面ですでに出現しているのである。ところがこの視野のなかで「中心線」を移動させることができる。主として眼球移動によって、中心となる視野の方位を決めることができる。そのとき中心の位置あたりにある何かに注意を向けているのが普通で、中心線の設定は注意の方位によって設定されている。この何かに注意が向く場合、そこに注意を残したまま、左右に眼球を移動させ、その周辺を見ることができる。すると視野と呼ばれるものに、二種類の働きが関与していることがわかる。一つは、体性感覚、運動感覚と連動して形成された視野そのものに内在する正中線であり、もう一つは正中線を前提にして視野のなかにそのつど設定される注意と連動した「中心線」である。これによって視野の端をたとえばネコがよぎれば、そこを中心にして視点移動を行なうことができる。さらに極端にしてみると、中心線を右側のぎりぎりまで移動させることができる。眼球を思いっきり右側に移動させるのである。すると右側のさらに右側に視界の外に出てしまう見えない領域があることがわかる。ここが視野の右の限界である。半側無視の患者にとっての空間は、正中線が残ったまま正中線の左半分が見えにくくなっている。つまり正中線は維持されているのに、正中線のもとでの左右対称性が失われているのである。

ところでこの症例には、驚くべきことがらがもう一つ含まれている。軽症の半側空間無視の場合、髭をそる程度の高次の身体行為を行なうことができる。これほどの高次行為が実行できるにもかかわらず、髭の左側が剃り残しになる。しかもそのことを奇妙なことだと感じることができない。つまりこの病態は、病態失認を基本としており、別の世界がありうることを高次認知では理解しているが、それが体験的世界と地続きになっていない。体験的世界で別様にふるまうことがどうすることなのかがわからないのである。この場合には、再度身体行為からの訓練が必要となる。病態失認は、病態がすでに安定状態に入っており、その状態が当人にとって自然状態にあるということである。

## 動作療法

動作は一種の運動であり、筋肉や骨格だけではなく、日々の生理的条件や緊張状態、環境条件(ことに気圧と温度と湿度)、その日の気分も関与するような複雑な系である。動作は、意識から見て底なしの深さをもつ。しかも動作がうまくできないとき、意識的に制御することが、どこか筋違いになってしまうような事象である。心理療法の一つに動作療法がある。成瀬悟策たちが開発した治療法である。この技法の基本的な骨格は、心的な状態の不全は、身体や身体動作へとおよび、そこになんらかの変容を及ぼす。心的不全は、心だけの問題ではなく、身体にも同時に不全が生じる。この場面では、心的不全が身体に影響を及ぼしたのか、身体の不全が心にも影響を及ぼしたのかは、実は、意識から見た問いに留まっている。

意識から見たとき、心の方から動作へと向かえばそこには際限のない深さがあり、動作から心へと向かえば、どこまでも謎が残り続け、到達できなさが残る。たとえば動作に変化をあたえると心もいくぶんか変化するが、何故そうした変化が出るのかはわからない。そうなると意識からみたとき、身体に介入的にかかわるのであれば、そこには何段階、何層にもおよぶレベルがありそうである。だが動作はつねに一つであり、そのなかには何段階、何層にも及ぶ事態が含まれていようとも、いわば潜在化し溶け込んでしまっている。

動作に働きかけるとき、動作の感触のモードにはいくつかの側面がある。一般的には身体の緊張が常態化して、身体そのものを歪めたり、特定の部位に力が入ってしまって力が抜けなくなっていたり、力を籠めた状態が常態になってしまっており、そこから力を籠める－緩めるという振幅が極端に狭くなってしまっていることもある。また意識そのものに力が入ってしまっていて、そのことが力みにつながって身体の動きに柔らかさが欠けたり、意識の緊張をきっかけとして、身体に全般的な緊張が生じて、身体そのものが動かない場合も多々ある。この場合には、意識の緊張を解除するだけでは緊張は下がらず、身体そのものに介入しなければならない。さらに身体内感の変容があり、動作を行なっても動いた感じがしない、以前に行なった動作とはなにか感じが違うなどの感触が語られることがある。

そこでこうした感触にさまざまなモードが区分される。動作を行なうさいに、全身からあるいは特定の身体部位から力を抜き、少し被強制的に動かされている感じ（受動感）、おのずと動かされている感じ（被動感）、おのずと動いている感じ（自動感）、自分から動いている感じ（能動感）のような区分が生じる。こうした感じをもとに、自分で動いていく感じを形成させていくのである。これらは運動にともなうモードの違いである。

また身体がそれとしてまぎれもないという感触、漠然としているという感触、なんとなく感じられるという感触のような「現実性」のモードの違いや、ここにまさにある、稀薄、か弱い、かすかだ、在る感じがしないというよう「存在」のモードの違いや、自分である、ほぼ自分である、自分の感じがしない、自分ではないというような「自己」のモードの違いがある。いずれのモードもその内部に度合いが含まれていて、度合いの違いとして感じ取られる差異に応じて、ひとまとまりのモードとして取り出されているというのが実情である(8)。これらのモードは実体的なものではなく、ある種の働きのモードに対応する総合的な名称であり、動作の改善はいずれにも影響が出ることがある。

こうしたもろもろの不全や不調に対して、身体や動作に働きかけるのである。そのさい身体から力が抜けることで、心にも別の選択性が生じて、別様に作動し始めることは多い。実はこれはカップリングの活用であり、連動するものに働きかけることで、システムの別の局面に同時に働きかけるやり方である。カップリングである以上、身体の緊張が解除され、心的システムが選択肢を確保でき、それによって身体が自在さを増していくような循環的な働きがあるに違いない。

また動作不全の場合には、最終的には本人が自分で自分の動きを調整できるようにしなければならないので、動作の内感とともに動作のさなかでの「気づき」が必要となる。進行する動作そのものには、動作していることとそのものの感じ(動作の内感)があり、同時にうまくやれた、なんとかやれた、うまくできないなどの気づきがともなう。こうした気づきは調整能力である。

一般的に心的不調(緊張、歪み、作動不全)は、身体に影響が出る。身体に影響が出なければ、ただの悩みもしくは本人がそう思っているだけ、さらには病的状態になりたいと願っているだけというようなこともある。こうした身体に出現する変調は、心に余分な付加がすでにかかっている以上、さらに心に働きかけること以外のやり方を探すことになる。そこから緊張の出やすい身体力感のバランス失調を、手技をつうじて解除するという手法がとられる。動作療法は、意識と身体の連動する場面で、動作から介入する回路を探し当てたのである。

## 3　意識の行為

意識そのものが出現してくると、世界へのかかわりの変数が最低限でも一つ増える。だがそれは身体動作にとっても、身体そのものにとっても、制御変数が一つ増えただけではすまなくなっている。階段を上るさいに、通常一つ一つの動作に意識を向けているわけではなく、むしろかりに一歩一歩に意識を向けていたのでは、足はもつれ歩行はたどたどしくなり、むしろ動作にとっての障害となる。身体制御が思うようにいかず、もっぱらベッドで横になっている高齢者が、身体を起こそうとするとき、ともかくも頑張って身体を動かそうとする。ところが意識に力が入っている分だけ、身体にも緊張が張ってしまい、身体はさらにいっそう動きにくくなってしまう。意識そのものも不要なほど緊張している。より深刻な影響もある。生まれてから一度も腕が上がったことがない脳性麻痺児の患者に、催眠術をかけ意識の緊張を解除した状態で、何度か手の上げ降ろしのエクササイズを行ない、その後催眠を解除する。そして一度も上がったことのない腕を上げるように指示すると、その腕が上がったというのである。腕を上げようとすると、まさにその志向的努力をつうじ、それをきっかけとして、間接的に身体にも力が入ってしまう。同じ試行を繰り返そうとしても、またもや力が入ってしまい、腕は上がらないままである。何度も試行しても、意識の緊張が同じであれば、同じ動作のパターンが繰り返されてしまう。そのため意識緊張を解除するために、催眠状態にまで戻すのだ。身体システムにとって意識の緊張状態は、内的に連動している。つまりカップリングの関係にある。古くは、青鼻が出つづけていた少年に、催眠をかけて意識緊張の度合いを変えたところ、青鼻が止まったという伝説のような事例もある。(9)

意識の本性の一つが、知ることである。知るという点から、意識については多くの議論がなされてきた。それは夥しいほどである。だが意識を知るという点から考察したために、逆に多くのことを見落としてきた可能性が高い。意識は、知ること以上に多くのことを実行している。そのため意識の機能性をどのように考えるかが、最初の焦点である。

ここでの考察は、主としてリハビリの現場から報告されているデータに基づいて構想されている。その点では従来の議論の設定をまったく変えてしまうものである。少なくとも実践的な身体行為の調整の場面を基本にして、意識の出現を構想するのだから、新たな「意識仮説」である。仮説だからといって、これまでの多くの仮説に比べ、より信憑性がないということにはならない。むしろリハビリの現場に多くの示唆を提供できる分だけ、有効性を確保しながら構想を進めることになる。

## 調整機能仮説

意識への探求が、意識研究というテーマとして開始されたとき、この探求領域は認知科学、脳神経科学のなかで設定されてきた。探求領域の設定が、既存の探求の枠内で行なわれることはやむをえないことである。だがそのことはその時期の歴史的段階の偶然かもしれず、またたまたま固有に限定された課題の領域の下で成立しているのかもしれない。「意識研究」という多くの参加者があり、現在なお多様に進められているこのテーマは、実際そうした運命の下にあった。意識が、個々の生物体にとって、いくぶんか有効に機能してきたのだとすれば、その機能性は何かという問いは、ごく自然なものである。そして多くの場合、意識に固有の機能性を見出すことは困難であるという結論に落ち着いてきた。

デネットは、認知全般の有効性を、未来への予想においている。あらかじめ未来を予測し、対処の選択肢を手にすることによって、生存可能性を高め、未来の出来事への対応可能性を高めることに寄与するというのである。これは予知機能を高めることである。彼は、それに対応するヴァレリーの用語を繰り返し引用している[10]。

またチャーマーズは、意識についての議論や理論仮説は、意識経験がロボットのセンサーとどう異なるのかという問いを同時に解決するようなものでなければならないと考えた。いわゆる自分の経験という意味での意識経験をどのように固有に成立させるかという問題として捉えていたのだ。そこから彼は自分自身の経験であると感じ取る「気づき」(アウェアネス)が、意識の本性とつながる事象だと考えていた。たとえば色の識別は、光の波長を分析できればよく、センサーでも分析能力を備えている。ところが生命体の色の識別には、波長の分析だけではなく、色に固有の経験がともなう。その色の感覚経験にかかわる残余の部分が、意識に相当する働きに対応するというのである。こうした議論が、「クオリア」(意識経験の質)ということとともに、ひととき大々的に論じられたことがある[11]。

こうした議論は、本当なのだろうか。生命体の色の感覚経験は、波長の分析以上のことを行なっているのは事実だが、波長分析に付け足されるように意識経験がなされるのだろうか。それでは意識経験は、場合によってはなくてもすむ残余の要素ということになると思われる。いずれも問いの設定の仕方は異なるとはいえ、意識を認知機能との関連で捉えていたことになる。そしてこの延長上に、意識に固有に残る認知機能はほとんどないことも、いくぶんか予想されたことである。

そしてさらにクリストス・コッホらは、意識は、情報処理が間に合うほどの保持時間をもたらすものであり、おおざっぱな認定を行なうようになる機能だとしている。意識に関連する機能性を書き出すだけでも、かなりたくさんのことを取り出すことができる。短期記憶へのアクセスの促進、知覚したものの分類、意志決定、行動の計画、動機づけ、複雑な課題の学習、問題の検出、現在という時の指標づけ、トップダウン型注意、創造性、再帰性モデルの作成、推測、推理のように意識が付随的に関与していると思われる働きを取り出すことができる。だがいずれも機能として設定されていれば、意識がそれとして出現する以前に意識下でそれに対応する「ゾンビ・システム」が作動しているはずである。つまりそれぞれ固有の働きを取り出すと、意識が関与しなくても働いていることになり、また意識が関与したからといってことさら何かが変化したわけでもないのである。こうした問いの設定では、意識に固有の機能性は、ほとんど残らないことになる。これはどこか探求の仕方に問題がある、あるいは問いの設定の仕方を誤っていると考えた方がよいのだろう。そして実際そうなのである。(12)

ここでは仮説そのものを大きく立てなおしてみる。

意識は、身体運動や動作の制御能力を高めるための調整機能として出現し、この調整能力にはみずからの働きを感じ取る「気づき」がともなっている。その後、この調整能力は、認知そのものの調整能力として、選択性を開く場所として機能するようになった。この場所には、さまざまな心の働きが感じ取れるようになっており、そこに場所としての機能性がある。また意識の調整能力には、自分自身を調整する能力がある。

これを意識の「調整機能仮説」と呼んでおく。ここにはリハビリの現場でのさまざまな知見が込められており、かつ認知科学や脳神経科学にも適合的に設定してある。いくつかの要点を述べてみる。

意識の出現の仕組みと、出現後の機能形態は異なっており、当初は機能として出現したものが、後に別様になってしまっている。しかしこのことは進化のような自己組織化のプロセスでは、比較的起こりやすいことである。鳥の羽は、当初体温調整のための器官として出現してきた。皮膚周辺に空気の流動を作り出して体温を下げたり、空気の出入りを遮断して体熱の放出を防いだりしていたのである。こうした器官がやがて空中を飛ぶための器官に変わっていく。だが夏に水たまりで水遊びをする雀のように、飛ぶための器官に変わった羽でも、体温調節にも活用される。つまり機能変化したものは、複数の機能を実行するようになる。機能性は、器官の組織化の結果、変化する。それと同じように、意識の機能性も、認知が全盛になり、前景化すると見かけの上では力点を変えてしまう。このとき意識の機能性を一つの働きに限定することは、おそらく意識の履歴になじまないのである。意識はどのような働きをしているのか、という問いは、当初から問いのたて方を誤ってしまっている。こうした事態を意識の「調整機能由来仮説」と呼んでおく。

働きに付随する調整機能は、それとしてつねに感じ取られていなければならない。筋肉に力を込めるとき、徐々に力を込めてみる。すると力の込め方に少しずつ違いがあることが感じ取れる。この感じ取りは、身体の活動性にかかわる場面では欠くことができない。というのも力を込めるというプロセスは、力を抜くこともできるという事態を含んでいなければ成立しないからである。また幾何学の問題を解こうとして、必死で試行錯誤してみる。そのときにも解答はいまだでない場面で、それでも心の動きは感じ取れる。反転図形を提示されたとき、反転して見えるはずの図形が見えないまま、心がもがくことがある。このとき特定の認知はなされていないが、心の動きは感じ取られている。そのため認知にはこうした感じ取りは含まれているが、特定の認知はなくても心の動きの感じ取りはある。働きの感じ取りは、認知の成立と連動するが、必ずしも認知の成立と一体となった事象ではないのだ。

この感じ取るという働きは、自己反省的な自己を知ることとも、知るという働きをそれとして感じ取っている意識経験とも異なる。この感じ取るという働きは、働きそのものを感じ取っているのであって、働きのさなかで働きを感じ取っている。したがって自分を自己認識するというような認識によって知るタイプの働きではない。またチャーマーズが「気づき」を意識に不可分な働きとして導入したとき、彼はロボットのセンサーとは異なる要素があるはずだと課題設定して、それに対応する認知機能があるはずだという思いから立論している。ところが認知の集中や集中解除を行なっているのも、こうした気づきであり、これは基本的には調整機能であって、物理的認知にともなう随伴的な認知機能ではない。気づきは、重要な要点だが、意識経験という経験の質にもっていくのではなく、働きの調整機能にもっていくのがここでの要点である。

この仮説のもとで、意識の機能性は、いくつかの項目に分けられる。調整機能を軸に調整的な働きを含むように構想してみよう。そこには大別して、六つほどの内容が含まれる。

**（1）意識は、みずからの作動の範囲をつねに調整している。**意識は自分が関与するものと関与しないものの境界区分をみずからで行なっている。歩行動作のような場面では、意識が関与している分だけ、動作は不自然になる。そうした場面では、意識はみずからの作動を抑制する。抑制という表現が事象にふさわしくないほど強すぎるのであれば、意識はみずからの作動範囲について広範囲な無視を行なう。これは意識の作動範囲の調整である。視覚で考えると、境界設定のようなことがらは、目を開けたり目を閉じたりするオン／オフのような二分法をイメージしがちである。ところが触覚では、歩行時の足の裏の感覚のように、不要な認知的働きは無視してしまう。足の裏の個々の場所で詳細に地面を感じ取ったりしていれば、ただちに歩行は不能になる。有効な動作のために、無視や抑制を行なうことは、身体の関与する認知では当然のことである。活動するものは、一般に余分な活動を行なわないように、コスト抑制の仕組みを備えている。そのことの意識における機能性が、自分で作動の範囲を抑制することである。こうした制御は、停止や停滞ではなく、意識を含む生命体の活動の総体がもっとも有効に機能するように働く積極的で能動的な仕組みである。

**（2）意識は、多くの働きを感じ取り、それらに対して調整的に関与する。**感情が動いたとき、それを感じ取りこの動きを抑制したり、身体を動かそうとするときに、意図せず入ってしまった力を抜くように関与したり、ゼーゼーと息をつく過呼吸に対してそれを止めようとしたり、さらには意図せず出現してしまうイメージに対して、それが出現しないように制御する。

この調整機能は、抑制方向だけではなく、増幅方向、促進方向にも働き、駅前の階段で乗ろうとしているとき、電車が近づくのが見えてダッシュするさいには、全身に力が籠る。このとき集中の度合いを高めるように意識は促進方向に関与している。あるいは思うように動かない上半身を介護者なしで起こそうとするとき、全身に力が籠るが、そのときも意識は促進的に働いている。しかし多くの場合、力だけ籠って身体は思うように動かず、さらに全身に力が籠ってしまう状態がしばしば生じる。いわゆる緊張状態である。促進的に意識を活用する場合には、いわゆる「力んでしまう」状態が繰り返し生じる。

このとき意識は、自分自身の集中度を上げたり、リラックスしたりするような意識そのものの働きの度合いを感じ取ることができる。たとえば感情の調整の指標は、感情が収まることであるが、同時にぐっととどめるような場面で意識に力を込めている。この意識に力が籠っているかどうかを、意識は自分で感じ取ることができる。

**(3) 意識は、さまざまな認知的機能に対して、選択肢が開かれるような場の設定を行なう。**これは、個々の認知機能をつうじて、それらが生命体の複雑な環境に対処するための機能性である。自動車の助手席の友人と夢中で話をしているときでも、前方の信号が赤に変わればただちに反応できる。これは注意の分散であり、注意を分散させるための場のような働きを意識は行なっている。音が聞こえて、それに応じて、ただちに反射行動をとらない場面でも、選択肢を開く働きが関与している。個々の進行してしまう働きに対して、それを遅らせるという生命一般の機能に対応する意識形態が見られる。これは多面的な働きを同時遂行するための場所としても機能し、柵を摑んだ手の支えとしての働きを感じながら、足の動きに注意を向けているような場面では、複雑な動作が可能になる。意識の本質を注意の分散だと考えていたのは、故荒川修作である。またコッホのように、反射反応からより高次の認知が出現するための場所（隙間）を開く働きだと考えた者もいる。このとき意識の働きは、見かけ上認知的、感情・情動的、意志的な多くの働きを織り合わせているように見えるが、多くの働きの統合点であったり、種々の働きの集積点であるという点には、まったく強調点はない。さまざまな働きの選択のための隙間を開くことは、高度な調整能力の一つである。

**（4）意識は、みずから自身を組織化し、みずからをそれとして一つの状態に維持しようとする。**これは意識が働きの本性として、それじたい自己組織化的であることを意味する。自己組織化の働きが総体として、維持されているところに、オートポイエーシスの仕組みが含まれている。脳性麻痺児に、治療的介入を行なうさい、ときとして意識緊張が高まり失神してしまうことがある。この状態は、意識がいまだ自己維持の範囲を自分で決めることのできない状態である。意識は自分自身の緊張状態を変えることができるが、ときとしてこうした可変性の制御ができなくなることがある。また脳の中枢性疾患による片麻痺患者の急性期（発病後約一月）では、患者はしばしば視野の一部を欠落させることがある。多くの場合には、左側の視野を欠落させる。これは意識の自己維持にともなう、負担軽減だと考えることができる。意識の自己維持のために過度に負担になるものであれば、意識は視野さえ作り変えて、自己維持する。

**（5）意識は、みずから自身へと関与するように働きかけ、みずから自身を知るという感触をもつ。**これらは、総体として「意識の自己言及性」と呼ばれるものだが、ここには意識がおのずとみずからの働きを感じ取る局面（オート・レファレンス）から、自分で自分のことを知るという局面（セルフ・レファレンス）まで幅広いスパンがある。自分で自分のことを知るという場面が、意識の意識、あるいは意識についての意識であり、自己意識である。自己意識は、意識の働きのなかでも例外的な局面である。自己意識を強調したのは、初期の「知識学」のフィヒテであり、いっさいの心的活動の出発点である「自我」を構想するさいに、意識を意識する働きが、この出発点のモデルをあたえたのである。こうした考察の原点として、デカルトが参照され、それによってデカルトは近代哲学の出発点に位置づけられるようになった。

**（6）意識は、それじたいが出現することが同時に世界へと開かれることだという世界への地続き性の特質をもつ。**フッサールが「現われ」として設定した探求の場所は、この特質に対応するものであり、意識の働きがあるということは現われがあるということと地続きである。意識の体験的生のレベルは、そのまま現われでもある。だが現われは、さまざまに変化しうる。現われは、にじり寄るように近づいたり、疎隔されるように隔たったりする。もちろん物理的な距離の変化が起きるわけではない。世界が疎隔されるように隔たる場合には、どのように世界にかかわればよいのか、当惑してしまう。いわゆる離人症状の場面である。そのため現われには、世界へのかかわりを組織化するという基本的な特質が貫かれている。ところがこうした場面でも、意識は世界の変化を感じ取るだけであって、自分自身の変化を感じ取ることはほとんどない。これらを触覚の働きになぞらえてマトリクス化しておく。

意識（自己集中‐解除の自己組織化）―気づき―働きの調整―選択の場を開く
―境界区分
―世界へのかかわりの組織化
―自己の働きの感じ取り―自己意識

こう定式化したとき、意識の「知る」という働きは、中心をはずれたものであることがわかる。この定式化は、基本的には現在の人間の意識機能を並置したものであり、かりに動物で意識機能の発現があるとして、これらがすべて、意識の出現当初からそろっているということではない。どの段階で、どのような意識の機能が発現してきたかの判別は、「認知進化学」のテーマになりうる。

## 意識という機能性

意識はいまだ十分に活用できていない働きの一つである。ここでは意識をそれじたい一つの行為だと考えている。哲学や思想は、意識を知ることに特化した高次機能として扱ってきた、気の遠くなるような長い前史をもつ。言葉の作りからも、意識は「知られていること」という語の形（Bewußtsein）をしている。意識を知ることに特化して活用してきた長い前史には、それなりの理由がある。知ることにおいて、もっとも意識の裁量と関与が感じられるからであり、また意識の本性を知ろうとすれば、まさにその知ることによって「知るという働き」そのものを特化して活用しているからである。つまり知るという理論知はつねに前景に出てきてしまう。だが意識は、知ることは異なる多くの働きをしていると考えた方がいい。意識をそれじたい一つの行為だと考えたとき、意識そのものからは知ることのできない多くの働きを行なっていると考えることができる。こうした働きを経験科学的に整理していくと、意識の機能性の分析に行きつく。

### 意識そのものの関与する変容

意識障害は、一般に意識の覚醒度を調整できないことを主要症状としている。集中しようにも集中することができない、あるいは集中することがどうすることなのかがわからないというような事態である。意識が混迷や半覚醒状態にあり、反応の鈍さからただちに通常の意識状態ではないことが察せられる。眼前にあるぬいぐるみを見せて、これは何ですかと問うと、問われていることがわからなかったのだなと思えるほど時間を隔てて答えが返ってくる。しかも一応正しい答えである。これらは意識による組織化の不全だと感じられる。この病態は一般に「見当識障害」と呼ばれるものである。この場合には、明らかに意識の働きが尋常ではない。みずから自身の集中度を高めたり、緊張を解除するようなそれじたいの組織化の不全が生じている。この特質は、意識の組織化の働きにかかわっている。

また感覚のなかに他の多くの人が感じ取ることもできず、それが何であるかを理解できないようなものが入り込むことがある。意識のなかには、一般にさまざまな働きが織り込まれるように含まれている。感情や情感のようなものから、さまざまな感覚、知覚（感覚的直観）、思考のようなものまでが含まれている。そのなかでおそらく意識にはのぼらないさまざまな要素が、まさに意識によって意識の境界から排除されている。意識は、みずから境界を区切ることによって自分自身を選択のための場所として設定しているのである。この場所は、空間的な広がりではない。というのもさまざまな働きを入れるような容器ではないからである。非空間的な場所はある。そこに多様な働きが織り込まれている。ところがこの境界がなにかのきっかけで変動してしまい、誰にも聞こえない音が聞こえたり、妙な確信が住みついたり、日常の生活感覚がまるで変わってしまったりする。

さらにごく基本的なことだが、意識は働きの速度でみれば、遅延の働きである。意識は、情報処理が間に合うほどの保持時間をもたらすものである。この遅延機能のことを、荒川修作はかなり早い段階から気づいていて、意識とは「躊躇」の別名だと言っていた。反射的な反応から、心がそれじたいのなかに選択肢を含むような働きが出現するためには、一時的な保持と作動の遅れが必要となる。こうした遅れをもたらす仕組みが意識にはある。

通常意識障害と見えていないものにも、実のところさまざまな意識の変容がかかわっているのではないかという推測が生じる。たとえば半側無視の患者は、見えない左側に話題を向けると狼狽したように話題を変えようとする。左側に注意を向けることは、実際苦しいらしいのである。意識そのものが、そうしようとした途端に苦しいのである。すると半側無視での意識は、意識の負担を軽くするために、あえて見えない視野に注意を向けないようにした代償的な機能を含んだ意識だということになる。半側無視に対して、しばしば持ち出される「左側に気をつけて」、「左側に注意を向けて」というアドヴァイスは、こうした意識そのものの代償的な働きを見落としたものであることがわかる。左側に注意を向けないことが、意識の覚醒の維持に好都合なために、意識はおのずと代償的な働きを組み込んでいるのである。

## 意識と神経ネットワーク

意識の機能的状態をネットワーク・タイプのモデルと結びつけることは今日ごく一般的なことである。しかもネットワークは、脳の複雑さと意識の多様なはたらきに対応させて、原則、多並行分散系で組み立てるのが、標準的である。デネットの「多元的草稿」では、どのような心的活動も、脳のなかの感覚インプットを解釈したり推敲したりする多重トラック方式にもとづく相互に並行したプロセスによって遂行されている。そしてこの立場じたいに反対する者は、おそらくいないはずである。いるとすれば内容の詳細をめぐっての議論となる。

科学的なネットワークの組立てでは、エーデルマンの構想がすっきりしている[13]。精確にはすっきりしすぎている。ここには大きな前提がいくつか置かれている。意識が、進化的な生存戦略から見て生存に有効に機能するように形成されてきたはずだという大前提がある。これは環境との関連で見た前提である。またネットワークに再帰的入力を認めるような高次化が含まれる。これは脳神経系の独自の形成であり、環境からの入力に直接かかわりなく、それじたいで形成される高次領域である。身体をもつものは、身体からの体性感覚的、生理的な入力がきわめて多く、これらを内部環境と呼ぶこともできる。さらに意識の機能性を考える上で、意識は直接なんからの因果的効果を及ぼすことができるかという問いに対して、因果的効果は意識に対応する神経プロセスによってのみ引き起こされるという設定である。因果的効果という点では、個々の神経活動に同時に意識が付帯するように二重系列で想定し、因果的効果があるのは神経プロセスの方だと考えるのである。

生存適合的な機能的ネットワークとしては、皮質－視床下部－脳幹系列での生存の価値にかかわるネットワークが想定されている。意識が進化的な生存価値にかなうという想定から見たとき、このネットワークは意識の成立に関与していなければならない。そこで脳幹を巻き込んだネットワークで、かつ再帰的作用のある系を想定し、それが意識の基礎として関与しているはずだと設定する。また意識の認知領域の特質として、ある種の類型的カテゴリー化が行なわれる仕組みがあるはずだという設定もなされる。知覚に典型的な類種の認知は、確かに個々の感覚反応を超えてそれじたいで普遍的な事態や事象を捉えることができる。その場面も意識の基礎として関与していると設定されている。

こうした設定の仕方は、意識の特質と思える機能性（生存適合的、高次認知）に対応する神経プロセスを想定し、その神経プロセスが意識の成立の基礎となるというような議論の手順になる。この議論に含まれているのは、ある種の循環であり、この循環に対応するのが、神経プロセスに個々の意識シーン（現われのこと）が対応するという大きな前提である。エーデルマンは、この探求に見られる循環を、そのまま意識が成立することのある種の内在的な循環に置き変えている。

神経プロセスは、ある種の現象、すなわち意識シーンに対応する。意識は、そのため神経プロセスの表現なのである。この神経プロセスとその表現である意識との関係、すなわち、プロセス－表現という関係は、どのような意味でも因果関係ではない。それは内的な活動プロセスが外形的なかたちをとることに類似したものなのだろうか。あるいは内的な意図が動作に現われることに類似したものなのだろうか。いずれにしろそれは因果関係ではない。だが意識の本当の難題は、この関係を、神経科学的にも、意識を内的に調べ上げる心理学的なやり方によっても、そもそも解明できないところにある。ここには展開見込みのない前提が置かれている。これはおそらく議論の筋を取り違えているのである。

意識のなかを隈なく見わたしても、どうしても神経生理学的なプロセスに行きあたることはない。逆に神経プロセスをどのように複雑に組み合わせ、どのように再帰的働きを導入しようとも、そこには複雑なネットワークがあるだけであり、意識は出現してこない。どちらから進んでも同じ限界に、すなわち「構造的な限界」に突き当たる。つまりその限界を突破しようとする試みが、ことごとく再度同じ限界に突き当たるような限界がある。そしてこの限界に突き当たることが、意識そのものの特質だと考えてみるのである。一般的には、「心身問題」とは、それが解けないことが意識の本質に含まれている問いだったのである。

エーデルマンの議論には、もう一つ大きな不満がある。意識がなにか普遍性を担う場面を意識固有の特質だとしたために、知覚でのカテゴリー化をモデルケースとしていることである。いくつもの魚を見ると、魚一般というカテゴリーが形成される。それは魚を食わない馬にも起こることのようである。だがこの知覚をモデルケースとしたカテゴリー化が、カテゴリー化そのものを狭く設定し過ぎているという問題で生じるのである。たとえば自転車に乗るさいの重心移動が身につけば、大きさの異なる自転車や場合によっては一輪車でも身体動作をつうじて対応可能になる。この場面での対応可能性の一般化は、知覚での普遍項の獲得とは異なると思われる。知覚によるカテゴリー化にどこまでも認知される対象の特質にかかわる普遍化である。ところが動作による対応可能性の一般化では、知覚のカテゴリー化はおそらく誤った比喩なのである。

そのことの帰結は、意識の統一性をカテゴリー化に類比させて仮構した場合でも、この統一状態にかなり多くの均衡点があることである。すなわち多くのタイプの統一状態がありうるのである。もろもろの統合失調症の病態は、境界の変動から生じる別の統一性への移行であり、自己治癒をつうじてそこで安定してしまうのである。そして元の統一状態に戻ろうとしても、意識の努力によっては戻ることができないのである。だがそれは意識の統一性が破壊されることとは異なる。エーデルマンの意識の統一性モデルでは、おそらく統合失調症をうまく捉えることができない。意識を統一状態からではなく、みずから自身の境界を区切る活動として捉えるべきだったのであり、そのことは内部に移行可能な複数の均衡点を含んでしまうことを意味している。

## 4　動作の言語

動作の表現について考えてみる。表現されたもののなかに、どのようにしても模倣が効かないと感じられるものがある。最初からなにか異様な雰囲気を感じさせるが、真似てみようとすると異様さとは別の事情があるらしいことが察せられるような場合である。意味がわからないのではない。むしろ意味ははっきりしていると言ってもよい。これは配置できないだけではなく、第一印象としてどうにも何が起きているのかがわからないのである。特徴がないわけではない。むしろ特徴ははっきりしている。だとすれば似顔絵を描くように、特徴を際立たせればよいのではないかと思われるかもしれない。だが真似ができるためには、自分の経験のなかにその特徴を配置でき、それに対して操作的あるいは作為的に経験を動かせるのでなければならない。ところが経験のなかには配置できないような特徴があり、そしてそれがどんな特徴なのかを明示できないような経験がある。またそのさいの経験には、操作的にかかわることのできない何かがある。その典型的な領域の一つが、身体にかかわる言語である。

言語は身体にとって本来疎遠である。いま歩行という単純な動作をできるだけ詳細に言語で記述してみる。左右の重心移動、左右の交互的交代、腰の高さを一定に維持することを含めて可能な限り記述してみるのである。そして今度は逆に、記述されたものに合わせて動こうとすると、それがどうすることなのかがわからなくなってしまう。たとえば腰の高さを一定に維持することは動作の結果であって、それがどうすることなのかがわかっている人にとっては自明なことだが、それがわからない人にとっては、言語的な記述に適合させることがどうすることなのかがわからないのである。動作は理解に先行する。

ここには、「わかる」と「できる」の間の構造的なギャップ（認知と行為とのギャップ）、進行する動作と動作の外観もしくは動作の結果についての記述との間の構造的なギャップ（動作と記述とのギャップ）、さらにはそれじたいでみずから起きることとそれについての観察・記述との間のギャップ（当事者とそれについての観察・記述のギャップ）などが含まれている。身体動作と言語的記述の間にはそうした距離がある。一般に動作の習得のためには、動作そのものの実行が必要である。このとき動作についての知識を学習して、それをもとに動作を実行するということはありそうにない。かりにそんなことが可能だとすれば、教本を読み畳の上で泳ぎの練習をすれば、そのまま水のなかで泳げるようになるはずである。動作とは独立に学習できる知識から動作を導くことは、経験的にも機構上も困難である。

言語の語られる環境のなかで、幼少期に身体動作を獲得していく以上、誰にとっても言語は「密な間接性」として身体動作に関与している。身体と言語の距離は、容易には計量できない。身体は心のようにある時点から言語とともに形成されるのでもなければ、物や生物のように言語（語）そのものの出現に同時に関与しているのでもない。言語的表現は、身体動作に対して外的だが、いくつもの回路をもって密なつながりを形成している。だが問題なのは、この密な間接性のなかに含まれるモードである。

言語と身体とのかかわりという課題設定を行なうさいには、素材が決定的に内容を決めてしまう。うまく素材が選べなければ、それだけで筋違い、場違いな議論へと進んでしまうことがある。典型例の設定を取り違えるとたちまち経験は前に進めなくなり、滞ってしまう。ダンサーの言語から飛び切りの文章を取り出してみる。

## 世界の比喩としての動作

夕暮れになって中から抜かれると立てないんです。完全に足が折れて、いざりになっていますよ。子どもは絶対に家族の顔を見ない。畳まれた関節がそこに置かれている。それは滑稽で、とても厳粛です。せっぱつまっているわけです。足が躰からスーと逃げていく気がする。行ったきりもどれない足はどこに行ったのか。それは子どもの飯詰にいじめ抜かれた躰だけが知っているようなきがします。(土方巽「犬の静脈に嫉妬することから」)[14]

なにか本人にとって緊急で容易ならざる事態が出現していることはわかる。場面も過度に断片化した映像のように一つ一つはくっきりと思い浮かぶ。だが何が起きているのか。どうしても比喩としか読めないのである。比喩的な意味としてしか読めない場合には、自分にとっては経験できないことを、「できなさ」を含めてこのできない経験の一歩手前を意味として理解していることになる。現実の事態を過剰な言葉で表現している部分はある。だが過剰な言葉の一歩先でいったい何が起きているのかを意味としても取り出すことができない。「夕暮れになって中から抜かれる」というのはいったい何が起きているのだろう。何かが欠けているのか。状態が変わっているのか。あるいは気分の変容程度なのか。それともただダダをこねているのか。どれでもありうるし、それぞれによって比喩の距離の隔たりが異なってくる。しかしその場合でも、事態を説明的に語るのではなく、また心の現実として語るのでもなく、むしろ身体の現実性として語ろうとしている。そのため本当は起きている事実に対して、身体的な出来事をまさに比喩として用いているのである。これは身体の事象を世界ならびに現実の比喩として活用する新たな表記法であり、いまだ誰も継承できないでいる言語使用なのである。

大多数の人にとっての身体と言語のつながりは、言語をつうじた身体についての対象記述であるが、それは学習そのものの場面でそうなっているだけである。逆にいうと、この記述言語以外の言語と身体とのかかわりを、ほとんどのものはいまだ学んでいないことになる。言語と身体のこの記述以外の回路は、人間が学び損ねてきたものの代表的なものである。土方巽の文章は、この学び損ねている広大な領域を示唆している。しかもそこはどのように言語を活用したら、活用したことになるかがわからないのである。それが読者一般にとって謎となっている。またそのため土方巽自身、自分で書いた文章の推敲や編集を舞踏家ではない知人に委ねてしまっているのである。

確かに私にも、サイダーを飲んだりしてはしゃぎ躍ることもあった。しかしめりめり起こって飯を喰らう大人や、からだを道具にして骨身を削って働く人が多かったので、私は感情が哀れな陰影と化すような抽象的なところに棲みつくようになっていた。あんまり遠くへは行けないのだからという表情がそのなかに隠れていて、私に話しかけるような気配を感じさせるのだった。この隠れた様子は、いっさいの属性から離れた現実のような顔をしていたが、私自身も欠伸されているような状態に似ていたので、呼吸も次第に控えめにならざるをえなかった。私のからだは喋らなかったが、稚いものや羞じらいをもつものとは糸の切れているところに宿っている何かを、確かに感じ取っているらしい。からだは、いつも出て行くようにして、からだに帰ってきていた。額はいつも開かれていたが、何も目に入らないかのようになっていた。歩きながら躓き転ぶ寸前に、あっさり花になってしまうような、媒介のない手続きの欠けたからだにもなっていた(15)。

この文章には、身体を語るさいの多くの技法が込められている。現時点では、空前絶後の身体についての語りである。動作が音とリズムで捉えられていて、さらに身体そのものを比喩にまで高めているのである。骨身を削って働くことの形容詞が、「からだを道具にして」であり、控え目にそこにいる自分自身の状態の形容詞が、「欠伸されているような状態」である。身体および身体動作や身体の状態が、ここでは心や自分自身を表わすことのメタファーなのである。こんな語の活用の仕方は、めったに起こることではない。関節が外れてしまったような世界、身体の表裏が裏返ったような世界、という程度の比喩であれば、夥しく存在する。というのもその場合、外れるや裏返るが、すでに字義に近い論理性を含んでおり、この論理性をイメージ化するさいに、関節や世界の裏表が同レベルの論理的比喩として継ぎ足されていることになる。つまり明確な意味が当初より存在しており、それが身体レベルにまで及んでいるということになる。そうだとすると、それは別段身体とは別の比喩で語ってもよいのである。比喩ではなく直接形容詞で、寸断された世界、裏返った世界と言ってもよいのである。だがこんな形容詞で語ってしまえば、本質的ななにかが欠落してしまう。

これに対して、この文章で示されている比喩は、身体に対して常日頃注意を向け続けているまなざしである。毎日身体に対して言葉をあたえ続けていないかぎり、身体の状態、身体動作、身体の生理的働きを、自分と自分の心の比喩として活用することはできない。しかもそこにたんに身体を比喩として活用するばかりではなく、比喩でありながらまぎれもなく身体として存在する息遣いがある。身体を比喩としたとたん、いわば「わかる」以上に「感じ取られている」存在がある。この感じ取られている部分に、比喩の強さが出現する。そのため身体と動作の記述は、つねに過度なものとなる。忙しく立ち働く大人たちの間で、ポツンとそっぽに置かれているだけであろうが、それが「控え目な呼吸」と呼ばれる状態である。忙しく立ち働く人たちの間で、かまってもらえないだけではなく、ただ所在ないのである。実際、控え目な呼吸がどのような呼吸をすることなのかわからない。だがそれが身体存在のモードであるなら、身体行為の比喩は、圧倒的な現実感となる。

それにもまして身体の比喩は、過不足の判定が難しい状態を作り出す。それはおそらく文章の作りそのものに関連している。膨大な重複のある言葉の組合わせのうち、こうした文章は、おそらく余分なものをぎりぎり削ぎ落とすようにしてできあがっている。ここには、これ以上削ぎ落とせば意味不明となり、残せばなにやら説明が過ぎてしまうというような臨界線がある。「歩きながら躓き転ぶ寸前に、あっさりと花になってしまうような、媒介のない手続きの欠けたからだにもなっていた」。こうした文章がイメージに言葉を当てるようにしただけでは出てこないことははっきりしている。

過度に過剰なものの贅肉をそぎ落とす。贅肉のそぎ落としのなかで、なお湧き上がってくるものがおのずとかたちをとるまで何度も同じ場所で削ぎ落とす。おそらくこれらはこうした作業のなかで出来上がった文章であり、そこには舞踏での身体表現の作りにも類似したプロセスが見られる。それはたとえば、贅肉を削ぎ落としながら、骨を軸とし、骸骨に届かせることを表現とする（麿赤児）のではない。また身体の機能性を断ち切り、機能性の出現の場所で、身体部位が一つの表現になってしまう次元を浮かび上がらせること（大野一雄）でもない。あるいは情動の出現する源泉へと遡り、情動と全身体が釣り合う場所を表現とする（天児牛大）のでもない。舞踏の身体表現は、一般に何を前景化させるかによって異なる表現の系列を作り出す。「可能な限り削ぎ落とされた過剰」こそ、土方巽の表現の源であり、表現そのものであった。それを身体においてだけではなく、言語においても実行している。ここでは言語的表現は、身体そのものの分身（アナロゴン）なのであり、言語を身体動作のように運用するのである。

こうした文章を病的な文と取り違えてはいけない。異様ではあるが病的ではない。また麻痺による欠損の文でもない。たとえば以下の文章と比べてみる。「ゴミはシラミを増殖させる。頭を掻いているユダヤ人はダーウィンの猿と同じだ。ダーウィンは猿だったがシラミはいなかった。私はダーウィンが好きだ。清潔だから。彼はきれいに書いた。私はきれいに書くのが好きだが、私の万年筆はよくない。この万年筆は人からもらったものだ。だからこの万年筆は好きだ。神がそう望む限り、私はこの万年筆で書こう。手が疲れてきたのを感じる」(16)。異様に語彙が乏しく、論理的に文章が手順を踏む代わりに、次々と注意の焦点をずらしながら、いっさいの説明も理由も抜きに語の隣接性だけを頼りに文章が移りゆく。そして本一冊この調子で続くのである。これは『ニジンスキーの手記』の一節である。思考回路は、過度に平坦で、ある種の緊張感と緊迫感だけは維持されているものの、「私」と「神」と「好き嫌い」でなっている世界が描かれている。表現された言語の働きに別段新しさはない。だがこの奇妙さは、文章の緊迫性と内容の欠落の極端なアンバランスから生じている。

## 身体動作とイメージ

言語そのものの機能性とは別に、それが身体や動作にどのようにかかわっているかを考察したい。第一に、たとえばスキーの初級者でボーゲンが曲りなりにできるようになった人が、自分の身体制御、身体各部位の状態についてできるだけ細かく言語で記述してみる。膝、足首、腰、上体その他あらゆる身体部位に対して語れるだけ語ってみるのである。するとその後ずっとなめらかにすべることができるようになる。言語は身体行為のような疎遠なものまで組織化の度合いを変える。自分のおこなうことのできる動作に細かな注意を向け、それによって組織化の度合いを変えるのである。この場合、言語的記述をつうじて、まず身体部位に身体そのものが感じ取ることとは異なる物差しで、注意を向けるという事態が生じている。通常は身体動作訓練を行なうさい、動作の時系列的な説明記述は行なわず、必要だと思われる身体部位についての助言をあたえるだけである。たとえば右膝を意識するようにとか、左の踵《かかと》に注意を残すようにとかである。それだけでも動作の滑らかさがまったく変わってしまうことがある。そして言語的な指示という点では、そうした指示しか出せないのである。身体動作に対して、記述的な説明の言語は逆に身体動作の形成に対してまったくすれ違ってしまう。

身体に対しては、その内感的な感じ取りは動作に直接調整機能をあたえる。力の込め具合、抜き具合、バランス保持の感覚のように調整能力をあたえる。だが言語が直接そうした働きをするとは思えない。すると言語による記述は、身体内感による調整的組織化とは異なる回路で、身体動作の組織化を促していることになる。身体も動作も若い頃のごく短い時期を除き、それほど融通が効くわけではない。一般に自分自身の身体の制御については、誰にとっても変数が足りていない状態である。一生の間ほとんど動作のモードが変わらない場合には、それでもよい。このとき手がかりを身体の外に増やしておくのがせいぜいだと思われる。すなわち身体動作の対照項として、言語的ネットワークを導入することをつうじて、身体や動作のシステムを複合連動系とするのである。

発達障害児に対して、認知運動療法（ピサのグループ、パオラ・プッチーニら）が治療を行なうさいには、患者が一歳未満であっても、延々と言葉を語りながら治療を続けている。しかも幼児語を語っているのではない[17]。人見眞理が未満児の発達障害児の治療を行なうさいにも、身体動作の治療訓練とともに、際限なくぶつぶつと障害児に向かって言葉を発し続けていた。保護者が傍らで、この子には言葉はまだ通じませんと言っても、言葉を語り続ける。ここには言語を語りながら、訓練のための課題を設定することが、脳神経系の形成にとって有効であるという確信がある。もちろん言語が身につくことはなく、言語的な対応を要求しているのではない。だが言語を語り続けることによって、脳神経系に身体、認知を含んだエクササイズを課すさいに、補助機構として、言語を連動系とするように動かし続けるのである。言語的発話が可能になるためには、健常幼児でも一年近く必要である。だがこれは運動性の発語能力の形成が必要なためで、語の分節や意図の感じ取りはずっと早く、生後四カ月から六カ月程度でも可能になっているという指摘がある。言語的規則は、諸感覚の働き、とりわけ内感領域の分節に共作動していると考えられる。内感領域は、痛み、快－不快のように見て知るのとは異なる仕方で感じ取られており、それじたいは容易には分節しない。

内感領域の分節そのものに言語が関与しているのだとすると、言語とともに進行する経験の形成があることになる。

身体動作の訓練では、訓練の途上でなにか収まりのつかないものが生じる。経験にかたちをあたえるさいに、ともかく経験を閉じさせるために言語を活用するという仕方がある。いわば身体や動作の収まりのなさを語りつくすことをつうじて、再組織化するのである。舞踏家の大野一雄は、土方巽と舞台共演のために三週間ほど共同で仕込み稽古をやったとき、相互に盗めるものはすべて盗み、舞台の作りに別段異論がなくても、どこかの段階であらゆることを言葉にして語り明かしてみるという段階が必要だったと述べている。[18] たとえば仕込み稽古のなかでお互いすべてを理解していても、なお一晩あらゆることを言語化してみるという局面を通過しなければ前に進みにくいという段階があるようである。これは身体表現ばかり行ない、言葉を用いていないので、一気に言葉を使ってみるというようなこととは事態が異なる。むしろ身体表現に対して並行する言語系によって、経験に形をあたえ区切りをつけるのに近い。

経験は、境界を形成し、そのことによってみずからを閉じるという局面を経なければそれ以上前に進めないことがある。これはさまざまな試行錯誤を整理するための言語による統合ではなく、また言語的表記によって経験の容量を圧縮することでもない。可能な限りの試行錯誤を経たのち、それ以上詳細に経験を形成するためには、言語表記を制作し、みずから閉じてみるのである。閉じるということは経験の内外区分を行ない、さらに分節できる場所を確保することである。経験が前に進むためには、あるいは停滞した経験を変容させるためには、別の視点を採用したり学んだりするのではなく、おのずとみずからを閉じることが必要である。この閉じるという経験の行為のために、言語的表記はまたとない技法をあたえてくれるのである。

さらに身体の可能性をさらに引き出そうとするとき、言語を動作形成の誘導的な手がかりとするために、いわば言語を比喩的剰余として活用することができる。つまり現実にはほぼありえない事態を言語的に設定し、それをつうじていわば経験を誘発するのである。立ったまま踵を持ち上げる姿勢を訓練しようとするとき、ただ重心を上げるだけでは、足首周辺の筋力トレーニングでしかない。ところが宙に浮かぶように身体を持ち上げようとする課題を設定してみる。いまにも飛び出しそうな身体と、ただ持ち上げただけの身体はまったく異なったものである。宙に浮かぶようにするためには、イメージを持たなければならない。そのさいに活用されるのが、動作の比喩的表現である。踵と床の間に青空を感じ取るというようなイメージを持ちながら身体を持ち上げる動作を行なうのである。踵と床の間の空は、実はそのまま宇宙にまでつながっている。

身体動作の拡張のために比喩を多用した典型例が、土方巽である[19]。これも言語表現をつうじた動作制作の一つのモードである。たとえば身体そのものから力を抜き、いっさいの作為を取り去って、それでもなお立ち続けている身体を想定してみる。力を抜きなさいという言語的・説明的な指示は、ひとあたり力を抜いた後ではどうすることなのかがわからない。すべての力を抜いてもなお身体から力を抜くことができる。そのとき身体の外にさらに誘導するようにイメージを入れていくのである。それが「灰柱」である。いっさいが燃え尽きてなお灰だけが柱状に残っている。その状態をイメージしながら身体から力を抜き、そのままの状態を維持して歩行するのである。それが「灰柱の歩行」である。いわば崩れながら、浮き上がり、方向性をもたない歩行である。歩行一般のなかには、すでに目的合理性（どこかへと行く）や環境への適応（重力に抗すること）などが入り込んでいて、歩行という動作そのものを行なうことができなくなっている。どこかへ行く歩行ではなく、歩行そのものである。灰柱のようなイメージは特定の状態を表わすのではないが、くっきりと具体的な像をもち、しかも一瞬にして消えていくような情感をともなっている。それはいまにもくずれそうでかろうじて形を維持しているようなものの原型と呼んでよいほど、くっきりとしている。それが行為誘導イメージである。経験にとってそれがさらに制作されていくようにイメージを活用するのである。

姿勢を作るさいには、頭の位置を決めることから始めなければならない。そのさいには、「頭上の水盤」が活用される。頭の上に水の入った盤が置かれている、とイメージしよう。すると顎を引き、首筋の中心線を確保する身体動作がおのずと形成される。これは立っているさいの軸を作るエクササイズとなる。さらに前を見ている状態では、まなざし（視線）が過度に前方に働いている。人間の場合、視覚に圧倒的に依存しながら身体制御を行なっており、これに慣れ切ってしまっている。姿勢に対して、まなざしを中立化するためには、額の真中に眼が一つだけ付いているとイメージしてみる。要するに両方の眼を額の真中に集めてみるのである。すると頭の後ろ側から自分を見ているまなざしが出現する。これによって前方を向いているだけのまなざしを中立化することができる。また身体動作でやたらに関節に力を込めて、関節だけが経験の前面に出てしまうことがある。このときには関節がクモの糸で張りめぐらされたネットワークにひっかかっているような状態をイメージしてみる。これが「クモの巣の関節」というイメージである。これらの比喩はいずれも身体体勢を獲得するために、経験のプロセスの外に手がかりとしてのイメージを作ることである。これらの比喩は実は、経験にとっての誘惑である。こうした比喩表現は、感情・情動関連でももっと開発されていいと思われる。つまり精神分析に対しても、別の言語機能の活用の回路を示唆している。

経験そのものを動かすさいに、何であるかを経験的に決めることができないような語をイメージとして活用することがある。人間の作り出した言語のなかには、存在、世界、超越、無、精神のように経験的に調べ上げてもそれが何であるかを確定できないようなものがある。そのため記号論から用語を借りて、私はこれらを「超越論的シニフィエ」と呼んでいる。こうした語が人間の言語に含まれているために、哲学は終わらないのである。ある意味では、哲学はこうした語を、経験を動かすためのイメージとして活用するさいの用法の開発、制作の歴史だったと考えることもできる。だが哲学は多くの場合、これらの語の日常語による夥しいほどの言い換えを作成し、なにかものごとの本質を摑んだかのように思い込むのである。ところがこうした言語記号とは異なり、身体動作は、みずから自身の拡張のために、ゲーテの原型に類似した具体的に個体化するイメージを考案して、活用するのである。その意味で土方巽は、身体動作の詩人だったのである。

# 第五章　能力の形成とオートポイエーシス

ベイトソンの議論のなかに、学習レベルの構想がある。本人は階層的な学習能力の形成とみなしていた議論である。これは形成される能力が順次別種になるような仕組みになっていて、実は学習理論ではない。むしろ生命の基本的論理に届かせようとしている。ここでは四種の学習能力が挙げられている。情報に対する反応が一定している場合が、「ゼロ学習」と呼ばれ、繰り返しあたえられる刺激に対して、精確に正しい反応をする場合や、慣れとともにある刺激に対しては反応しなくなり、反応パターンの内容にほとんど経験が関与しない場合のように、機械的な定型パターンの形成になる場面である。

これに対して、ベイトソンの「学習Ⅰ」とは、同一の選択肢集合のなかで、選択されるメンバーが変更されるプロセスである。これには慣れにともない出来事の繰り返しに対して反応していたものが、徐々に反応しなくなる場合や、あるいはパブロフの犬のように餌の現物ではなくブザー音に反応するようになる場面であり、パターン化そのものの形成である。

また「学習Ⅱ」とは、選択肢の集合じたいが変更されていくプロセスである。あるいは刺激に対する経験の仕方そのものの変更のような場合である。ここには過去の経験と記憶の選択的関与があり、学習Ⅱではパターンの選択が出現する。たとえば犬が、ブザー音に代えて鈴の音が聞こえてきたとき、それにどう反応するかというような場面での選択を介した学習である。この選択を含んで行動を決めていく場面では、実はさまざまな問題が生じる。つまり既存の習慣的な学習パターンを部分的にしろ破壊していくのだから、どのように振る舞えばよいのかがわからず、学習状況からの撤退、退行、自己破壊のような、それじたいはもはや学習行動ではないが、その周辺に付帯し、さらに大規模な行動が起こる。そのなかに神経症性の反応や統合失調症性の反応も出てくるというのが、ベイトソンの言い分である。

さらに「学習Ⅲ」とは、その選択が自分自身の経験にもおよび、経験そのものを組み換えて対処するような場面である。そしてそこで生じる経験の自在さは、選択的行為の範囲を超え出てしまう。たとえば鈴の音に反応すれば、どうなるかの洞察を形成するような場面であり、場合によっては鈴の音に反応する反応しないにかかわらず、鈴の音を直感的に別様に受け取るような場面である。ここでは選択的行動がもはや解除され、肯定とも否定とも異なる別様の行動を実行することである。この延長上にさらに、論理的には「学習Ⅳ」も設定できるとされている。ここでは論理的推測として学習Ⅲとはまったく異なる経験を指定することであり、ベイトソンは地球上の生命体では起こらないだろうと予測している。

ここでの議論の立て方は、学習、学習の学習という学習の反復的な高度化であり、直前の学習をさらに再組織化するのだから、階層的に学習能力が高まることになる。ところが学習Ⅲでは、学習というよりは無垢の自然状態に近づくという事態が生じる。本能に近い直感で、すでに当該の事態に対処してしまうというのである。とするとこれはもはや通常の学習ではなく、一般に学習でさえない。こうしたことは東洋の禅僧や神秘家に起こるようなものだ、とベイトソンは言うのである。学習の階層化の延長上に階層そのものが消滅してしまう。選択的行動を組織化する学習行為の高度化にあって、もはや選択さえしない場面であり、学習の高度化とともに、学習そのものの消滅が起きるのである。こうした議論の立て方は、ベイトソンに固有のものであり、著作の多くの場面で活用されている。

そうしてみると「学習Ⅳ」では、もはやまったく学習とは呼べないほどの変化が起きると考えることができる。たとえば経験を組み替えるだけではなく、みずからの身体さえ組み変え、それ以前にはなかった行為が出現したり、選択的行動とは別の仕方で選択を実行するようなものである。しかしこれらはほとんどの場合、学習Ⅲに含まれることになる。学習Ⅳの特質は、およそ現在の人間の知性の延長上では設定できないことであり、知性の限界のさらに一歩先を言い当てようとしているのである。しかも、その知性の一歩先の事態はおよそ知性的ではないという条件も満たさなければならない。そしてそこにはみずからの生の可能性を拡張するような、超知性的な変化の出現が条件となる。(1)

ベイトソンが「学習Ⅳ」として理念的に設定した課題に、敢然と踏み込むようないくつものタイプの議論が出ていることは、二〇世紀末の歴史的事実である。ドゥルーズとガタリが、「陸上動物」の出現を論じたのも、結果としてそうした事態につながっている。サメのようなエラ呼吸をしている動物を、波打ち際に引き上げて半日も放置すると、体内の浮き袋用の器官を活用して、肺呼吸ができるようになるらしい。器官を不測の環境変化にあわせて作り変えてしまうのである。海に生息する動物にとって、陸上は強い紫外線と七倍にも増える体重と高濃度の酸素で危険極まりない環境である。自分でうっかり波打ち際に近づいてしまい、引き潮によって周囲に水がなくなると、海生動物にとっては生存の危機である。多くの動物は、引き潮を追うように海に戻って行く。だがこれでは陸上動物は出現してこない。陸上動物の出現には、危険な状態に置かれれば、さらに危険な方へと進んでしまう個体やそうした資質がなければならない。こうした行為は、生存の危機をさらに危険な状態に曝すことで、自分自身が別様になってしまうことを含んでいる。おそらくこうした行為の変容と自己の可能性の拡張が、学習Ⅳのなかには含まれているのである。

建築家の故荒川修作は、「死なないために」をスローガンに掲げ、死や死後の世界を起点にして語られるヨーロッパ思想に戦いを挑む一方で、身体や脳神経系を組み換えていくような多くの作品を作りだした。落命が別のことになってしまうような身体や人間そのものの変化を作りだそうとしたのである。あるいは予期として論理的に不可能だと思われることが、現在の人間の知性の予断にすぎないことを、直接経験のなかで感じ取れるような作品を経験の場所として作りだそうとした。このとき生命は、地球上でたまたまここ四〇億年ほど生存し続けているようなものである必要はない。DNA–タンパク質系は、現在では高度に洗練された精密なマシーンとなっている。だがそれ以外にも生命はいくらでも可能である。荒川修作は、イタリアの文化財団の招待で一年間ローマに滞在していたとき、レオナルド・ダ・ヴィンチの遺稿を読みたいと希望を出した。そして、この遺稿のなかに「生命を制作すること」というダ・ヴィンチの走り書きを見出した。荒川は、生命の解読のためには、生命そのものを作りだしてしまう方が早いと感じていた。ダ・ヴィンチの遺稿に同じ思いを見出し、それが確信に変わった。そして生命の最小必要条件は何であるかをさらに問うことになる。そこから出てくる構想が「バイオスクリーヴ」であり、切ると同時につながっていく「境界形成」の機構である。雨上がりの川土手にブヨの集団が発生していることがある。その集団を腕で切ってやると、集団は空気抵抗によって二つに分かれるが、ただちにまた集まってくる。この集合化の仕組みを「バイオスクリーヴ」と呼んだのである。(2) 実際、細菌性粘菌は、通常は単独生活し餌を求めているが、餌がなくなって飢えると集合してキノコのような姿に変身する。そこには数十、数百の集合体ではなく、数十万という規模の集合体を作るものがいる。細胞は、地球上での生命体の基本単位であるが、それらが集合した多細胞生物には、集合の仕方に密度とモードの違いと呼ぶべきものがある。一方ではアサクサノリのように、多くの細胞がただ並置しているだけでそれぞれの細胞は独立生活をしているものや、海綿動物のように比較的各細胞が分離しやすいものがある。一般にこれらは群体に近いものである。他方、発生が完了するまで母体内に留まるような哺乳類の個体では、一個の受精卵に何重にも区切りが入っていくような分化の仕方をしている。単位体を生み出しそれを数珠のようにつないで個体化する仕組みと、単位体のなかに何重にも区分が入り、無数と言えるほどの細分化を作りながら総体を膨張させていく仕組みは、異なる個体化の戦略である。ところがヤマトヒメミミズのように体節を伸ばしていき、やがて一つ一つの体節を分離して、そこから個体を形成するものがいる。この分節化は、外圧や外的作用をかけても起こらず、自分で体節分離を行なうことではじめて進行する。要素－複合体の形成ならびに全体性の分節化という系譜のなかに、両方式をさまざまな度合いで活用するものがいる。

システムの機能のなかには、通常の言語的論理には解消できない多くの仕組みが入り込んでいることがわかる。論理は、一般に言語を基本にして作られている。つまり線型性を基調とする。だが生命にも身体にもおよそ言語に類似したものは何もない。もちろん記述のためには、言語を用いる以外にはないが、それは生命システムをどのように記述するかという認識論の問題、すなわち記述の系をどのように設定するのかという記号内の意味論的な問題となる。かりに神経系の高度化にともない言語が発生したとしても、言語を優先的モデルにする理由は特段にはない。その手前の神経系をモデルにしてもかまわないのである。そこで言語的論理とは異なる仕組みから論理的な事態を取りだしていきたいと思う。それは本来かりに地球外の生命システムであっても、論理的に妥当するようなものでなければならない。

一般に能力の形成のほとんどの部分は、システムの再組織化である。この再組織化の柱は、新たなものが出現してくる創発、ならびに既存のものを組み換える再編である。創発は、揺らぎを介して一定の頻度で初期状態は出現してくる。しかしそれらの大半は掻き消されてしまう。体内で一定頻度で出現するガン細胞のように、恒常的に生まれては死滅していく。そのため創発は、そのつど思い浮かぶアイディアのようなものである場合には、現実のかたちをとることはない。確率的な異質性の出現とは異なり、そこから固有性を形成するまでのプロセスが創発の仕組みとなる。ここに自己組織化ならびにオートポイエーシスが関与する。新たな変数の出現は、不変項もしくは普遍項の形成に喩えられるが、これを数学・言語的に表記すると、形成後の結果だけを表記したものになってしまう。

システムの再編は、既存のシステムのなかで新たな変数が出現して、全体がそれとして別様に組み換えられるようないくつものモードが関与する。だがこうした事例の分析をいくら言語レベルで詳細に行なったとしても、いまだ観察者からの考察でしかない。行為者にとって、それらは外的な指標であり、結果として到達されたものの後づけもしくはすでに不要になった説明でしかない。つまり行為者がどのようにしたらよいのかがわからないのである。

この事情は、一般に「パラダイム転換」と呼ばれるものにも当てはまっている。パラダイム転換は、後になって歴史を観望するものが、構造転換に比せられるほどの組み換えがあったことを主張するものである。アリストテレス自然学からガリレイによる近代科学への転換、アリストテレスの質料－形相論からラヴォアジエによる原子論（元素論）への転換のように、歴史的時間軸の上に配置できるような組み換えが起きていることは、争いようのない歴史的事実である。しかしこれは歴史の後になって観望した観察者の言い分なのである。歴史研究としては、同時代の社会的文脈のなかでより詳細な歴史の推移を調べるような手順がとられるに違いない。それは詳細な歴史の推移を明らかにしてくれるだろう。しかしガリレイもラヴォアジエも、後の歴史家が主張するようなパラダイム転換を行なおうとして、みずからの作業を進めたとは考えられない。歴史的な激動期には、そのさなかにいるものは実際そのとき何が起きているかわからないはずである。わからないままなお進んで行くことはできる。こうしたプロセスのさなかでの行為にかかわるのでなければ、事象の形成には至らないのである。

一般にここで問おうとする能力とは、知能テストで判別されるような知的能力ではなく、また計算力や論理的推論力のような最短で解答に到達するための技能のことではない。また特定の基準のもとに競い合うような高次の特殊技能でもない。いってみれば、日々の生活の質を高めるような「生活力」のことであり、そこから各種課題への自在な対応力を形成していくような基盤の形成である。さらには職人的な工夫に満ちた技能の形成に資することである。こうした生活力のなかには、**レジリアンス**のような緊要なモードもある。(3) レジリアンスの語源ははっきりしないが、この語が最頻度で活用される領域の一つが生態学である。(4) サンゴ礁は、台風や大小の津波に曝されながら、そのことによる損傷からそのつど復旧、復興し、自己再生するが、それによって浅海に多様性を形成し続ける。科学的には、損傷後に元の状態に戻るまでの「時間」でレジリアンスの度合い（量）を決めている。精神医学では、レジリアンスは、ストレスに曝されても容易には病気にならないこと、かりに病的な変異が生じても、慢性化せずそこから回復していく能力を指している。従来、病因論として「脆弱性」（ヴァルネラビリティ）という指標が取り上げられていた。同じストレスのなかにいても、病気になりやすいもの、病的変異が生じれば容易には回復しないものの特徴として取り出されていた。見かけ上、レジリアンスは脆弱性の対抗概念であるように見える。ところが脆弱性は、維持されている構造のもろさを示しており病因論の概念であるが、レジリアンスは復興の概念であり、再生の概念である。異なる局面を問題にしている。自己維持の難しさを表わすのが脆弱性であり、レジリアンスはむしろ再度自己を形成する自己組織化やオートポイエーシスの概念である。その意味で脆弱性は自己維持する構造の限界にかかわっており、レジリアンスは自己そのものの形成にかかわっていて、異なる局面を問題にしているのだ。こうしたレジリアンスのような構想も、生活力の一つであり、そうした構想のもとで生活力そのものの向上に資するような能力の形成という課題にかかわることになる。そうしたことの延長上に、同時に創造性にかかわる能力もようやく課題になってくる。

## 1　経験の可動域

人間が再生していく現場では、神経系の再形成と再編が必要とされる。この再編に制作行為をかかわらせることによって、独特の治療効果をもたらすことは、理論的にも、経験の仕組みからも肯定されると予想される。しかしながら、神経系の形成はある種の創発を含む以上、論理学や機械論的物理学のように、ある前提を設定すればそこから必然的に治療効果が生まれる、というような性格のものではない。創発を内在させる科学は、生成プロセスに飛躍を含む以上、決定論的なものではない。それだけではなくおよそ確定した基礎的理論の上に、応用領域が形成されるようなものではない。また基礎法則の上にさらに詳細な派生規則が積み上がるようなものでもない。

むしろ人間の能力の回復、再生、創出に向けたプロジェクトは、神経システムが多並行分散系であることに応じて、多様な企てがそれぞれの現場での前線を形成しながら、同心円的に拡大していくような企てとなる。ある現場での試みが隣接領域にも適用され、類比的な企てのネットワークが、徐々に拡大していくような試みの総称となる。比喩的にいえば、それは類比（アナロジー）の連鎖のようなものに近い。能力の形成は、おそらくこうした拡大する同心円的なネットワークとして進んでいくと考えられる。

たとえばリハビリ系の学問にあらゆる病態に適用される基礎的な規則は見当たらない。それはこうした技法が、理論ではなく、個々の治療事例の緩やかなネットワークになるからであり、理論という名称を使うにしても、「半理論」にしかならないからである。個々の理論は、現場での治療行為の手がかりを提供するにすぎず、応用のための基礎理論ではありえない。また治療過程は、手足の動きを促進するだけの促通技法のような「テクニック」ではない。たとえば患者に絵を描かせる場合には、患者はまさにみずから絵を描くのであって、テクニックに合わせて描画するのではないのである。

## 感覚の可動域

ある朝目覚めると、身体が思うように動かない。足をばたつかせてみるが、自分の足のような感じがなく、上体を起こすこともできない。見ると、自分の足がなにやら虫の足のようになっている。本人には自分に何が起きているのかわからない。だが次のバスに乗らなければ、会社に間に合わなくなるという思いだけは、くっきりとしている。これはカフカの『変身』の冒頭である。虫のような身体になって、なお会社に行かなければならないという思いがよぎる。意識は、自分自身の身体に起きる変化に対しては、容易に気づくことができない。それが何であるかもわからないのである。またそれが薄らと感じられたときでさえ、それに対しての対応はつねにすれ違いになる。虫のような身体となっても、なお以前の意識と同じように対応しようとする。変わり果てた身体を他人には見られたくない、この変化については他人には察せられたくない、この身体はもはや思うように動かないのだから自分の身体ではない。にもかかわらず何とかしなければならないというように、意識の思いだけは、繰り返しさまざまな方向に動いている。

身体の変容に対する意識の対応は、変容した身体に意識を適合させる方向にも、身体そのものの有効な訓練のために意識を最大限有効に活用する方向にも進んではいない。意識は意識の活動範囲で必死になっており、みずからで選択肢を失っている。身体感覚が変わり、身体動作もままならなくなっても、なお意識はかつてと同じように自分自身にすがろうとする。それは意識に本来的な誤謬である。意識は本来的に、身体や動作の変容に対して、選択肢を狭く設定する。それは事態をより深刻にする方向と無駄な努力を進める方向に顕著に働く。

さらにある朝目覚めると、自分がすでに逮捕されていることがわかった。なにやら数名のものが自分を見張ってもいる。しかし職場である銀行に行くのも自由であり、なにひとつ昨日までの生活と変わらない。なにも変わらないのに、「逮捕」という事態だけが付け足されたような状態である。これもカフカの『審判』の冒頭の場面である。おそらく自分の見張りになっている数名の者は、いつものようにただ道路を行き交うサラリーマンや通行人である。それが見張り役に見えてしまっている。ここではある種の妄想様の変容が起きている。この程度であれば実は比較的よく起きることである。

ヨーゼフ・Kが職場である銀行に行くのは自由である。銀行に出かけ、ふだんどおりに仕事をしていても、なお銀行にも見張りがついている。おそらくそれも銀行の行員や業務のために来行している顧客の一部である。逮捕に対応する見張り役がついた後、一週間経ってもなにも起こらない。逮捕されているのに、なにも起こらないのである。そこで週末になって、ヨーゼフ・Kは、逮捕されたのだから、それを受けて立ち、戦わなければならないと決意する。断固闘い、決着をつけるために、街外れの裁判所に出かけていく。ここではすでに局面が変わっている。ヨーゼフ・Kの心に新たな変数が出現している。なにも起きていないことに決着をつけようと決心するのだから、すでに心的システムは局面が変わっており、実際もはや元に戻れなくなっている。この作品は、それ以降のヨーゼフ・Kの本人だけの必死の悪戦苦闘を描き、その結果死に至るまで進行してしまうプロセス（審判）の経緯を描いている。

感覚の変容は、理由なく訪れ、そこで起きてしまう現実には、一般に訂正可能性がない。こうした訂正可能性のなさが確信的な現実性を生じさせる。感覚の変化には、経験にとっての隙間がなく、そのため否応がない。こうした現実を申し立てる人に、「そういうことはありえない」と言葉で諭しても、まったく通じはしない。当人は、そうしたことを言う人はなにもわからない人だと思うだけである。感覚はいっさいの現実性の源泉なので、感覚を訂正するほどの強さをもった現実は他に存在しない。意味も論理ももとより理念も無効である。そのため感覚は確信だと言われる。だが感覚は確信としての知ではなく、およそ一般に知に類似したものでもない。その意味で感覚とは直接的な現実性の出現にかかわる一種の行為なのである。

一般に経験の変化はいっさいの予期なく訪れ、そのため過剰な筋違いの意味付与と病態全体への広範な無視が起きる。過剰な筋違いの思いは、さらに筋違いの思いへとつながる。このプロセスをカフカは多くの作品で描いている。そのとき気づけないままになる多くの現実がある。カフカの中編に「穴巣」というのがある。虫と思しき私が、安全な巣を作ろうと若い頃から精密な企画を練り、すべてを完璧に作り上げ、どの部分をとっても完璧に仕上がっていることを確認すると、それでも不安になりさらに巣の外に出て、その完璧さはどのような侵入物に対しても、並ぶことのないほどの完璧さでできていることを確認する。出入口には少し不安があるが、付近の苔を工夫すれば襲撃される恐れはない。こうして完璧な住居ができあがる。そのことを確認して穴巣に戻ってみると、シューシューという音が聞こえる。この音が気になり始めて、どうにも安らいだ気持ちにはなれない。完璧な穴巣のはずなのに、風穴が空いたような音が聞こえるのである。おそらくこれは幻聴である。いっさいを完璧に仕上げた後、その完璧さのなかに戻り、そこに身を置くことによって感覚そのものが変容してしまう。この感覚の変容は、完璧な巣が外からの観察者の視点から形成されたもので、外から見たとき完璧であったものが、その内部に入り込んでみると、そこに生じるギャップを埋めることができないことに対応している。

感覚では、感知するものと感知しないものの境界は、比較的容易に変動する。この変動は本人には脅威であり、ともかくも何かをしなければならないほど緊急性に満ちている。そしてそれを危機ではなく、好機だと捉えるほどの余裕はない。大規模な変化が起きるときには、その変化がやってくるさいの予兆のようなものが感じられる。「また来る」ということが感じられる。これが気づきである。そのとき多くの場合、自分自身に対して隙間を開き、深呼吸してひとまず緊張を下げたり、それでも収まらないときには、「来るなら来てみろ」と腹をくくるのである。

感覚の変容には、感覚の活用から進むしかない。元に戻るのではなく、そこからさらに一歩踏み出すのである。そのとき意識の指示に従うことは賢明ではない。神経系の変容を含む病態に対しては、おのずと経験が変わっていくような取組みが必要になる。意識は自分自身の変化に気づかないように、防衛的な変容を行なっている可能性が高く、そのため意識の制御から自己治療過程に入るのは得策ではない。すると意識をつうじて「知ること」ではなく、行為をつうじて「できる」ことに対応する経験を拡張していくことが必要となる。感覚がひとたび変動状態に入ると、ある作品に対しては過度に反応してしまい、ひどく疲れが出たり、神経に興奮状態が残ったりする。それを無理に抑えようとしないで、ともかくも身体とともにしばらく何がおきるのかをじっと待つのである。ここが隙間を開く場面である。言葉を当ててただちに自分自身にとって決着をつけようとするのは得策ではない。感覚はすでに動いており、新たな変数が出現しようとしているのだから、何かその経験がおのずとかたちをとるまでじっと待つのである。

## 強度の活用

感覚的経験は、経験の可動域を広げることにつながる。肩の関節を動かさなければ可動域が狭まるのと同じように、経験も可動域をもち、経験を拡張する行為を断続的に行なわない限り、可動域そのものが狭まってしまう。この経験の可動域を拡張する企てが、どのような場面でも必要となる。たとえば異なる質の間の関連づけを行なうようなエクササイズがある。カレーライスの味は、六角形、五角形、四角形、直角三角形、正三角形、円のどれに近いかというようなエクササイズである。味と図形が直接関連することはない。二つの質の間には共通の座標軸がない。にもかかわらず各人にとって、カレーライスの味が、どの図形に近いかは直感的に決まる。このとき「**近さ‐遠さの度合い**」として捉えられているのが「**強度**」である。強度は量として捉えることはできないが、度合いとして区別されているものである。このとき最も近い図形が決まれば、同時に最も遠いものも考えてみる。そして近さと遠さが同じ基準で選択されているかどうかを考えてみる。こうしたエクササイズは、新たな神経回路を開くために必要なことであり、経験の可動域を広げることにつながる。こうした経験は、ゲームや囲碁・将棋のような規則の明確に決まった範囲での選択肢ではない。むしろ選択性そのものを開くことである。これは何かを現実的に選択してしまう典型的な行為的選択である。つまり行為をつうじて経験の新たな領域に踏み出してしまうのであり、それによっていわば経験そのものがみずからの局面を変えていく。

最低限次のことは理解しておこう。ものごとを量として捉えるためには、連続性を支える共通の座標軸が必要である。そうした座標軸を見出すことは、基本的には科学的知の特質である。ところがそうした座標軸はただちには見出せない。にもかかわらずさまざまなモードで度合いの違いを感じ取れている広大な領域がある。この領域こそ、新たな経験を生み出す源泉の一つであり、科学と芸術に共通の創造性の源泉でもある。この領域は、経験にとっては多様性を生み出す母体であり、芸術はさらに多様性なものに形をあたえる方向に進み、科学はそこに新たな座標軸を見出す方向で進んでいく。

## 色彩の運動性

さらに色彩は、情動的な運動性をもつ。青は拡散性の運動感をもち、黄は浮遊する流動性をもち、赤は刺激的な遮断性もつ。画面の真中に赤の円を塗り、周囲を緑で囲む。すると赤は、前方に走り出してくる。逆に緑の円を描き、周辺を赤で取り囲むと、緑は奥行き方向に走りだす。道路信号は、赤、黄、青と記号的な取決めを行なっているのではなく、むしろ色のもつ運動感に対応させて、行為を誘導している。色のもつ情動的運動感は、まだまだこれからも発見できるようである。ちなみにゴッホは、燃え上がるような黄色の激しさを発見し、マティスは身じろぎもしない黒を発見し、ルノアールは曖昧な影の暗がりの綾を発見した。ことにゴッホの作品では、黄と青の使用が際立っている。黄色は、光の近くにある色彩であり、青は闇の近くにある色彩である。真夏の真昼の学校のグランドの光景は、全景が黄色がかっており、明け方の町並みは、深い青に沈んでいる。光の近くには黄色があり、闇の近くには青がある。このとき光とは可視的な明るさであり、闇とは可視的な暗さである。闇と黒は異なる。黒は色だが、闇はいまだ色ではない。ゴッホは、こうした光と闇の近傍にある黄と青を発見したのである。それはゲーテが見出した色彩の基本法則に対応するものを、絵画で実行したことを意味する。

ゴッホの絵を見ると、何度見ても少しずつ感触が異なる。同じ絵を見ているはずなのに、感触が異なるのである。青や黄は、色彩感覚が形成される源泉となっている。そのためゴッホの絵は、個々の色を見ると同時に色を見ることの経験を形成してしまうようなところがある。その意味で、ゴッホの絵は二度目に見るときにはどこか懐かしさを含んでいる。これはたんに前にも見たことがあるという再認記憶ではない。おそらくどこか感覚の形成の母体に触れるようなところがあるのだ。**この見ると同時に、見ることとそのものの形成になっている場所が、オートポイエーシスの基本形である。**対象を見るという認知だけが行なわれるのではなく、見ることとそのものの形成が起きる場所では、近似的には光や色への感度が形成されるのであり、見ることの新たな変数がそのつど出現しようとしている。この見ることの形成そのものは、現われることはなく、さらに現われないことによって作動する領域であり、**オートポイエーシスの第五領域**に対応する。

セザンヌの絵にも類似したような効果がある。だがこれは色彩の効果でもなければ、後に印象派に継承される線の曖昧さによるのでもない。セザンヌの絵を直接美術館で見ればすぐにわかることだが、それぞれの部分の絵の具がやたらとぶ厚い。数センチにも塗られている箇所もある。絵具の厚さは、色彩に深さと質料に触れる触覚性感度そのものの無尽蔵さをもたらしている。この厚さのなかで、寒色と暖色、明と暗が自動的に転調している。絵具のこの厚さの効果を色彩の触覚性感度として、セザンヌは発見したのである。触れれば奥行きとして現われる事象が、視覚の剰余としての深さになっており、この不透明さが線の技法としてキャンバスに配置されたとき、感触としての曖昧さとなる。

運動の軌跡にも、感覚と情動の動きがともなう。カオス物理学が見出したことのなかに、健康とは一定の複雑さを維持していることである、という基本事態の確認がある。たとえば雨が降り、雨水が樋を流れるとき、同じ量だけ流れ落ちているのではなく、ちょろちょろと流れることもあれば、一時にどっと流れることもある。雨水の落ち方は、非規則的で非周期的である。こうした運動の総称がカオス運動である。この意味でカオスは混沌のことではない。心臓から血液が流れるさいにも、一定量ずつ流れているのではない。血液の流量も非規則的であり、非周期的である。血液の流れ方が一定量に近くなるのは、むしろ老人性痴呆やアルツハイマーの人たちのようである。統合失調症の人は、むしろ一定の複雑さを維持したままである。健康とは、一定の複雑さを維持しており、それは非規則的で非周期的な動きとして表現されている。そうなるとこうした複雑さに向けて、線を引くことを考えてもよい。カオス図形をデザインとして活用している世界的なデザイナーがいる。

次頁の図は、カオス関数をコンピュータで作動させて、ある時点で静止させたものである。この図柄の前後の図柄もあるはずであるが、それはこの図柄とは似ても似つかぬものである。こうした図柄に色をつけてみる。速度感とか、運動感とか、情感のテーマを決めて色をつけることもできる。こうした生命にふさわしい複雑さの度合いというものがあるに違いない。こうした複雑さの度合いを、複雑さの度合いに対応する別の感覚質に対応づけてみる。複雑に色をつける必要はない。たとえばただ一色でこの複雑さの度合いに対応する色をつけてみる。このとき経験の可動域が広がっている。

## 境界の活用

強度は、感覚質の境界につねに触れ続けている。この境界は、そのつどの選択的行為をつうじて出現し、区切られるもので、境界は作られては壊れ、さらに作り出される。それが安定しているのは、細胞膜のような境界の構造が形成されている場合である。境界は界面とは異なる。界面は異質

カオス・デザイン
（木本圭子『イマージナリーナンバーズ』）

なものが接している場面で、海と陸地の接点、海と氷山の接点のように異質なものの接する場所である。この接触によって不定変数が出現するために、いわば攪乱要因が増大する。境界の特質は、区切ることによって二つに分けることではない。羊羹の真中を切れば、羊羹は左右に分かれる。切り口そのものは右か左か、と冗談を言ってみたくなる。これは切れ目である。また磁石をS側で切断してみる。すると切断の先端は、Nとなる。磁石全体が極性を帯びていれば、切り取られた先端にNが出現する。境界を区切れば、それと同時に多くのことが出現してくる。

線を引くことは、左右落差、内外落差を作りだそうとして行なっているのではない。結果としてそうした事態が出現しても、それを目指して行なっているのではないのである。つまりここでは人間固有のいっさいの目的論は、解除されている。また線を引くことが左右落差、内外落差の原因ではない。ここでは因果関係で事態を配置することもできない。しかもこうした仕組みは、生命の多様性を根本のところで支えていると考えられる。そうすると境界のような事態は、生命の論理の「原カテゴリー」に相当する。この作動的カテゴリーは、異質性の発生を含み、作動することが同時に別様の事態（機能領域）を出現させることでもある。これは機能性一般の出現そのものにもかかわる。異質性の発生を「否定」というような語で総称するわけにはいかない。否定とは言語的判断の特質をあまりにも帯びすぎている。

こうした異質性の発生を本来的に含んでいる作動的カテゴリーが、総数としてどの程度取り出せるのかはいまだよくわからない。こうしたカテゴリーとは別に、すでに機能化した領域での変異は、経験科学的な事実列記として夥しくある。遺伝子の突然変異は、かりにそれが特定部位で起きたとしても、それによって生じる変異に見合うだけの他の部位での変異が同時に起きてこなければ、個体全体の変異をもたらすことはないはずである。すると突然変異だけが重要なのではないはずである。そこでは変異ではなく、異質性の発生こそが問われるべき課題となる。機能が確定する以前の作動的カテゴリーの特質について少し考察してみる。

境界が出現することは、隙間を開くことでもあり、隔たりを作りだすことでもある。こうした事態は生命現象のいたるところで出現する。真核細胞の核膜は、ゲノムを保護するために形成されていると言われている。ところがこの膜には多くの穴が空いている。膜を通過することによって、場所的な隔たりを作ることができる。さまざまなオペレーションを分離することが可能となり、一挙に進んでしまう反応を段階的に区分することができる。原核細胞である細菌由来のＤＮＡは複製も速く、真核細胞のゲノムにはさまざまなＤＮＡが混ざり込んでしまい、非コード配列が散在する。それがイントロンと呼ばれる部分である。遺伝情報をＲＮＡに移し取ってリボソームというタンパク質製造工場でタンパク合成を行なうさいには、こうした余分な非コード部分は、切り取ってしまわなければならない。この切取りのはさみは、酵素の働きであり、ＲＮＡそのものが担っている。この切取りの作業は、複製の作業ではなく、進行の早いタンパク質合成に較べてかなり時間がかかるようである。原核細胞では、核とリボソームは隔てられておらず、混在してタンパク合成が進む。だが必要なタンパク質を有効に作りだすためには、核とリボソームに隔たりを作り、酵素機能が働くだけの時間的余裕を作らなければならない。こうした隙間を開く仕組みを、膜という境界が作りだしていると考えられる。⑤そうすると内膜組織のような境界が何重にも形成されるさいには、境界区画だけではなく、それと同時に多くの変数が出現する。真核細胞では膜が柔らかいために、細胞のかたちを大幅に変えることができる。こうした「つねに同時に」形成される変数のうち、恒常化したものが「機能の出現」と呼ばれるのである。恒常化した機能は、特定の役割を果たすように見えるので、そこに「目的」が生じる。あるプロセスのなかで変数そのものが出現してくることは、自己組織化の要の仕組みである。

閉じた境界の出現は、閉域化であり、包むことである。閉じた領域では、ゴミが発生する。あるいは不要な物質が蓄積する。ゴミや物質の蓄積を資源へと変換する仕組みは、「オートファジー」と呼ばれており、真核細胞内のリソソームが担っている。この仕組みは比較的単純である。細胞質内の膜を使って、物質を取り囲んで隔離する。こうした隔離膜を作ることのできる素材が、細胞質内にはかなり多く存在すると予想される。実際には細胞内小器官としては特定されていないので、正体は不明だということになっている。膜による隔離が行なわれて細胞内小器官（オートファゴソーム）が形成される。これは観察をつうじて特定できる。

構造体とは一時的にしろ維持される集合体のことである。これがなければ、人間の眼に機能体は容易には見えない。ある意味で、人間の眼の限界に対応するものが構造体といえる。このとき人間の眼は、すでに敗北している。たとえば細菌の遺伝子の多様性は、どのようにしても人間の観察のなかには入ってこない。かりにＤＮＡ解析で細菌遺伝子の細かなデータが示された場合でも、それがどのような観察レベルの多様性なのかに対応づけることができない。生命現象は、人間の眼の臨界にあって繰り返し現われ出るような多様性である。このとき眼そのものを形成しなければ容易には見えてこない事象が多々あると考えられる。

機能（目的）の出現をどのように理解するのか。この問題が人間の眼のいっさいの現実性の基礎にある。機能は生存に直結するまなざしに対して出現する。そのためよほど信用のおけるものと考えられる。それをアリストテレスやキュヴィエが活用している。まなざしにとって種や機能はある種の先験性をもつ。特定の機能を果たす安定態は、手段－目的、原因－結果の関係で探求を進めることができる。

いま主体、自我、自己のような経験にとってはかなり明確な高次の事象を取り上げてみる。これらは特定の機能体ではないが、にもかかわらず何の働き（機能）をしているのかは、どこかでよくわかっている。そのとき、たとえば主体の成立は、主体という機能を実行するために形成されてきたのではないことは、おそらく確かである。なんらかの仕組みで主体は出現する。だが主体は、主体として機能しようとして生まれたのではない。機能の確立の成果は、世界の現実に明確な境界線を引く。その生成した現実の結果や成果から、世界を論じることはできる。そのとき世界は比較的安定した像を結ぶことが大前提である。そこにはさらに、事象に対応したなんらかの確固たる基礎があるはずだということも大前提となる。

ところで機能の出現の仕組みは、出現一般の論理と同じように、既存の機能を遡行するようにして、その源泉を見出すことは困難である。出現そのものと出現の成果は別のものである。そこには埋まらない不連続性がある。化石記録に失われた環があるから見えないのではない。化石記録には残りようのない不連続性があるのである。形成された成果はすでに再編されたものであり、再編されたものには前史に飛び石のような痕跡を見出すことができる。だが再編された成果から前史のプロセスを遡行することはできない。主体の前史には、およそ現在の主体とは接続できない多くの働きがあるに違いない。あるものがみずからの境界を繰り返し産出して、その作動を維持しているという感触が生まれたとき、主体の輪郭が出現する。この輪郭としての主体を母体として、みずから境界を区切るという感触が生まれたとき、主体が成立してくる。そのため主体は、つねにみずからの現実性を誤解するのである。

## 形の変換

先のカオス図形に色を塗るさいに、形に意味を見ないことが大切である。チョウに似ているとかクジャクに似ているとかのように、似ているものを探していくことは、すでに知っていることを図柄に見出すことである。形を見るとき、「みずから自身を繰り返さない」（デュシャン）という行為は、よほど注意していても簡単にはできない。たとえば火星人をタコ足のように描くことは、地球的規模での感性の鈍磨である。

形には圧縮と伸長の変換がある。たとえば餅を一方向に引き延ばして、他方向には圧縮するような操作を行なうことができる。ヒトデは、放射性動物で五本指であり、回転運動を行ないながら場所を移動する。それに対してイカは、頭足動物であり直線性の前後運動を行なう。ヒトデとイカの形は、人間の眼から見ると相当に隔たっている。ネオ・ダーウィニストであれば、何段階もの突然変異が介在しなければ、そうした異なる体制の間の移行はないと言うと思われる。それは本当だろうか。実際、圧縮と伸長の変換をかければ、それほど大きな隔たりではないことがわかる。ヒトデの口は裏側についていて、通常海水面から見えているのは背である。平べったく砂浜に横たわり、微生物を食べている。ここで口と背の間を伸長させる。五本足は、口と同方向にしだれ状に折り込む。そして五本の足のそれぞれの中央に切れ目を入れる。そうすると外形は、イカと同じになる。観察によって見た目に明らかなものごとの輪郭とは、異なる事態が出現する。この場合、基本的に圧縮と伸長だけを使っているので、無理な変換は行なっていない。いずれも力学の範囲で実行できる。この可変性の幅を、観察した形だけから感じ取るためには、少し訓練が必要である。

形は、基本的に知覚で捉えられ、知覚はつねに世界を過度に安定化させている。知覚は、対象をそれとして捉え、個々の対象を類種的な枠と関連づける。それが「意味」と呼ばれるものである。どのような形のものであれ、それが三角形か四角形か五角形かは直接よくわかっている。そして異なる対象を明確に判別する。だが形は、それとして変異しうる。物の形をつねに変化の可能性を含むように捉えることはできる。別様になりうるものとして形を捉えることは、たんなるイメージではなく、むしろひとつの行為的選択である。

## ブリコラージュ（手元仕事）

未開社会の制作について、レヴィ＝ストロースは明確なイメージをもっていた。それが「手元仕事」（ブリコラージュ）や「手元仕事人」（ブリコルール）である[6]。このキータームにはいくつかの明確な特徴がある。第一に材料の固有性である。手元仕事人は、専門家とは異なり、ありあわせの材料をもちいて自分の手で物を作る。当然材料は限られており、明確なプランがあるわけでもない。材料の範囲は当初より限られている。さらに材料が必要であれば、それを作ればよいということにはならない。もちあわせの道具や材料は、雑多でまとまりがない。しかも多種多様な仕事をすることができる。材料は、「なお何かの役に立つ」という方針にそって集められ、その意味ではたまたま保存されていたものである。材料となる要素は、具体的で潜在的ないくつもの集合を代表する。それは制作行為の作業媒体であり、選択されたとき材料となる。このときつねに何かあり合わせのものでどこかで使えそうなものを集めておくことが必要となる。がらくたでもいい。だが集めるものと捨ててしまうものには、どこかで選択性が働いている。当初何かに使えるかもしれないと思って集めるが、しばらく経つと、まったく別様の活用の仕方が見えてくるかもしれない。そのときそれは材料となる。

第二にこうした材料は、レヴィ＝ストロースによれば、記号と類似した性格をもつ。イメージは具体的であらゆる直接表象で働いている。一度も見たことのない一角獣をまざまざと思い描くこともできれば、架空の物語人物の顔さえ思い描くことができる。場合によっては髭面で骨格のしっかりした文化英雄パイトゴゴを思い描くことさえできる。ところが物の類を示す概念（人間そのもの、薬草そのもの）は、ある種の普遍性を備えている。この両者をつなぐものをレヴィ＝ストロースは、「記号」とした。ソシュールに倣えば、イメージが「能記」であり、概念が「所記」である。科学者が概念で仕事を進めるのに対して、手元仕事人は記号で作業を進める。概念には内包と外延があるが、記号には相互に置き換え可能な配置と継起の関係しかない。そのため材料の再編成にさいしては、作業の目的が次の局面では手段となり、順次能記と所記の位置を変えていく。手元仕事人は、出来事の残片を組み合わせて構造体を形成する。

こうした性格をもつ手作業が今日の日常の職人の作業のなかに残り続けていることは間違いない。これは科学者ともエンジニアとも異なる特質で、半面では陶芸家のような芸術家の制作工程にも、その場その場の最善の対応を探し続けるセラピストの治療行為にも含まれている。自由な創造性というより、「**あり合わせの条件下での自在さ**」が特徴である。そしてこうした手元仕事の性格は、そのまま神話的思考だ、とレヴィ＝ストロースは語る。こうした手元仕事の延長上には、通常確固とした枠組みが出てくるとは思えない。材料は有限であり、材料の来歴を一つ一つ調べ上げて、さらに活用できそうなものの特徴を取り出していく。実際ここには際限なく発展する科学的アイディアのような性格はなく、また概念的な極限化の操作は用いられていない。こうした手元仕事から理解できるのは、一般に曖昧なネットワークである。そして「構造」にはむしろそうした面が含まれていると思われる。だがそれにもかかわらず構造の現実形態には、必然性や不可避性がともなうのである。

## 一生「束の間の少年」

無邪気なまま物にかかわることは難しい。無邪気なまま問いを発することは、なお誰にとっても難しい。金平糖の角の数は、どの金平糖でもほぼ同じである。糖分を結晶化させるさいに、一定の温度と圧力で行なえば、同じ数の角ができる。しかしどうしてそういうことが起こるのだろう。お灸に使うモグサを平たく広げて中心に火をつけると、周辺に燃え広がっていく。やがてぶすぶすと燃えて消えていく。燃えた跡は、きれいな同心円にはならない。そこには複雑な軌跡ができる。これを何度繰り返しても同じ軌跡にはならない。こんな単純なことを不思議に思うことは容易ではない。不思議さとは、柔らかい問いのことであり、また問いを開いたままにしておくことである。つまり「自分にはわからない」、「そんなことは自分には関係がない」という、裏返された「自己正当化」を可能な限り先送りすることである。注意を向けてはいるが、特定の視点から焦点化するような問いのたて方はせず、問いそのものへとみずからを開いてしまう。それは自分自身を、世界内の疑問符にするようなものである。これは少年の気質である。

そして少年であるのは、誰にとっても束の間である。束の間の少年は、ゲーテがこよなく愛した人間の基本イメージでもある。束の間の少年を一生やってしまうような人には、気質的にも、探求の仕方にも、そして経験の動かし方にも独特なものがある。典型的には、ミケランジェロ、ゲーテ、マティス、クレー[7]、寺田寅彦などである。いずれもたとえ洗練された作品が作られようと、どこかアマチュアのような雰囲気と情感が続き、しかも圧倒的な工夫の持続力がある。この持続力には凄みさえある。作品が洗練されてこようと、それは成熟したうまさではない。成熟（老い）とは異なる洗練がある。

ゲーテ自然学には、大別して、双極性と隣接性という二つの原理が、かたちを変えながら含まれている。双極性とは、色彩論でいう光と闇のようなもので、二つの相異なり、時としては対立しあう対関係のことであり、それがそのまま黄（光）と青（闇）の双極対となる。そして黄と青から開始される色彩は、その近辺に隣接性によってさまざまな色が出現する。類似したものは類似したものにつながる。これが隣接性である。感覚質の基本形は、対立と隣接という二つの規則にしたがっている。そこで対立を作り出す基本的な対と、対の項それぞれの隣接性からなる系列を見出せれば、科学的な記述の系を作り出すことができる。色彩の場合には、隣接性の系列をたどれば、元の色彩に戻っていくので、そこに色彩環が出現する。

この色彩論の要になるのは、光と闇の対関係と黄と青の対関係は、類似してはいるが、まったく異なる仕組みになっていることである。たとえば光の近くには黄が出現し、闇の近くには青が生じる。しかし光と黄や、闇と青の近さは、黄の近くに黄緑があり、青の近くに青紫があるというような隣接性ではない。光と黄の近さは、色彩環のなかでの隣接性とは別のものである。また光と闇の双極対が、そのまま黄と青の色彩対に構造的に対応しているのでもない。ここに見られる隙間は繰り返し色彩の感度が形成される場所であり、一般的には、見えないものが見えるものになる場所でもある。あるいは見えるものと見えないものの間を何度も行き来きする場所である。光は現象上可視的な明るさであり、明るさそのものは見えることとの条件である。しかしたんなる論理的前提条件ではない。明るさという形式性のもとに、個々の色彩が配置されるのではない。光を含んだ色彩の生成は、光がまさにみずから色彩へと化身する、というような形でしか語りようがない。そしてこれは贔屓目に見ても神秘主義的な語りになってしまう。ところがそうした場所は、まさに経験を形成する場所であり、そこでの経験の動きはいっさいの論理の一歩先にある。こうした論理の一歩先にあるような事象に寄り添うための工夫が、ゲーテの現象的色彩論だったのである。

ゲーテの色彩論の第二の固有の仕組みは、色彩の関係を隣接性で追跡していくと、出発点に戻り、色相は円を描くように閉じることである。一般に隣接性でものごとを追跡していくと、類似するものの近くに類似するものを見出すだけだから、結ぶ先のない糸切れのように際限なく拡散してしまう。ところが色彩の場合には閉じてしまう。物理的に波長で考えれば、拡散の強い短波長の青から、拡散が少なく直進性の強い長波長の赤まで直線状に並んでいる。両端の外がそれぞれ紫外線であり、赤外線である。昼間の空は、青の散乱が支配的になり、夕暮れの西空は直進性の赤が支配的になる。ところが色相を隣接性で追跡すると、最も離れたものが最も近くにあるという事態が起きる。色彩環の内部には、隣接するものの間に際限のない分節化が起き、無数の色合いが出現するが、それでも色彩は、閉じて固有領域となる。これが感覚の領域化である。

一般に知は領域化していく。領域化した知を脱領域化する試みは、さまざまなかたちで試みられた。領域化するものは、その領域の外をもつはずであるから、つねに外を参照し、外に気づきながら事態を捉えるような試みもその一つであり、また内部から新たな課題を立ち上げていくゲリラ的な攪乱もその一つである。内的な揺らぎを活用し、そこから新たな構想の萌芽を立ち上げていくのである。領域化するということは、固有性が高まり、固有性の頻度が高まる限り、それじたいは非難すべきことではない。領域化では、みずから領域化するものは、まさにそれによって自己と環境を区分する。その環境に触れ続けることが領域そのものの本性である。そのためなお内部にも境界にも多くの隙間が残る。この隙間へと向かって、またその隙間のなかで、なお継続可能なように行為することはできる。そしてなお進み続けることによって、気がつけば異なる境界をおのずと形成していることがある。実際上は、同じテーマを二度と手がけないことであり、つねに新たなテーマを設定し続けることである。それをゲーテは延々と実行し続けたのである。(8)

寺田寅彦の日常は、鉛筆でのスケッチと短歌や俳句でなっていた。スケッチによって現象をスケール化し、ごく短い言葉に事象を凝縮するのである。これらは現実に対する注意力を高め、注意を分散させていくためのまたとないエクササイズである。スケッチの場合、おのずとスケール変換を行なっており、風景や静物を平面に描く。奥行きや三次元は、面のなかにいくつもの視覚技法を用いて埋め込むのである。近くにあるものは詳細な線で、遠くにあるものは曖昧な線で描くこともその一つである。粗密の遠近法は、ダ・ヴィンチが頻繁に活用した。

またごく少ない言葉で事象を記述するためには、多くの局面を捨て去らなければならない。そして最も緊要な現実の局面を取り出すのである。寺田寅彦自身は、物理学者であるから、力学の基本則をつねに念頭に置いている。最も単純な規則だけから出発する。そこから力学の基本則をひとたび括弧入れし、現実に起こる事象に注意を向けてみる。たとえば予定時間よりも遅れてくる電車は、つねに込み合っており、その直後にやってくる電車は、ガラ空きであることが多い。乗客が一定量ずつ増えていくと仮定すると、混んでいても先に到着した電車に我先に乗り込もうとする乗客の心性が、込み合っておのずと遅れる電車をますます込み合わせ、その次の電車をガラ空きにする。物理的規則から外れるものは、それに固有の仕組みがあり、その固有の仕組みをそれぞれの事象で考察していく。ほとんどが他愛もないようなことがらであってもよいのである。大原則から出発し、そこから説明を繰り出すようなやり方とは異なる進み方を見出すことである。そのとき基本規則は、対照項となり、そこからそれぞれに事象に固有の仕組みを見出していくことになる(9)。

たとえば長年の労苦で腕に血管が浮かび上がるように、血圧が高くなった場合でも、飲み水を飲むさいには、浮かび上がっていた血管は皮膚に潜り込むように消える。それはイオン性の飲み物を飲んだせいではもちろんない。心臓よりも高く腕を上げて飲み物を飲めば、腕の血圧が下がり浮き出した血管が一時的に消えるのであろう。また同じ種の動物でも、北に行くほど身体のサイズは大きくなる。身体が大きければ、冷気や寒波をもろに被るのだから、身体のサイズが大きいことは寒さを避けるためには有効でないとも思える。しかし統計的には、北に行くほど同じ種では一般に身体のサイズは大きい。ここにはかなり明快なエネルギー規則が働いている。その時々の寒さをどの程度受けるかという問いや、寒さから逃れるためにはどうするのかという問いではなく、どのようにして冬場を乗り切るかという問いである。冬場を乗り切るためには、十分な栄養を蓄えていなくてはならない。栄養の貯蓄量は、身体の体積に比例する。他方冷気によって奪われる熱量は、身体の表面積に比例する。失われるエネルギーと蓄えたエネルギー落差を大きくすれば、寒さに耐えて、ひと冬を乗りきることができる。表面積は半径の二乗に比例し、体積は三乗に比例するから、この落差を大きくするためには、半径を大きくすればよい。こうして同じ種でも北に行くほど身体のサイズは大きくなる。こうしたことがらは、日々の工夫や知恵とでもいうべきものであって、そのつどの能力の起動状態を生み出すためのエクササイズなのである。

## 迷路

選択肢に直面することは、もっとも総合的な判断を必要とする以上、能力の形成にとってまたとない機会を提供し続けることである。プロセスのさなかのいたるところで選択肢に直面し続けることは、たとえそれが二者択一であっても、最低限未決定さを作り出す効果はある。アミダクジのような比較的機械的なオペレーションでさえ、一本の線を書き入れるだけで結果が変わるのだから、途上に一つ選択肢を設定するだけで、プロセスそのものの性格を変える。選択肢を断続的に組み合わせることでそこになにかプロセスの痕跡が残るように図柄を描いてみる。選択肢を制作するものは、二つの選択肢の分岐が生じる箇所を次々と生みだす。ただひたすら選択肢が生じるように線を引くのである。そうした図柄を描いておき、別の人が選択肢の箇所で、右に行けば赤線、左に行けば青線、同じ色がぶつかれば黄色線のように、単純な規則を決めておき、そのつどの選択は任意にしておく。そして選択肢のところ以外はすべてアルゴリズムで進むように設定しておく。こうした選択肢をそのつど設定してプロセスの軌跡がおのずと生じるようにしたとき、結果として一つの作品世界ができる。こうした作業で出来上がっているのが、村山悟郎の迷路「カップリング」である。

村山悟郎「カップリング」

この作品の要は、二人の描き手が、それぞれ独立に固有の規則で作動し続けることであり、一貫してそれだけで描き続けることである。

また厚手の幅広な布（五メートル×五メートル）を五枚ほど用意し、そこに人が通り抜けができるほどの穴を異なる位置に空けておく。こうした五枚の布を重ね、鑑賞者は最も下の布から入り込み、それぞれの布の穴を暗闇のなかで探し当て、そこからすぐ上の布へと抜け出る。そしてまた異なる場所にあるはずの穴を探し出すのである。触覚性の感度と身体運動を活用しながら、何段階かの穴を抜けていく。その布のなかでのもがきの図柄は、あとでビデオで確認することができる。これは大崎晴地が考案した「エアー・トンネル」である。これらの作品に共通するのは、行為者がともかくも行為を継続することによって、結果として作品が副産物のように出現してくるプロセスを作品そのものに組み込んだことである。

## 2　人間再生のシステム

脳神経系の損傷が起きたさいに、それにふさわしい対処を行なえば、神経系は再生する。ここでは損傷からの能力の形成をめざすリハビリに焦点をあてる。神経系の再生は、R・J・ヌードの一九九六年の実験観察によって確認され、それ以降、人間再生の技法であるリハビリテーションでもきわめて多くの企てがなされるようになった[10]。そのことは損傷した神経系での自律再生的なシステムの自己組織化の働きが広範に認められるようになったことを意味する。それと同時にここ二十年ほどの間に、周辺の経験科学でもいくつかの大きな局面転換があった。そこにはリハビリのファシリテーション・テクニック（促通技法）の組み立てに決定的な影響をあたえるものも含まれている。

リハビリの領域では、疾病分類でいえば、片麻痺（動作・行為障害）、高次脳機能障害（多くは認知的障害）、整形疾患（運動障害）、発達障害などを分類的に設定することができる。ところがリハビリは、病因を特定し、それに対して対処するというよりも、世界のなかで有効に行為できるための人間そのものの再組織化という面が強い。外科手術のように患部を切り取るのではなく、ともかくも再生のプロセスに一歩踏み出していく企てである。そのことには大別して、二つの理由がある。第一に、脳神経系の障害は、コンピュータの部品が壊れるようなものではなく、障害が起きれば、神経系はおのずとそれに対処しようとして、自己組織化を開始してしまう。疾患とは、脳神経系そのものの最善の対処の試みの成果であり、結果である。神経系は、みずから生き延びるために、欠損や障害が生じたさいにも最善の企てを行なっている。この点を見込んで、リハビリの組み立てを考えなければならない。第二に、リハビリが一つのプロセスとしてある以上、身体行為の改善は新たな病理へと変化していく面が強いのである。一つの病理を克服することが、局面の異なる別の病理へとつながってしまう。当初の病因に対して、それを取り除けば治療完了というようにはならないのが実情である。

そうだとすると、むしろ人間存在の基本的な要件を取り出し、人間存在にかかわる基本的な要素として、(1) 世界と行為のかかわりを組織化すること、(2) 身体そのものを形成すること、(3) 身体とともに世界内を動けること、の三つの局面から治療設定した方がよい。これらは疾病分類とは別の、リハビリでの人間再生の三局面である。認知と運動が密接に連動して、不可分に働いている一つの事態を「行為」と呼ぶ。一般にリハビリが回復させようとしているのは、この行為能力である。運動能力、運動機能の回復に認知機能を活用する治療法は、多くの技法として考案されてきた[11]。ここでは認知をリハビリのなかでどう有効に活用するかが問いの焦点であって、認知訓練か運動訓練かという二者択一が問題になっているのではない。つまり認知を活用する治療法は、認知から運動を導くような治療法ではありえない。動けない人を認知的訓練によって誘導し、動けるようにするなどということは、神経システムの本性上ありえないことである。またこうした治療法は、環境情報から運動を誘導するような生態学的治療法でもない。環境情報から運動が誘導できるのであれば、健常者のビデオをたくさん見せれば動けるようになるはずである。さらにまた認知能力、認知機能と呼ばれるものにも、多くのモードの働きがあり、治療設定に応じて活用される認知機能の度合いや運動へのかかわりの度合いも異なっている。認知機能の活用がモードとして適切な場合でも、機能的な効果には無視できない幅がある。

身体、身体動作、身体と世界とのかかわりの三つの各局面で、それぞれ活用される認知のモードと認知の果たす役割は異なる。精確には、どのような疾病にも同じように認知が有効なわけではない[12]。こうした区別を行なっておかなければ、リハビリ的介入そのものに、多大な筋違いが入り込んでしまう。身体の再生にとって、触覚的な感じ取りと身体内感の回復が主要課題となり、身体動作にとっては動作の内感の獲得と身体制御が、そして身体と世界のかかわりに関しては、環境情報をどのように有効に身体制御に活用するかが課題となる。片麻痺のような複合病では、こうした三つすべての課題が出現し、また機能回復のためには、この三つ局面の機能性の回復が必要となる。また失認の場合には、身体と環境とのかかわりのなかで、このかかわりを組織化するための認知行為機能の障害が生じている。高次脳機能障害の場合には、動作一般は実行可能なことが多く、動作とともにある認知的欠損が主要障害となることが多い。特定の局面で有効であった認知課題が、他の局面ではまったく有効ではないということは、ごく一般に起きることである。

少なくとも、リハビリのさいに必要なシステム・モデルは以下のようなものとなる。

## システムの自己組織化

リハビリテーションに潜在的に大きな影響をもつ機構は、自己組織化の仕組みである。生成のプロセスの仕組みがそれ以前のものとは格段に異なってきている。入道雲や竜巻のようになんらかの

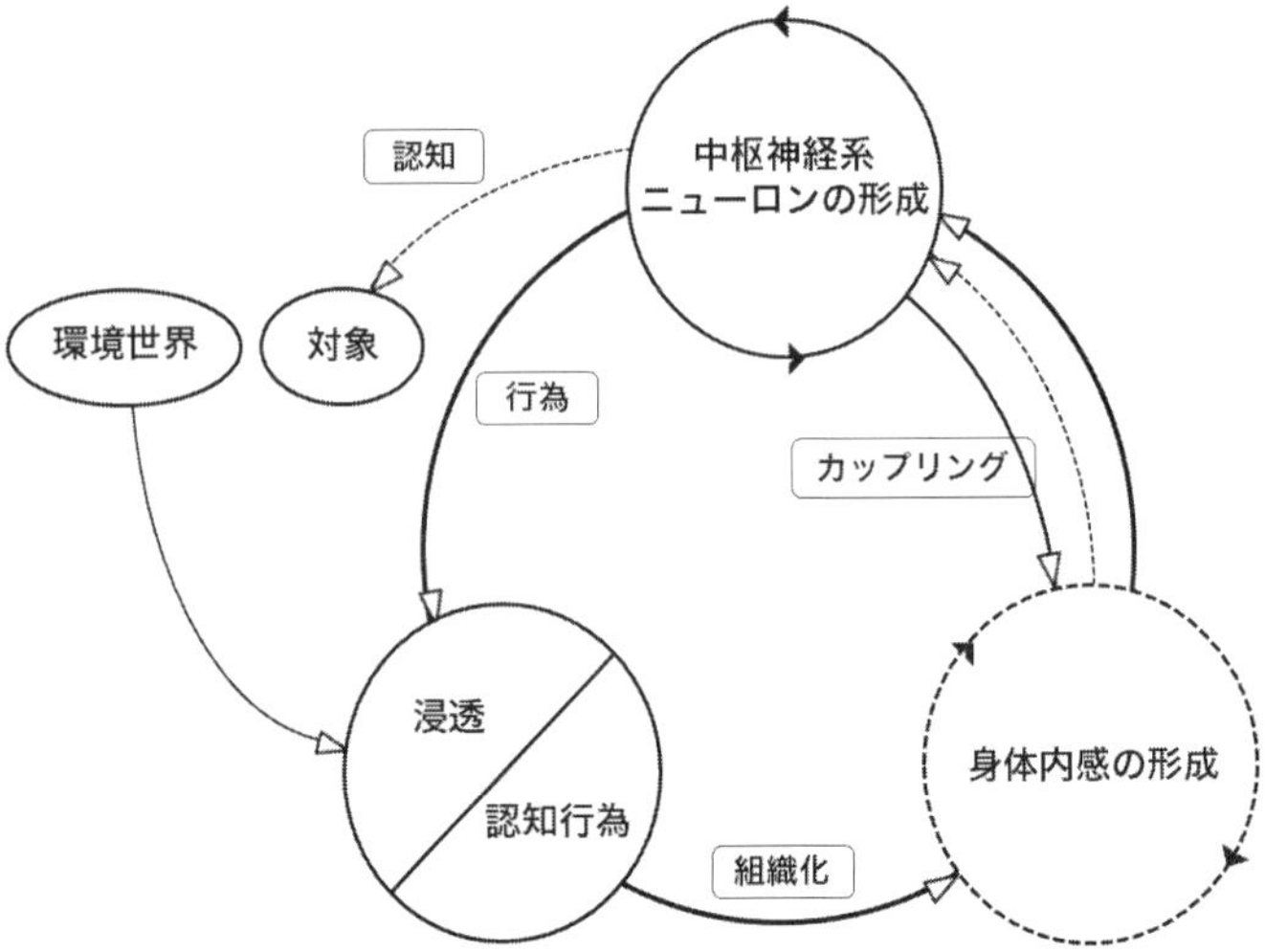


行為－神経系－環境モデル

きっかけで出現し、ひとたび出現すればそれじたいで組織化を継続し、どんどん大きくなっていくような現象は、多くの領域で解明されてきた。交通の要所にやがて都市ができる場合も、おのずと都市が形成されていく。あらかじめ設計された見取図に基づいて都市が形成される場合とは異なり、自己組織化のプロセスには多くの場面で分岐点（カスケード）があり、分岐点にはそれぞれ選択がある。そして一つの選択がなされれば、他の選択を行なうことはできず、またなされた選択の手前に戻ることもできない（非可逆性）。さらに繰り返し同じ状態を維持していたと思われる場面から、突如急に回復が進み、新たな局面へと入っていくこともある（創発）。それはまるでそれまでなかった変数が新たに出現するようなものである。それじたいで動きを続けている系では、加算的、蓄積的ではなく、むしろ局面は一挙に変換する（相転移）。

するともっとも有効な自己組織化を引き起こすような治療的介入が課題となる。どこかポイントに当たれば、急速に良くなるような場面があるに違いない。そしてそうしたポイントを見分けるための「リハビリテーションをつうじた病理」があるに違いない。この病理は、欠損や病態の解明ではなく、将来の回復を見込んだとき、どこに介入の必要があるかを指示するような病理学である。

また逆に系に欠損が生じた場合には、システムにはいわば「平衡点の移動」に類似した事態が起こり、それに対しての修復は自動的に進む。この場面が伝統的に「自己治癒」と呼ばれてきたものである。この自己治癒のプロセスで可塑性を含んだ場面が、「回復期」と呼ばれている。脳卒中や脳梗塞による片麻痺だと三カ月から半年が回復期である。欠損を含んだままシステムそのものが安定してしまえば、慢性期となり、治療段階では「維持期」に入る。こうなると自己組織システムは主として自己維持に偏って働くために、回復発展は、まさにシステムの自己維持の本性によって難しくなる。これ以降、すでに持ち合わせた機能の維持が最大の課題となる。機能維持もリハビリテーションの大きな課題であり、さまざまな技術が必要である。廃用の器官を少なくし、生体機能の低下を防ぐことも併せて行なわねばならない。そのさいの共通目標は、「人間らしさ」の維持であり、「人間的能力」の維持である。

これらの生成プロセスにかかわるモードのなかで、リハビリにとって重要なのは、選択的な分岐点と創発である。ある課題を患者に繰り返して課しても、まったく効果がない場合は、その動作の反復では、もはや神経系の形成が行なわれなくなっている可能性が高い。神経系は異なる刺激には敏感に反応するが、同じ刺激であればほどなく反応しなくなる。その場合、同じ課題を課しても、もはや患者本人には課題でなくなっているのである。ところが同じような課題で訓練を続けて事態に改善が見られない場合でも、やがて一挙に局面が変わる場合がある。これは筋力系にも当てはまり、たとえば鉄棒で逆上がりができない場合、逆上がりをしようと一週間程度鉄棒にぶら下がり続けていると、必要な背筋や腹筋がおのずと作られて、やがてふっとできてしまうことがある。これは行為や動作の創発であり、動作の継続が徐々に神経系や筋力系を形成していたのである。

創発の場合、突然よくなるという場面を経る。こうした事態はとても印象的なので、しばしば語り継がれている。身体システムじたいに新たな変数が入るような仕方で、神経系も運動系も突如局面が変わることがある。そうした局面の転換を有効に導くことのできるような介入の仕方が、リハビリでは求められている。少しずつ良くなるように見える場合には、さらに詳細に患者の状態を見る必要がある。動かない手が少しずつ動くようになったというのは外見的な観察で、どこかの段階で筋緊張が抜けていたり、制御の能力が一挙に変わり、動きの速度の調整までできるようになったりしていることがある。

## システム的病理

かりに脳内の疾患によって、ネットワークの一部が破壊されたとき、この生き延びるための戦略では、いくつもの回路が活用されていると予想される。一般にそれは神経系の可塑性と呼ばれているものである。だが脳神経系の可塑性は、システムが十分な複雑さをもつことに応じて、たんに必要な神経が再編されるようにはなっていない。神経はシステムの本性にそって作動を繰り返すが、それは別段機能維持のような目的にそって作動することではないのである。脳神経系の特定部位に障害が起き、いくつかの神経経路が塞がると、神経系はただちに新たな回路を形成しようとして、ネットワークの接続をいわばやみくもに形成していく。それは神経システムの生存適合戦略になったものである。神経系は、個体の意図や希望や意志とは独立に、固有に疾患に対して対処してしまう。この自己組織化の仕組みがあるために、治療的介入が時として病態を慢性化させたり、場合によっては悪化させたりするのである。

およそ現時点で判明している可塑性のモードを取り出してみる。ここでも体細胞的な分化とは、異なる仕組みがあると予想される。胃を切り取れば、十二指腸や食道の末端が、胃を補うように補償的な機能変化を行なう。だがそうした仕組みとは随分異なることが起きる。

(1) 脳神経の場合、特定の部位に障害が起きると、周辺のニューロンが量的に拡大して補償しようとする。たとえば運動野の手の動きをつかさどる領域が損傷されれば、周辺はただちに拡大し、肘や肩の運動に相当する部位が量的に拡大するような変化が生じる。これはリハビリを介さない自然的な補償の場合に、多く起こることである。そのためテーブルの上のコップを取ろうとすると、手は動かず、肘や肩の動きが前景化してしまうことがある。(ニューロン領域変化のモード)

(2) 神経システムに部分的障害が生じれば、ニューロンは既存の連接、連合が断たれるため、新たな連接・連合を隣接近傍に創り出すように作動する。この場合、既存の連接・連合が隣接領域で部分的に回復されることもあれば、それまで存在しなかった連接・連合が形成されてしまうこともある。ことに隣接近傍を超えて、およそつながりがあるとは思えない領域のニューロンがつながってしまうことがある。（ニューロン連接のモード）

この場合、回復期に運動を行なおうとすると、必要な範囲の運動単位を超えて、過剰動員が起きてしまうことがある。本来連動していないものが連動してしまい、動作のなかにおのずと不要な運動単位が入り込んでしまうのだ。また当然ながら連接の途切れている場面では、運動単位の過小動員が起こる。動かなければならない部位が動かないのである。

（3）神経システムに部分的に障害が生じれば、隣接領域でその障害で損なわれ機能を代償するように、ニューロンの機能代替が起こる。これは機能的器官の一般の損傷でみられる機能代替である。運動野に障害が起きれば、隣接する運動前野、補足運動野の一部が運動野の働きをするようになる。（機能代替のモード）

（4）一部障害のある部位に対応する刺激を適度にあたえていけば、近傍のニューロンそのものが機能的に活性化し、機能再生する。脳神経系には、三カ所程度、神経幹細胞が保存されていることがわかっており、かりにニューロンが破損しても必要とされる機能に対応してニューロンが補給されることが考えられる。（補給のモード）

脳には神経幹細胞が三カ所に保存されているという確度の高い知見がある。脳神経には、四種の幹細胞がある。大元の幹細胞と、そこから派生したニューロプラスト、プロオリゴデンドロサイト、O-2A前駆細胞であり、いずれも幹細胞に特有の自己複製能と末端の各種細胞への分化能力を備えている。幹細胞が保存されているとすると、破壊され、機能不全になった神経回路に補給のための予備軍があることになる。すると、神経細胞は再生されない、という従来の基本則に例外条項が付くことになる。神経回路の機能再生は、神経系の可塑性と幹細胞の分化を誘導できれば可能だと考えられる。神経細胞そのものは、壊れてしまえばそれじたいが回復することはない。だが、隣接するニューロン細胞を活用して機能再生は可能なのである。

（5）たとえ神経系にバイパスが作られ、機能的に失われた動作ができるようになった場合でも、それが実行しつづけられなければ、バイパスは消滅してしまうことがある。ニューロンは膨大な冗長性を抱えた系であり、そのつど出現しても不要であると認定されれば、自壊してしまう。あるいは潜在化してしまう。また機能回復のために同じ課題を繰り返すだけでは、神経系の活性化は頭打ちになる。神経系の活性化を促すためには、身体動作の上でより高次の課題を継続する必要がある。（機能活性化のモード）

（6）刺激によっては、それ以前にほとんど活用されてこなかった神経部位が活性化されることがある。視覚不全で視覚神経をほとんど用いていない人に、点字読解の訓練を行なわせると、視神経が活性化されるような場合である。これは視覚的なイメージを活性化させることで視神経に外的刺激をあたえなくても、視神経が活性化する場面である。（機能創発のモード）

こうしたモードは、今後も脳神経系の研究をつうじてさらに増えていくと思われる。脳神経系の変化にかかわるモードは、脳神経固有の複雑さに応じて詳細になるはずである。またこうしたモードは、リハビリにさいして治療の組み立てをおこなうときに大きな手がかりとなるはずであり、軽度発達障害にも示唆をあたえると予想される。

こうしたニューロン可塑性のモードに含まれているのは、一般的に以下のような特徴である。

(a)ニューロンの連動範囲は、ニューロンそのものの生存戦略によって形成されていくが、それは個体全体の生存にとって必ずしも最適でもなければ、適合的でもない。そのため運動機能、認知機能の両面でエクササイズをつうじて再形成しなければならない。通常の発達では、ニューロンは持続的に生存可能なほどの豊富なニューロン連接のなかにいる。それは発生のさいの条件である。そのためそこから機能的に分化していくことができる。そのさいには、連接の集合の範囲をおのずとみずからの作動をつうじて決めていくというモードをとっている。その場合、疾患でみられる可塑性は、通常の発達の場合にも条件を変えて同じように作動すると考えられる。

(b)ニューロンの総数は、いずれにしろ減っていくが、ネットワークの機能創発を考慮に入れれば、神経系の機能再生は可能だと考えられる。神経細胞は再生しないが、神経機能は再生する。それは破壊された部位周辺のニューロンの機能的な再活性化もあれば、機能転化もあると予想される。

## 防衛的モード

こうしたシステム再編の見通しをもっても、なお治療的介入には、難題が待ち構えている。それはまさに治療的介入に対して、脳神経系が防衛的に作動してしまうことによる。たとえば片麻痺で頻繁に出現するが、脳の一部に損傷があれば、その部分から神経システムにノイズが出てくる。そのノイズは、ネットワークにとっては余分な負担になる。そのため損傷した部分の活動を抑制する方向での作動モードがただちに出現する。こうした段階で、たとえば患側の手を支えをあたえて他動的に持ち上げようとすると、損傷部位を活性化させないように抑制し、反対側の対応部位で対応しようとして、損傷部位を可能な限り抑制しようとする働きがおのずと生じてしまう。患側を回復させようとする試みによって、むしろ患側部位を抑制し、反対側で補おうとするシステムの作動が出現してしまう。その結果、脳神経系レベルでの利き手変換がおのずと起きるのである。

たとえ患側の損傷部位の回復を企てた治療でも、タイミングと時期によっては、抑制方向にしか関与しないことがある。脳の一部損傷は、システムの新たな安定へと早急に再編されるのだから、治療的介入はこの安定化へと組み込まれていくことになる。つまり健側をさらに強化し、それによって損傷部位の関与をできるだけ減らそうとする。ここでは「マタイ伝」で述べられている「富める者はますます富み、貧困な者はますます貧困になる」というシステムの鉄則が脳神経系レベルで働いてしまう。抑制の仕組みは、まだまだ多くあるに違いない。池田由美が、「認知神経リハビリテーションの歴史的展開と可能性[13]」で主題的に試みたのは、こうした抑制のモードの分析である。

整形疾患で左膝関節を負傷すれば、そこに負担がかからないように左膝をかばい、おのずと右だけで制御しようとする。これはごく普通のことである。そして脳神経系の損傷では、さらに速やかに防衛的なモードが働く。そのため発病後の急性期の間は、高度な認知機能を活用したり、左右の分担協力を要求するような治療介入は避け、触覚性の働きを回復することが必要となる。

## 代償機能形成

さらに認知的訓練は、しばしば認知科学の構想や認知科学の仕組みによって、筋違いの訓練に入り込むだけではなく、行き止まりの回路に入り込んでしまうことがある。それは見かけ上短期的に治療が進んでいるという見せかけをもつ。たとえば腕が上がらないとき、腕を上げる訓練を行なう。そのとき空間内に高さの指標を設定し、視覚的な高さの指標に合わせて腕を上げようと訓練してみる。ところが電車の吊革につかまる場合には、いちいち吊皮の位置を視覚的に認定して、その位置まで腕を上げるという動作はまずしない。乗客の込み具合によっては、眼で見ていなくても吊皮を摑むことができる。ロボットの場合には、センサーモーターというごく単純な仕組みをもちいているために、センサーで捉えてそれに合わせて運動を行なう、という仕組みになっている。ロボットには腕の感触がなく、運動感もない。身体制御の変数が少なすぎるのであり、それが動作のぎこちなさを生んでいる。

ところで眼で見て空間的な指標を判別し、それに合わせて治療訓練を行なうのであれば、それらは見かけ上は、機能回復になっている。ところがそれは通常の動作ではない。ここに生じるのが、「代償機能形成」である。代償機能形成は、障害そのものは治癒せず、二次的にそれに相当する動作機能を形成するのであり、広義の「障害受容論」に属している。眼で見なければ手が上がらないようでは、通常は必死の決意をしたときのみ手が上がるのであり、リハビリ室をひとたび出れば、そうした動作は活用されなくなる可能性が高い。つまり行き止まりの回路なのである。

意識や高次認知によって制御をあたえて、動作を二次的に回復させる場合には、実は意識や高次認知から動作が下降的に制御されているというトップダウン型の神経系モデルが暗に前提になっている。そしてそうした理論展開を行なった医師として、ヒューリングス・ジャクソンの名前が上がる。(14) ジャクソンの場合、認知機能のなかでも、反省能力を取り上げていた。「……についての認知」というかたちで実行される認知は、認知そのものが反省的な制御をあたえることになる。そのためそれに相当する意識的認知が、機能レベルで、最高位を占めることになる。そして最高位から制御の指示をだすというのである。ところが脳神経系は、もともと多並行分散系であって、一カ所から指示が出て、それに従って作動するようにはなっていない。つまり代償機能形成の治療は、誤った脳神経系モデルをうっかり前提してしまっているのである。その挙句、患者に現状の歩行姿を写真で見せて、その奇妙さを自覚させ、患者自身に訂正させるというような、認知そのものの誤解としか思えないような治療まで出現した。反省や自覚から行為形成につながる回路は、実際にはほとんど存在しないのである。

たとえば歩行訓練をおこなうさいに、健常者に似せて、無駄な動作が入らないように制御をかけていくことがある。患者は実に歩きにくそうに必死で訓練を行なっている。このときの治療戦略は、歩行時に余分な動作が入らないことである。ところがこのやり方には、奇妙な点がある。患者の歩行を健常者の歩行に近づけるということは、外的な見え姿を健常者に似せるということである。外的観察によって、より健常状態に近い状態を形成しようとしているのだ。

脳神経系に大きな障害があるのに、歩行の見え姿だけは健常者に近づけるということには、一般的に考えても大きな無理がある。認知系のリハビリの良さは、みずからの経験を形成することである。歩行という経験の回復が目指されているはずである。その基本は、みずからの経験として歩行をみずから制御できるということである。ところが外的観察による歩行の見てくれを確保していくことは、そうしたリハビリテーションの良さを消してしまう可能性が高い。

リハビリでは、個々のプロセスにおいて患者本人の能力がもっとも発現しやすく、能力の形成がもっとも進みやすい回路をつねに探り当てる必要が生じる。たとえ回復期当初の歩行が、健常者の歩行とは似ても似つかぬものであっても、本人の能力がもっとも発揮しやすい回路で進むしかない。その結果、順調に回復し、健常者の歩行に類似してくることは可能である。それは形成プロセスの副産物であって、健常歩行を目標にして治療がなされるのではないのである。

## 証拠に基づく治療

治療行為では、治療効果についての証拠が必要だと言われる。それは多くの場合、量的測定ができるものに求められる。立位はできるか、どの程度の歩行距離があるかなど、可能な限り数値で示された証拠に基づかなければならない、というもっともな主張である。治療成果を公共的に確認するためにも、それは必要なことである。ここで緊要なのは、証拠となる成果は、リハビリのプロセスの結果であり、目標でも目的でもないという点である。

この点は、簡単には理解できない。いま一〇メートル歩けることを課題としてみる。一〇メートル歩くことに向かって、歩行訓練はなされるのではない。個々の歩行を形成し、患側から力を抜き、左右バランスをとり、重心移動を行ないながら、個々の動作の訓練が行なわれるだけである。その結果、一〇メートル歩くことができたということが起こる。結果として起きることを、あらかじめの目標にすることはできない。そのため治療目標が設定されたとしても、それをひとたび括弧入れし、そこに結果として到達できるような個々の動作訓練を行なうことが必要となる。治療目標は、さまざまなかたちで到達することができ、患者の実情に合わせて歩行訓練は行なわれる。その歩行訓練と、結果として実現される一〇メートルの距離は直接関係がないのである。だが成果は得られる。この事態を理解することは容易ではないが、ぜひ理解しておかなければならないことである。証拠に基づく治療は、リハビリの科学性の保持のために必要なことである。だがこの証拠として提示される数量的データは、治療の目標でも治療の基準でもない。それは個々の動作形成のプロセスの副産物であり、たとえ目標を設定したとしても、いったんそれを括弧入れし、別建ての動作形成のプロセスを組み立てる必要がある。

以下、小さな点を含めて、留意点を述べておく。

（1）リハビリの構想そのものは、どのような意味でも完備した理論ではありえない。というのも治療行為をつうじて患者自身が変化してしまうからであり、あらかじめ設定された理論を個々の治療場面で外から応用するようなものではない。また患者側にも新たな防衛機構が形成されていき、治療的介入がほとんど無視されていく仕組みも同時に出来あがっていく。リハビリの構想は、それじたい展開しながら変化していく一種の「プログラム」であるよりない(15)。

（2）治療場面で、個々の身体部位に焦点的な注意や意識を向けることは、つねに両義的である。注意を向けていれば、反射反応が出にくく、余分な緊張を抑えることはできる。しかし意識が向いた状態での訓練は、行き止まりの回路でもある。意識を向けなければ動かない身体を形成することは、それによって神経系の形成を抑制することでもある。事実、焦点的注意を含む認知の活用によって治療を行なえば、介入した局所の改善しか見られない。局所的改善しか起こらず、行為能力の形成に至ることはない。むしろ意識の本性は、注意の分散であり、焦点的な注意を解除することが個々の場面で必要となる。踏み出す足の訓練を行なうさいには、注意を手の方に向けながら、同時に歩幅の調整を行なうような注意分散型の治療が必要となる。こうした治療の組立てを人見眞理は、「デュアル・エクササイズ」と呼んだのである。(16)

## 3 オートポイエーシスという経験

オートポイエーシスについては、どう活用したらよいのかがわからない、何を述べたものかがわからない、何が行なわれようとしているのかがわからないなどの疑問が取り巻いていたし、現在でも基本線はそれほど大きな変化はないと思われる。そこにはもっともな理由がある。だがどのような疑問であれ、おそらく共通のある種の経験の欠落にかかわっているように思われる。

オートポイエーシスの構想では、言葉で記述されたものに対して、それがどういう経験をすることなのかが問われている。オートポイエーシスにかかわる経験をもたないのであれば、意味理解、意味の配置、意味内実の構文論的表記のような言語にかかわる理解に行きついてしまう。言語的理解では、ある意味でわかった途端に終わってしまう。つまりそこから一歩も進めないのである。前に進むというとき、真／偽、善／悪のような認識論的概念対や実践論的概念対にかかわるのではなく、むしろ前進／停滞という制作論的な概念対にかかわっている。こうした二分法コードは、伝統的な真・善・美のシステム的な表記法である。前に進むといっても、そこにはいくつものモードがある。通常の細胞は一定頻度でガン化するが、それを前進とは言わない。それじたいで活性化する物質を想定するようなアニミズムや物活論では、変異の兆しの大半は掻き消されていくのだから、どのように特異なものが出現しようと、出現そのものはいまだ前進とは言えないのである。してみると、前進の感触を感じ取ることから始めなければならない。

## オートポイエーシスの機構

マトゥラーナとヴァレラがオートポイエーシスの機構を定式化したとき、総体として個体発生や進化に接続できるような発展的なシステムの機構を定式化しようとしていた。実際、彼らの著作には、個体発生も進化も書き込まれている。ところが彼らが定式化したものは、どこか定常維持のような仕組みになってしまっている。実際には、マトゥラーナやヴァレラは彼らが経験として摑んだことを、うまく定式化できていなかったのである。システムの定義さえ部分的に誤っている。つまり当初の定式化では、彼らが総体として構想した内容と整合的ではないのである。このことは、定義の変更が必要であることを強く示唆する。

こうした事情がわかるためには、まず言語的に読み解いてみる。そこからそれに対応する経験を引き出してみる。そうするとその経験から見たとき、当初の定式化の仕方のミスや不備が見えてくる。ほとんどの場合には、まず言語から最大限豊かな内容が取り出せるように読み込み、理解するのである。ところがその途上に、言語から読みとったことがらに隙間が開き、どうにも整合的には維持できそうにないことがわかってくる。こうした局面では、テクニカルに部分修正できる。

ところがそれだけではないのである。たとえば構想のある部分を手直ししながら、そうした部分的な手直しができるのであれば、なにか別の重要なことがらを誤ったところに力点を置きながら記述したのではないか、本来の記述を向けるべき重要なことがらは別のところにあるのではないか、という思いが生じてくる。喩えてみれば、カフカの未完の大作『城』のように、ある職人が仕事を求めて、城に接近しようとするが、いつまでたっても城に到達することができない。城へ向かおうと可能な限りの手立てを尽くすが、どんなに努力しても城の周りをぐるぐる回っているだけになる。この作品は、途中から未完に終わる以外にはないという感触が生じる。こんなとき主人公は、城に接近しようとしており、本人もそう望み必死の努力を重ねるが、本当は別のことをやろうとしているのではないか、あるいは本当は別のことをしなければならないのに、接近という意識の事実に合わせて行為してしまっているのではないか、と薄らと感じられるようになる。城に接近するには、まさに接近するという以外の仕方をつうじて行ない、気がついたときには到達していた、おそらくそうした仕方が必要になる。事実、そうすることがふさわしい事象があり、そうすることによってはじめて到達できる事象がある。オートポイエーシスの言語記述には、こうした経験のあり方が含まれているのではないかと思われた。そして実際、そうなのである。

**定義**

以下三つの定義を取り上げる。

（A）オートポイエーシス・システムとは、構成素が構成素を産出するという産出（変形および破壊）過程のネットワークとして、有機的に構成（単位体として規定）されたシステムである。このとき構成素は、次のような特徴をもつ。（ｉ）変換と相互作用をつうじて、自己を産出するプロセス（関係）のネットワークを、絶えず再生産し実現する。（ⅱ）ネットワーク（システム）を空間に具体的な単位体として構成し、またその空間内において構成素は、ネットワークが実現する位相的領域を特定することによってみずからが存在する。（マトゥラーナ、ヴァレラの当初の定義[17]）

（B）オートポイエーシス・システムとは、反復的に要素を産出するという産出（変形および破壊）過程のネットワークとして、有機的に構成（単位体として規定）されたシステムである。（1）反復的に産出された要素が変換と相互作用をつうじて、要素そのものを産出するプロセス（関係）のネットワークをさらに作動させたとき、この要素をシステムの構成素という。構成素はシステムをさらに作動させることによって、システムの構成素であり、システムの作動をつうじてシステムの要素の範囲（自己＝Sich）が定まる。（2）構成素の系列が、産出的作動と構成素間の運動や物性をつうじて閉域をなしたとき、そのことによってネットワーク（システム）は具体的単位体となり、固有領域を形成し位相化する。このとき連続的に形成される閉域（自己＝Selbst）によって張り出された空間が、システムの位相空間であり、システムにとっての空間である。（河本による再定式化、二〇〇〇年[18]）

（C）オートポイエーシスの第四領域システムとは、複合連動単位の作動の継続が可能となるように、つねに調整され組織化されたシステムである。このとき複合連動単位は、次のような特徴をもつ。（1）気づきそのものと、連動するイメージの選択と変換をつうじて、気づきによって区分された自己が維持され、形成されるように作動する。（2）活動の内感と、連動するイメージの補助のもとに、感じ取られている場所そのものにみずから実現し、連動するイメージの領域に付帯し、浸透するように現われる。（オートポイエーシスの複合マトリクス系、二〇〇六年、河本[19]）

基本的な定式化で、これだけ変化が生じてしまう構想も珍しい。プログラムという点では、コア・ユニットさえ組み換えながら進んでいく構想なのである[20]。それはこのシステムの仕組みが生成運動の継続だけから成り立っており、しかもそれは質料性、物性を運動に巻き込むようになされる一方で、この生成運動の要素単位が任意性をもつことに由来する。たとえば生命の要素は実は相当に広い任意性があり、そのためかりに他の惑星に生命体があるとしてもそれはまったく別の素材でできていてもよい。火星の生命体がＤＮＡ－タンパク質連動系である可能性は、実は高くないと考えることができる。あるモードの運動を継続することのできる要素単位であれば、この要素単位は実はなんでもよいように定式化されている。要素単位が決まることは一つの偶然であるが、この偶然はひとたび生じればクリティカル（決定的）であり、このシステムが実現する位相領域（位相空間）の内容を決めていく。つまり物性は、数学的運動の場合の質点のように消されるのではなく、むしろそれじたいは残存し、かつ任意性が含まれるように定式化される。

大まかな見取り図を掲げる。一般的な解説を行なうと、システムは生成プロセスのネットワークであり、それが現実的な要素単位を産出する。産出的因果は、経験科学的には定式化できていない。それは過飽和状態の霧のなかから、突如雨滴が出現することに似ている。霧の状態変動からどこでどのように雨滴が出現するかを特定することはできないのである。この要素単位は、相互の関連性によって特定の関係を形成する場合には、それがシステムの構造と呼ばれる。要素単位の相互関係によって張り出される空間が、システムの位相空間であり、生成プロセスのネットワークであるシステムは、この位

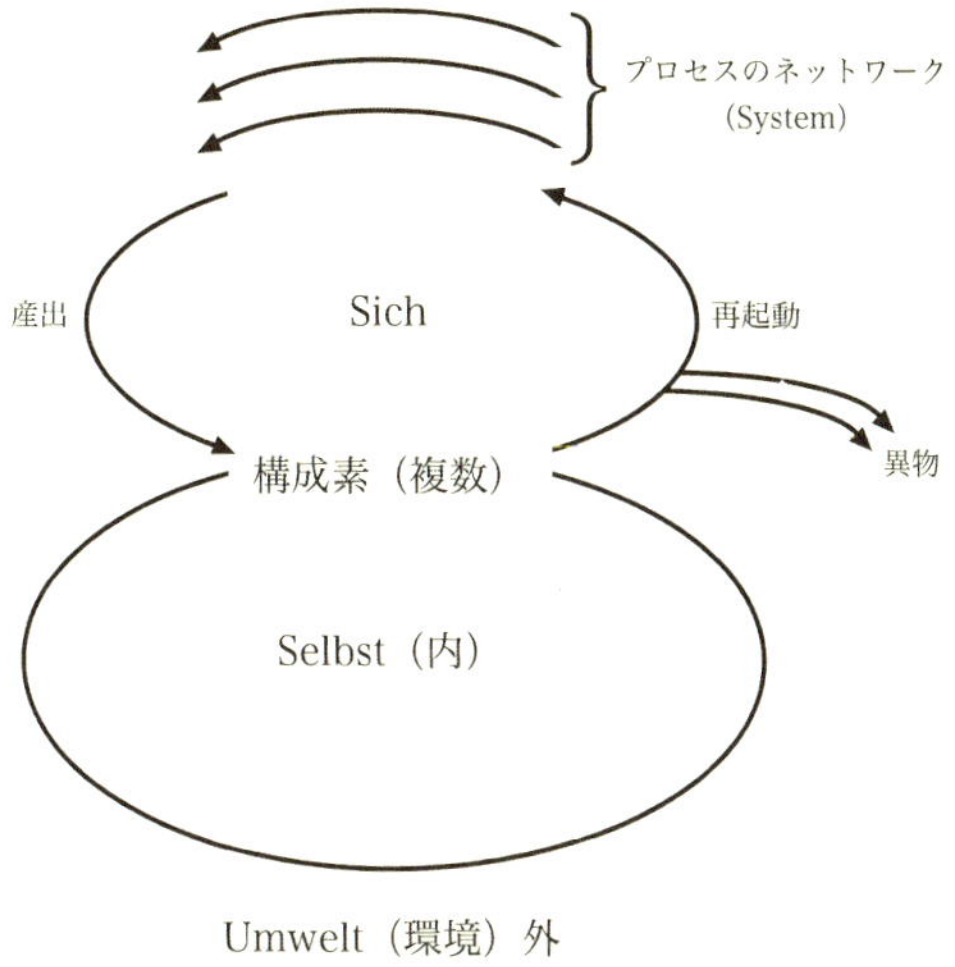


オートポイエーシス・システムの概略図

相空間に実現する。

（B）の段階でのシステムの模式的な図を前頁に示す。

この二つの円環のうち、マトゥラーナ、ヴァレラが活用したのが、上の円環（Sich）であり、社会学者のルーマンが総合的なシステム記述に活用したのが、下の円環（Selbst）である。ルーマンの場合、下の円環のさまざまなかたちの実現系を、経済システム、法システム、学問システム、芸術システム、宗教システム等々として記述した。社会システムは、こうした記述を成立させているシステムであり、システム論を記述システムという点からみれば、社会システムは記述の母体となるシステムとなる。それぞれに膨大な蓄積と記述がある。つまりルーマンは、記述的定式化のモデル的設定として、オートポイエーシスを活用したことになる。新たなモデルを活用して、システム的な新たな記述様式を開発して、膨大な記述的体系を作り上げたのである[21]。

ルーマンの膨大な記述のなかで、もっとも要になっているのはおそらく法システムである。法システムは、合法／不法をコードとして、個々の現実性をこのコードのもとに再編するシステムである。たとえば人間としては魅力のあるファンド・マネージャーがひとたび違法行為を問われたときには、その人にかかわりのある人たちは、その人間の理解やそれ以前の経歴の評価とは別個に、自分自身を、不法なものを擁護し、不法に加担するものに区分するか、むしろ自分自身を被害者として合法性の庇護下に区分するかを決めるように迫られる場面がある。二分法コードは現実性を再編する一種のシステム的な力である。それはものごとを二分法にしたがって捉えるようなたんなる認識論的な枠ではなく、また善悪判断のような倫理的指針の特徴づけではない。むしろ現実性からみれば、複雑な事態を一挙に単純明快な区分のもとに配置することで、現実性に区切りをあたえていくコードである。現実性にかかわる機能性でみれば、この区切りの設定こそ「複雑性の縮減」である。また法は法に接続することで、それじたいの正当性を確保できる。これがシステムの「自己準拠」である。だが接続可能な法が複数個存在する場合が多々あり、接続する法の系列をたどると、別の法システムにいたる可能性はある。個々の接続の場面では、選択に直面することはシステムの本性上ごく普通のことであり、そこに法解釈が要求され、時として憲法解釈が必要とされる。

こうしたシステム的な記述を行なうさいには、理論的な枠を習得して、それを別の領域に適用するようなモデル適応に留まることは好ましいことではない。というのも新たな理論モデルを使って、現実を別様に言い換えただけにとどまってしまうことがしばしば起こるからである。むしろ必要とされるのは、こうしたシステム・モデルを活用しながら、従来気づかれていなかった新たな現実の局面を浮かび上がらせ（発見）、そこに新たな課題を設定し（新たなテーマ設定）、そして現実の指針となるような新たな選択肢の可能性の提示（提言）へと進むことのできるような探求を行なうことである。おそらくそのさいに必要とされるのは、システム・モデルを外から適用するのではなく、現場へと入り、この現場での動きの継続や、そこに出現する境界を感じ取り、どのような動きをしているシステムなのかを体験的に獲得していくような現象学的な経験である。こうした行為的な探求によってでも相当のところまで進むことはできる。

だがそれ以上に、こうした構想を活用することで、経験はどのように新たな局面に進むことができるかが問われる。記述的に前に進む場合には、一般にそうした道具立てで、個々の固有領域にどこまで届いたか、あるいは固有の課題を新たにどの程度見出すことができたかが問われる。だがそれ以外にも、新たな経験の局面に進むためには、なおいくつもの進み方がある。

**創発**

この図（三五五頁）のなかで創発が生じる可能性は、以下である。

（1）構成素が同じ構成素である必要はなく、作動するごとに変わってよいのであり、この場合、下の自己を組み替えてしまう可能性をもつ。つまり下の自己がすべて破壊されても上の自己の作動さえあれば、全面的に組み換えが起こる可能性がある。両生類の変態では、オタマジャクシの身体を壊しながら、なおカエルの身体が形成されるはずである。また物性の異なる要素の出現は、作動のモードを変えていくと予想される。

（2）要素の集合を決めているのは、そのつどの作動の継続であって、要素複合体で組み立てられているのではない。要素の集合の規定は、そのつどの動きのなかで決まる。これは組織体を考える際に、あるいは集団の作業を考えるさいに、初期条件のなかに要素の集合をあらかじめ決める条項は入れないことを意味する。このとき作動を続けながら、システムは自分の要素の集合を決めるのであり、それによってそのつどシステムの内と外が決まる。つまり境界形成がなされる。境界を形成する運動は、それじたいによってはじめて内外が区分される以上、内的挙動でも外的刺激でもない。境界を形成する運動には、それじたい入力も出力もない。このことは境界形成が、特殊な事態であることを意味する。

境界の変動は、感覚の場合、感知可能なもの／感知可能でないものの区別が変動することである。つまり、それまで聞こえていなかったものが突如聞こえるようになったり、見えていなかったものが突如見えるようになったりする。一般的には幻覚、幻聴であるが、当人には感覚の内外を決める基準として、感覚そのもの以上に強い基準はないのだから、それらは感覚的確信である。つまりそれが幻覚、幻聴であるのは、二次的にしか知りようがないことになる。

（3）位相空間を決めるのは、運動ではなく要素間の定常化した関係である。物性によるこうした位相空間が、あらかじめ幾何学的に設定された三次元、四次元のような整数次元に収まる可能性は低い。カオス幾何学が提唱するように、たとえば生命の次元は、3・12、3・24のような非整数次元になる可能性が高い。空間をどのようにして記述するかは、今のところ明確な手立てが決まっているわけではない。

マトゥラーナ、ヴァレラは、ひところ位相空間を産出の軸、要素の構成の軸、産物の軸で考えようとしていた節がある。ただしこれはシステムの機能性に応じて、要素を張り付けるだけのものであり、システムそれじたいが固有の空間を形成するという内容は含まれていない。

（4）境界の形成について、一つの比喩で考えてみる。線を引くような境界の形成ではなく、運動性の境界を考えてみる。円を描くように走り続けるのである。走り続けるという運動の継続が同時に内外の区分であり、運動の継続が同時に内外区分であるような事態を、一つの記述系で扱うことができるかどうかが問題になる。力学的に考えれば、円運動は単純であるが、そこで起きていることは一つの記述系に収まらないと予想される。

ここに「二重作動」という命名が必要となった。二重作動は、一つの運動が同時に質的に異なる別の現実を出現させてしまうものであり、世界の多様性の出現にかかわる基本的な仕組みだと考えられる[22]。

認知機能に対応させると、これは触覚性力覚に対応する事態である。指を動かしながら、物をなぞると、指は一定の運動をしているが、同時に移動した距離についての認知になっている。触覚性の変化は、対象認知と一対一対応しないだけではなく、度合い（強度）を測度に転換する場面も含んでいる。つまり新たな認知の物差しが出現する場所でもある。この方向で、ある経験を行なうことが、同時に別の現実性を出現させることだと考えることができる。

この事態は少々立ち入って説明したほうがいいと思われる。たとえば化学反応で、反応の産物が反応速度を遅くすることがある。フィードバックと呼ばれる反応であり、多くの場面で生じる反応のモードである。このとき反応産物が、自分自身を作り出した反応に速度調整的なかかわりをしていることになる。反応産物は作り出された物質であるが、それが化学的反応プロセスに関与するのである。こうした場面ではこの物質は生成産物であると同時に、速度を調整する酵素的な働きをしている。ここでは機能的には、二重の働きをしている。こんな単純な局面で、すでに機能が二重化していく。そしてこうした二重の働きのモードは、相当たくさんあると予想される。

（5）視点の変換について。記述の系としての問題を立てる場合、現在の議論の水準は、以下の場面にある。活動し、行為するもののあり方は、それを外から描いたものとはまったく異なっている。だがこの異なっているという事態には、内的なものと外的なものとの変換関係がいまだ維持されている。変換関係があるから、両者が異なっていても、それとして安定している。この事態は、すでにヘーゲルの『精神現象学』で出現していたものである。ヘーゲルでは、ものごとの当事者とそれについての観察者では、ものごとを異なる事態として捉えている。観察者は、そのことを知っており、それによって観察者の経験は、当事主体の経験を取り込んで、新たな経験になっていける。ところがこの局面でさらにまったく別様な事態が生じる。マトゥラーナの卓抜な比喩を借りれば、以下のようなことである。

生命システムで生じていることは、飛行機で生じていることに似ている。パイロットは外界に出ることは許されず、計器に示された数値をコントロールするという機能しか行なわない。パイロットの仕事は、計器のさまざまな数値を読み、あらかじめ決められた航路ないし、計器から導かれる航路にしたがって、進路を確定していくことである。パイロットが機外に降り立つと、夜間の見事な飛行や着陸を友人からほめられて当惑する。というのもパイロットが行なったことといえば計器の読みを一定限度内に維持することであり、そこでの仕事は友人(観察者)が記述し表わそうとしている行為とはまるで異なっているからである。[23]

ここで起きていることは、内的な経験と、外から見た図柄とをなんらかの形で関連づけ、統一するような第三の視点が、いっさいとれないことを意味する。変換関係が効かないことは、起きている事態が、視点の間の変換関係ではないことである。変換関係には、少なくとも変換関係をささえるなんらかの「まなざし」の座が残っている。それを伝統的に哲学では「超越論的主観性」と呼んできた前史がある。変換関係が効かないのは、現に行なわれていることが行為のレベルに関わっていること、またこの行為の調整に、「まなざし」での変換関係（視点間の変換）が関与していないことによる。行為のなかには、基本的に認知と運動が含まれており、幼少期からの発達過程のなかで、認知と運動は連動可能なようにすでに調整されている。この延長上で大人になれば、認知のなかで、認知からの制御が可能なように、認知のもとに行為のモードを組み込むのが普通である。内的視点と外的視点の変換関係が効かなくなるとき、本来視点の間の変換関係が問題になっているのではなく、行為の形成にかかわる場面で、行為の調整の選択の有効性が、どのようにしても予感できない事態が起きてしまっているのである。外的視点と内的視点の変換関係が効かないときには、本来視点以外の問題がそこに潜在的に含まれており、視点の問題ではない課題からアプローチしなければならないのである。

またクジャクのメスは、羽に一四〇以上の眼のあるオスに求愛する。これはデータとしては事実である。しかしクジャクがそれだけの眼の数を数えているはずがない。またカメレオンは周囲の緑に合わせて体色を緑に変えるが、周囲の色と自分の体色を比較しながら、色を合わせているとは考えにくい。かりにデータが正しい場合でも、システムの仕組みから見て、まったく別のことが起きている可能性が高い。データが正しければ、それはシステムの作動のごく一面を切り取っている可能性が高いのである。

（6）規則もしくはプログラムについて。こうしたシステムの作動プログラムをどのように考えるか。このさい形成プログラムと呼ぶものがどのようになるかを示してみる。マトゥラーナはここでも卓抜な事例を提示している（第二章1節参照）。この部分は、いくぶんか重複するが、にもかかわらず多くの課題を抱えているために再説する。建築の比喩で二つの典型的なプログラムが示されていた。設計図に合わせて家を建てる第一プログラムと、設計図も見取り図もなく家を建てる第二プログラムである。

認知的な探索プログラムは、前者に相当する。そのため対象を捉えるさいには、設計図を設定する前者のプログラムにしたがう。それが認知の特質であり、目的合理的行為を基本とする。ところが認知情報系であっても、系そのものの形成運動は、後者のプログラムにしたがっている。系の形成運動を、対象認知のプログラムのように捉えることはできない。形成運動は、初期条件と結果との関連で設定されはせず、それじたいでの形成可能性をつねに含む。ただこの場面では、自己組織化についても同じことが言える。実際ヴァレラは、マトゥラーナの考案した第二の建築の隠喩を、自己組織化のプログラムを示すものだと考えている。自己組織化の場合は、形成プロセスの途上で新たな変数が出現するか、形成プロセスそのものに未決定変数が含まれるようにすることで、プログラムを改良することができる。現在のネットワーク型の理論モデルは、ほとんどこうした方向で設定され、この事態をクリアしているように見える。

ところがこの建築の隠喩は、現在人間が手にしているプログラムそのものが、理論モデルの選択を狭く設定しすぎていることを示唆している。現在人間が用いているプログラムの基本形は、数学や文法に代表され、変数に値を入れると結果に合致するように組み立てられている。数学的関数は、必然的に結果にいたる決定論的事態を表わしているとみなされることが多い。だが実はあらかじめ結果が合致するように当初の定数を決めた、結果からみた必然性を示しているにすぎない。しかも結果が合うということは、観察者にとって起きていることであって、システムそのものは、あらかじめ見込まれた結果に合うように作動しているのではない。神経システムは、進化と発達の膨大なプロセスのなかで、結果として環境に適合するよう形成されてきてはいるが、環境に適合しようとして自己形成したのではないと考えられる。つまり環境に適合しているように見える場面で、神経システムは固有に自己形成し、それが結果として、あるいは副産物として、観察者から見たときの環境への適合であったという事態に近いと考えられる。この事態に相応しいプログラムの組立ては、いまだ考案されてはいないが、ありうると思われる。

この意味で現在人間が活用しているプログラムは、プログラム一般の少なくともいまだ半分の可能性しか活用できていない。この事態は、プログラムの内容の改良だけではなく、プログラムそのものをどのようにイメージするかにかかわっている。その意味では、オートポイエーシスは、一種のモデルのモデルであり、直接応用するモデルではなく、モデル形成にかかわる経験を方向づけている。カントの用語でいえば、プログラム形成の「統制原理」である。このプログラムをイメージしながら、そのイメージに光を当てて影を落とし、影を記述することはできる。現行のプログラムの大半は、影を記述したものだと考えられる。そのさい影として記述されたものから、同時に現実の動きをイメージしているはずである。ここではイメージ化の能力が問われている。現在の人間のプログラムを発展的に活用する限り、そうした選択肢となる。光の当て方は、経験科学、芸術、実践的治療、哲学でそれぞれ異なる。経験科学は、部分的な改良にとどまらず、別様にプログラム仮説を立てることを要求する。芸術は、新たなアイディアを要求し、新たな現実を形成することを要求する。

このプログラムの問題にもう少し立ち入ってみる。知覚や言語や思考であっても、それらには形成プロセスが含まれているはずであり、形成プロセスそのものは第二プログラムにしたがっている。そのとき第一のプログラムは、第二のプログラムを観察者の視点に射影したものだと考えることができる。空中に動き続けている円環をイメージしてほしい。そこに上から光を当てて、地面に影を落としてみる。落ちた影には動きはなく、図柄が出現しているはずである。こうした射影可能性がなければ、現在の人間の認知能力では、そもそも第二のプログラムを考えることさえできないし、第二のプログラムの意味さえ理解できない。この射影関係は、人間が現在手にしているプログラムとは別のものがどこかにあるはずだという予感に対応して成立している。つまり経験の可能性を拡張することができるという予感に対応して、射影関係の意味を理解している。ところが形成プロセスのさなかにあるものは、射影関係を理解しながらこの理解にそって進んでいくわけではない。気がついたときには、新たな行為や新たな知覚がなされることはあっても、この理解の延長上に形成プロセスが進行するわけではない。理解は、形成する行為に対して、つねにすでに遅すぎるのである。

この二つのプログラムは、精神医学や理学療法の治療にとっては、とても重要である。一般にさらに発達、学習、治療にとって全般的に重要なことである。治療が目標をもつのであれば、目標に照らして段階的な手順を踏む。この手順は第一プログラムで組み立てられている。ところが身体や神経の形成は、第一プログラムに合わせて進行しないので、現実に進行してしまう事態を第二プログラムで理解しながら、第一プログラムのどこに相当するかをそのつど考える必要が生じる。そのことは治療の有効な制御をもたらす。プログラム間の翻訳をつねに念頭に置きながら、治療プロセスを組み立てていくことが必要とされる。治療の組み立てによっては、予想外の事態が出現することがある。たとえば身体の運動形成が順調に進みながら、予想外の痛みが出てしまうことがある。しかも鎮痛剤も麻酔も効かないような痛みが出現することもある。予想外の事態が出現することは、自己組織化の基本であり、それは第一プログラムの予定外の副産物ではない。こういう場合は、第一プログラムで立てられた目標設定を変えなければならない。第一プログラムと第二プログラムとの変換関係をもちながら、出現する現実に注意を向けることが、新たな現実の摑み方を示唆しているのである。

## 二重作動

こうしたなかで二重作動は、もともと境界の設定が、境界の設定以上の別の効果や別の現実性をもたらしてしまうことを起点にして構想されていた。しかしそのなかに、多くのモードが含まれているのではないかと薄々感じられてきた。というのもある行為を行なうことが、行為の目標とも行為の動機とも異なることを、行為とともに実現していくからである。こうしたことのモデルケースは、結晶生成のような単純な事態から取り出されていた。ビーカー内の水溶液で、ひとたび結晶化が始まると、継続的に結晶化が続き、結晶が増大することがある。結晶化が終わると、生成反応は停止する。ここで結晶化のプロセスに焦点を当ててみる。出来上がった結晶は、プロセスから外に排除されたプロセスの結果である。そのため結晶は、見た眼にははっきりわかるが、結晶化のプロセスの外に排出されたいわば生成プロセスの糞もしくは副産物としてのゴミのようなものである。そうだとすると結晶化のプロセスの本体は、出来上がった結晶ではない。

そこで「生成プロセス」という動きの単位を設定してみる。個々の微細な結晶化を引き起こしているプロセスである。そのときこの個々の生成プロセスは、次の生成プロセスの開始条件になっていなければならない。個々の生成プロセスは、個々の結晶を外に排出すると同時に、次の生成プロセスの開始条件になっていなければならない。「生成プロセスが次の生成プロセスの開始条件になるようにして、接続した生成プロセスのネットワーク」という事態を考えてみる。こうした定式化を「自己組織化の定式」という。自己組織化は、おのずと進行しつづける生成プロセスのネットワークである。この場合には、個々の生成プロセスでは、次の生成プロセスの開始条件となると同時に、結晶を外に排出する働きも行なう。結晶は、生成プロセスのネットワークから外れた物質であり、生成プロセスの継続という点でみれば、結晶とは糞のようなものである。この糞は通常は垂れ流され、生成プロセスにとっては外的な異物である。ところがこの異物を巻き込み、これを活用して生成プロセスが継続して作動するような場面がやってくる。これがマトゥラーナ、ヴァレラが当初考えていた、オートポイエーシスの最も基本的な仕組みである。オートポイエーシスとは、生成プロセスから見たとき、糞の自己活用であり、糞の作動の内実を変えることなのである。この局面では、実は多くのモードの二重作動が出現している。

二重作動は、自動的に進行する生成プロセスのなかで、事態が多様化していく基本的な仕組みである。またこれによってものごとを出発点（初期条件）と結果（産物）という因果関係で捉えるような思考の慣例が、一つの粗い要約であることがわかる。それだけではない。生成プロセスを因果関係で捉えることが、実際には奇妙な捉え方であることがわかる。というのも生成プロセスが開始したとき、このプロセスは結晶を作ろうとして作動しているのではなく、結晶は生成プロセスの副産物だからである。人間の観察は、初期条件と結果とを並べ、それらをつないで考えてしまう傾向が強い。いずれも眼で見えており、眼で見えるものをつなぐのは自然なことだからである。しかし生成プロセスは、次の生成プロセスにつながっているだけであり、結晶を作ろうとしているのではない。結果としてそうなるのである。これは行為や動作に典型的な仕方で起きる事態であり、あることをなすということは同時に別様の事象を成立させるのである。こうした事態を言語で描くことは相当に難しく、言語そのものに無理をかけなければ表記することさえ困難になってしまう。たとえば腕を回すことは、たんなる運動をしている場合でも、同時に空間内に円を描くことである。足を出すことは、身体との関連であればバランスを取り直すことであり、場所との関係であれば移動である。こうした動作の作動を多重だと考えることもできるが、動作の制御から見たとき、あるいは意識の内実としては、二重の活動として制御されている。二重作動は行為者のカテゴリーであり、観察者からの記述ではない。この部分が現象学的考察に相当する。

さらにこうした事態を複雑なシステムの事例で示すこともできる。アイゲンのハイパーサイクルが典型である。[24] 複合的なシステムの作動状態を表わすのが、ハイパーサイクルである。生態系のもっとも多くの部分で成立していると予想されるシステムである。各サイクルは、一定期間持続可能な独立した系であり、それぞれが速度調整や触媒機能を果たしながら、他のサイクルと連動している。このときに起きていることは、個々のサイクルは一貫して自分自身の動きを続けているだけであるが、そのことが同時に他のサイクルにとっての触媒の働きをしていることである。これもかなり高度になった二重作動である。こうしたハイパーサイクルの最も基本的な仕組みが、DNA遺伝子とタンパク系の連動である。こうしたシステムの成立している場面では、ハイパーサイクル全域を維持しながら、特定のサイクルに働きかける必要が生じた場合には、直接そのサイクルを制御しなくても、間接的に制御できる。また連動している各サイクルをさらに増やすようにして、新たなサイクルを導入して、ハイパーサイクル全体の速度調整や機能性を調整することができる。各サイクルの数が多いときにはハイパーサイクル内の多様性が高く、サイクル数が少ないときには系は相対的に均質化している。一つのサイクルが破壊されたとき、それを欠いてもなおハイパーサイクルが維持できるのであれば、そうした系全体は、「レジリアンス」(三〇九頁)の度合いが大きい。またこうした相互の触媒として、連動する個々のシステムの関係がカップリングである。こうした事態の感触は、あることを実行しているとなにか同時に別のことが進行してしまい、速度や度合いでおのずと調整ができてしまっていることである。そこにおのずと学習ということが起きる。

時間的な経緯のなかでこうした事象を考えるさいには、第一に誰であれ自分の行為についての知をもつものは、まさにそれによって予測や予期をもちながら行為する。だがそこに向かうように行為は組織化されるのではない。行為はそれじたいの作動を継続するようにしか実行されはしない。到達すべき目標は、人間の行為である限り避けようがない。しかし目標をひとたび括弧に入れ、いわば結果としてそこに到達するように行為を形成することはできる。目標は、つねに行為の副産物であるように行為するのである。知はつねにみずからの行為を律しようとして、目標を立てそこに向かう道筋を立て、出発点を設定し、守るべき外的制約を配慮して、前へと進んでいくことになる。しかしながら自分の行為の善悪やさらには善そのものが何であるかを知ることは、善を行なうことの前提でも必要条件でもない。どのようにそれを知ろうとも、どう行為するかはつねに別問題なのである。

## 第五領域

二重作動は、ある出来事を実行することが同時に別の事態を引き起こすことであり、それは世界に多様性が出現するための最も緊要な仕組みである。その視覚的にもっともわかりやすい場面がカップリングであり、連動しているシステムが、同時に作動することである。しかし一般的にはカップリングに類似して見えるもののなかにも、発達ドライブや記憶や動作原理そのもののように、異質な作動のモードをもつものがある。発達は、かなりの部分は遺伝子によって決められている。しかし脳性麻痺に見られるように、通常の定常発達とは異なる回路を進む場合があり、この場合でも発達は停止することはない。なんらかのアクシデントによって定常発達とは異なる回路を進み、首が坐らなかったり、坐位ができなかったり、言語の習得が遅れたり、触覚が過敏になったりするが、それでも発達ドライブは作動している。しかし発達障害に典型的に見られるように、それぞれの事象にどこまで発達ドライブがかかわり、どこまでそれが規定しているのかがわからないのである。一般的には、発達ドライブの働きで、何かが現実に発現してくるが、この発現したものをきっかけにしてさらに次の発達ドライブが作動するような、フィードフォワードの仕組みはあるに違いない。

記憶にも類似したような事態がある。記憶はいっさいの知にともなっているが、恒常的に作動しており、それじたいの作動のモードも変化し、またそれじたいで組織化され変容してしまうような性格を持ち合わせている。だが個々の知にどこまで記憶が関与し、どこからが記憶とは独立であるのかを区別することはできない。記憶は、経験の基礎にあるような論理的前提であったり、経験を支える根拠であったりするような基底の働きではないと考えられる。動作についても、そこに必要条件としての原理を設定したとしても、実際の動作そのものでは、この原理がどこまで関与し、どこから先が新たな動作の創発であるのかを区別することはできない。ことがらとしては明白であるにもかかわらず、どのように関与しているかを決めることができない系である。

発達ドライブ、記憶、動作原理のようなことがらは、自明に見えて単独では取り出すことはできず、ほとんど単独では作動しないが、現実の事象のなかでともに作動しながら、固有に組織化され、時としてみずから自身を組織化する。それは、視覚的な比喩で配置しようとしたときに現われる、事象にともなう不可分な影や夢のようなものに近い。ともに作動しながら固有に組織化される現われざる事象である。だがどこまでもそれらは比喩である。実際の動作には、影がともない、影の変化は動作の変化とは異なる。このときさらに影そのものが、現実の動作になんらかの影響をあたえ、影そのものに固有の組織化の働きが内在すると、少し第五領域に近くなる。こうした領域の組織化の仕組みについては、現実に現われるものの領域での手がかりを活用しながら、理論構想を組み立てていくよりない。

現われざるものについての古典的議論としては、かつてショーペンハウアーがカントの認識論に対置して論じた議論がある。カントが扱った認識領域は、主として認識される世界と、それを可能にする認識する側の必要条件を明らかにしたものである。ショーペンハウアーはこれに対して、認識とは異なり、現われざる世界を主題にしようとした。それが意志の領域である。ここには本能、欲動、情動などが含まれている。もっとも緊要な事例でいえば、幼児や大人が蛇の怖さを経験的に知っているわけではないのに、まるで蛇の怖さをよく知っているかのように恐れる。経験として知っているはずがないのに、自明のことのようによく知っている。高次の認識の手前で、それじたいどのように作動しているのかわからないような経験領域がある。ここで問題にしようとしているのは、そうした領域と経験的な知識との間にあるような領域であり、より可変性に富み、それじたいで形成可能性のある領域である。

そしてとても厄介なことだが、「能力」と呼ばれるものも類似した性質を備えている。能力も単独で取り出すことはできず、つねに個々の経験に寄り添うように働き、にもかかわらず時に応じてそれとして形成されていくのである。能力は、認知的には知覚の不変項や演算の規則のように表象されやすいが、それらは対象化され記述された一種の比喩である。形成された能力は、適用対象に対して不変項に具体的な数値を入れるように作動するというのは、数学的比喩である。さらにその場合でも、能力そのものはどのようにして形成されるのか、というより大きな課題は残されたままである。能力の形成という課題では、能力そのものだけに働きかけることはできず、能力をあらかじめ固定して設定することもできない。そうすると能力の形成に対して、いくつかの局面を取り出しておく必要が生じる。それが行為的な選択に直面し続けることであり、規則のないところでなお行為の継続可能性の予期をもちながら、そのつど一歩踏み出していくことである。そのとき経験の境界を変更し、経験の可動域を変え、さらにそこでみずから進んでみることが必要になる。

こうした領域は、現われから見ればつねに個々の現われに張り付き、浸透している潜在性のようにも見える。また経験科学的には、個々の経験を支える基盤のようにも見える。しかしそれじたいで不断に作動し、かつ膨大な未決定性を含んでいる。喩えてみれば、次のようなものである。

F (x, y ,z, …Aut(xa, ya ,za, □, □, □, …))

こうした事象は、さしあたり前記関数の Aut の部分に相当するものだと定式化しておくよりない。□は新たに獲得される変数の場所であり、Aut に相当するのが、オートポイエーシスの作動を継続するための機構である。xa, ya, za, は、現われに相当するこれらの対応項である。(25) こう定式化したとして、ただちに新たな展開に結びつくわけではないが、にもかかわらずこうした定式化とともに、能力の拡張のために行為として何が必要かを語ることができる。この章の1節で述べた多様なエクササイズとこうした関数表示との間には、オートポイエーシスに典型的な二重作動が出現している。オートポイエーシスとは、対象として客観記述された定式化を手がかりにしながら、それにみずからの経験を適合させるのではなく、またそこから意図して外れるのでもなく、それらをひとたび括弧入れし、みずからの経験の進行の回路を模索するような企てである。こうした括弧入れを、「システム的還元」と呼ぶことができる。そこには言語的、数学的定式化が、行為にとっての影のような記述にしかならないという人間の言語記号の特殊事情もからんでいる。行為の作動は、言語記号のような規則に従うものではないが、にもかかわらず何らかの仕方で、言語記号的表記を行ない、それを手がかりにして進んでいくよりない。むしろ言語記号的表記は、行為の継続にとってつねに副産物のようなものなのである。

オートポイエーシスの第五領域では、顕在化した複合マトリクス単位に寄り添うように連動し、それじたいは潜在態としてシステムの同時作動を形成するような事象が問われている。このとき複合マトリクス単位に含まれる潜在態は、単位間の継続性や系列性の形成に寄与し、また単位間の接続の新たな可能性の母体ともなる。そして時に応じてそれじたいでも形成され、組織化されるのである。すなわち

オートポイエーシスの第五領域システムとは、複合マトリクス単位とともに潜在性として作動し、またそれじたいでも形成され、組織化されるシステムである。このとき（1）複合マトリクス単位としては現われないが、単位間の継続性や系列性の形成を支え、かつそれをつうじて

それじたいが形成される。（2）そのつどの複合マトリクスの作動において、部分的に感じ取られ、時間経過の後にそれとして理解される領域として、いわば一つの射影として領域化する。そしてこうした射影領域の相関項として、観察者そのものが出現してくるのである（オートポイエーシスの第五領域マトリクス系）。

# 終章　希望――ヘルダーリンの運命

　どのように思慮し、比類なく配慮して選択的に振る舞っても、それに対して選択になっていない事象がある。あらゆる思考が、どのように考え抜かれたものであろうと、すべて測定誤差に入ってしまうような事態がある。必要な行動はいくらでもあるのに、その行動の圧倒的なささやかさに、自分でも愕然とするような局面がある。やらなければならないことは無数にあるのに、行動に釣り合うだけの成果がほとんど感じられない場面がある。どのような感情であれ、浮かぶさなかから引っ込めなければならないような時がある。

　毎日毎日の報道や情報が、前進しているのか、後退しているのか、あるいは改善しているのか、深刻さを増しているのかを、まったく判定できないことがある。次に待ちかまえている事態の大変さにたじろぐあまり、ただ日々の生活の反復から抜け出せないことがある。流されてしまった追憶を求めて、一枚の絵、一枚の写真を探し出すことにひと時夢中になることがある。また夢中になることによって、局面が変わると信じなければならないことがある。次に進むために、ただ捨てる作業をやらなければならないことがある。瓦礫の山を見ながら、ただ捨てることが、「今」の仕事なのだと言い聞かせなければならないことがある。

次に進むために、ただ捨てること。これは容易な仕事ではない。思想でも、科学的な知見でも、あるいはどのような種類の技法であっても、ただ捨てることは簡単にできることではない。新たな見通し、次の選択など、なんらかの可能性の予感があれば、すでに捨てる準備は整っている。あるいはおのずと捨てる回路に入っている。だがもはやなにもないところから、さらに捨てていくことは、たとえそれがやむないことだとわかっていても、そこに選択肢も予期も見通しも不足し過ぎている。放射能基準値に引っかかるために、捨てる以外にはない原乳がある。搾らなければ牛の乳は張ってしまう。牛の健康状態を維持するためだけに、捨てる乳を搾る。次の作付けのために、ただ捨てなければならないホウレン草がある。次の作付けでさえ、出荷できるメドのないまま、ともかく次の一歩のために捨てなければならないものがある。

捨てることとは選択的な行為ではない。最大限見積もっても、未来に選択肢が開けるかもしれない行為である。冷夏にはおろおろ歩きする。だがおろおろ歩きすることで何とかなると思っているわけではない。しかしおろおろ歩き以外に手立てもない。ただひたすら「来年がある」と思うだけである。農家には、「百姓の来年」という名言がある。生には、来年を見込むことができるだけの隙間がある。その隙間に対応するように、やってくるはずの来年を見込む余力がある。

だが二〇年あるいは三〇年経たなければやって来ない来年があり、その来年を待てない身体の限度がある。また捨てようとしても捨て場所のない廃棄物があり、捨てることが場所の移動にしかならない廃棄物がある。それは廃棄できない廃棄物である。汚染土壌。そしてそうした事態に対し、意識は容易には耐えることができない。それは一面で意識のひ弱さでもあり、選択を開くという意識の本性に逆らうことでもある。このとき意識は、鈍麻という飛び切りの切り札を使うことになる。慣れることに慣れ、風化の一歩先でなお風化するのである。なにも感じなくなる惰性とは、意識の防衛反応でもある。

言葉で語ることが、ほとんど無力の証明にしかならないことがあり、そうした時代と情況に遭遇することがある。だが言葉で語れなければ、次の一歩の手がかりさえ手にできない時代がある。語らなければならないが、語ることがなおどこに届くのかを見極められないまま、それでも語らなければならないことがある。

同じように、作品を何度も捨てなければならないことがある。書き直しても、良くなっていると感じられないことがある。そのため何度も書き直すが、そもそもそれじたいが捨てるとは別のことになってしまうことがある。神経は、時としていらだち、時としてふさぎ、時として激昂する。誰かに向けて、あるいは誰かにもっていける怒りではない。神経の自壊も始まっているのかもしれない。少なくとも何かは始まっている。だが何が始まっているのかは、本人にもよくわからない。

誰にも理解されなくても、開始しなければならないことがある。そしていくら開始しても、誰にも理解されないことがある。本当は開始にさえなっていないのかもしれない。だがその試みの緊迫感や必死の度合い、すなわち精神の躍動の強度は、間違いなく本物である。神を語ることをやめ、安らかな死後を語ることをやめ、一日一食の極貧のなかで、なお語り続けなければならないことがある。エトナ山に向かう老いたるエンペドクレスになぞらえて語らなければならないことがある。みずからを決定的事例として、行なわなければならない実験がある。見通せなくても、開始しなければならないことがある。それが実験ということの本性である。

人間の可能性をかけた実験がある。前例がなく想定外でも、なお遂行しなければならない実験がある。頭も身体も、思うようには動いてくれない。それでもさらに捨て、再度開始しなければならないことがある。まるで開始することが一つの希望であるかのように開始しなければならないのである。終わることのない開始がある。それを後世の人たちは、「未完の大作」と呼ぶ。

四年後には本当に神経は自壊してしまう。そのことをヘルダーリン自身がわかっていたわけではない。だが自身に感じ取れる兆候はある。何かが異なっている。実際、詩には、やたらと不定詞と最上級の語が増えている。語の不定形と最上級に乗せなければならない思いがある。そうした語でしか語れない神経の疲れと病みがある。またおのずと進行していく神経の解体プロセスがある。疾病分類学的には、「緊張病」(破瓜型)と呼ばれており、語の反復のなかに強度の振動が出現する。ドゥルーズに先立つ一五〇年前に、すでに実験は行なわれていたのである。

主著の一つである『エンペドクレス』には、詩劇「エンペドクレスの死」前後の草稿も含まれている。エンペドクレスは、世界の解体と没落の後を受けて、世界を再生する人物として設定される。多くの患者を治し、貧困をいやしながら、「自然への感受性」を作り変えて、世界を再建するのである。だがそうした行為は、多くの神々を信奉する者たちに敵意と裏切りと反抗を呼び起こしてしまう。こうした失意のさなかでのエンペドクレスの語りの場面が、台本や構想の主要なテーマである。

これらの台本の後に、「エンペドクレス劇への基礎」と題する理論的な論考が付されている。これはヘルダーリンが著わした二つの長い理論的考察の一つである。いずれもきわめて解読しにくい。それは詩人の本性を抱えたまま、なお理論的、体系的に語ろうとしているからである。

世界には、調停しにくい根本的な断絶がある。主観と自然の間に、有機的なものと非有機的なものの間に、精神と言語の間に、普遍と個の間に、愛と憎の間に……。これらをヘルダーリンは調和させようとはしない。だが対立したまま和解させることができるだけではなく、対立するからこそ和解することができるという経験の層を探り当てようとしている。対立を論理や技巧で克服するのではなく、どこか経験を超えたところに救済を求める（形而上学）のでもなく、対立を統一してくれる第三項（生命）へと向かうのでもない。

和解は、芸術的な美の出現のように「今」においてしか成立せず、それは争いの最高の産物でもある。その瞬間、本来組織化されようのないものが一つの「個体」となる。だが個体化が出現するとただちに普遍化、一般化が生じて、個体そのものが解体する。こうして個体は、際限のない生成プロセスに入ることになる。個体は感情において感じ取られているだけであり、意識はそのことを知ることができない。非組織的なもの、すなわち組織化以前のものが繰り返し組織化され、個体が出現するが、それは普遍化されてただちに一つのモデルや規範となり形骸化する。そのときすでに次の組織化が開始されているはずだが、多くの場合それは見落とされてしまう。それによって既定路線化され、枠取られた調和に浸りきってしまうことになる。調和なき断続的な和解、これは確かに一つの実験たりうるのである。

和解できないものがどこかで一致するのでなければ、一まとまりの現実性が出現することは不可能である。だが諸々の対立のような、和解することのない基本的な事態がなければ、そもそも「感覚の現実性」が成立しない。まったく和解した世界では、もはやなにも感じられず、なにひとつ認識する必要もない。ただ世界はそのようにあるだけである。これは一般にはわかりにくいことがらである。これを「現実性のパラドクス」と呼んでもよい。こうしたパラドクスをそれとして引き受けるのは哲学の仕事である。ところがこうしたパラドクスのさなかで、なお芸術的に制作することの在り方を問うのは、別の課題である。こうした課題へ向かって語りだし、作りだしてしまうことがさらなる課題となる。かりにそれを強いて名づけるとすれば、「詩的体系」という奇妙な造語となる。だがこれは稀なことではなく、ギリシャの自然詩はおおむねこうした記述のモードをもつ。このことはエンペドクレス自身にも当てはまっていて、彼は自然哲学を詩で描いている。そこに使われている道具立てが、「愛」と「争い」(憎)である。ここでは一般に愛は四元素の結合原理であり、争いは分離の原理であるが、同時に愛は同質性を超え出て、同質的なものを分離していく原理であり、争いは異質なものの結合から同質的なものが分離し、同質的なものが集まる結合原理でもある。こんなふうに論理化したのでは、なにもかも台無しになり、素通りしてしまうような経験のレベルがある。それこそ語られなければならないのに、論理化したとたんに失われてしまうのである。つまり論理とは、配置をあたえてわかる粗暴な経験の道具であることになる。ここにシステムの新たな論理が必要となる。

こうした場面では組織化にともなうプロセスの感触が生じる。ヘルダーリンの制作手法にあるのは、基本的には、非有機的なもの(自然的なもの)からの個体化である。非有機的なものの本性は、みずから個体と成ることであり、有機的なもの、人為的なものの本性は、一般化し個体そのものを解消していくことである。事実、なにかがそれとして成立する場面では、各種の個体化が起こる。この個体化は、当人にどのような事態が起きていて、当人がどのように感じているかを成立させるための必要条件である。つまり個体化がなければ、当人にとっての現実という事態が成立しないのである。だがそれが成立した途端に、すでに一般化のなかに巻き込まれ、個体性が解体してしまう。ここが「個体性のパラドクス」とでも呼ぶべき第二のパラドクスである。

個体性の出現は、ある意味で他の何にも帰着できず、解消することもできない「出来事性」をもち、そのまま瞬間的な事態となる。この事態が制作の一回性を主張したベンヤミンを限りなく惹きつけたのである。一般的に意識は、個体化を語るさいには、自己意識のようなより高次の仕組みで語るよりない。だが自分自身でわかっている個体化は、すでに一般化されており、もはや個体の解体が起きている。それは自分で判別した反省された個体であり、個体の残骸である。これじたいは個体についての半ば外からの自己説明である。どこかでわかってしまうものは、外からの説明にすぎない。たとえば芸術的制作は、一つの組織化であり、それじたいはわかるものではない。実際に、当人には何が起きたのかわからないのである。わかることとわからないことの間には、かなり大きな隙間がある。この隙間に導入されるものの一つが、抗争のさなかの瞬間的な統一であり、それはまちがいなく出来事性を帯びている。出来事性では、そこから繰り返し別様のものが出現してしまう。出来事は、いっさいの脈絡に帰着することもできなければ、配置することもできない。そのため常態であっても、精神はある種の緊張は帯びる。この緊張は、実は本人にとっては心地よいもので、何度でもそこへと行こうとする。いっさいの外からの制約条件が解除された状態だから、通常の自由とは異なる自在さを獲得したようになる。このとき神経を極度に疲れさせないことが肝要である。だがこの緊張のさなかにあっては、もはや疲れを感じることさえできないのである。

一般に詩人は、みずから望んでなるものでもなければ、望めばなれるようなものでもない。また詩人であり続けることは、かりに望んだとしても、それがどうすることなのかもわからない。詩を書けば詩人である、というわけではない。うまい詩が書けるから詩人であるということでもない。詩人は、一般に人間の経験の限界点において、限界点の一歩先を言語というかたちで結果的に経験を記すもののことである。そのため詩人は、実践的生活における私人であり、言語的ネットワークにおいては、言語におのずと盛り込まれた内容を変えていく、システム的な変革者である。かりにこう規定したとしても、まだ多くのことが不足している。しかもその不足の全貌をあらかじめ見定めることは容易ではない。

ヘルダーリンは、天性の詩人である。すでに多くの人が称賛と感嘆の思いを込めて論じている。もっとも有名なのが、ハイデガーによる「詩人のなかの詩人」という特徴づけである。言葉に存在を乗せ、言葉に存在を回帰させているというのである。だがヘルダーリンの資質からみて、とてもこんなことが問題になっているとは思えない。

一八〇二年（三二歳）に、ヘルダーリンは重篤の精神病となる。発作性のものだったようである。一八〇六年に再度発病し、チュービンゲン大学病院精神科に入院となる。それ以降回復の見込みがないとのアウテンリート教授の所見により、在宅介護となる。その後チュービンゲンの指物師エルンスト＝ツィンマーの自宅の一室に住むことになり、七三歳の生涯の終りまでの三七年間を、この部屋で暮らすことになった。この部屋は建物前部の塔にあり、この塔が現在ではヘルダーリン塔と呼ばれるに至っている。この間の生活は母親が財産を処分し、信託のかたちで仕送りを続けることで成り立っていた。こうした経緯から、ヘルダーリンの芸術的な才能と精神疾患との関連を考察する「病跡学」の考察もすでに多くなされている。最も著名なのは、ヤスパースによる「創造的狂気」という特徴づけである。精神科医によれば、ヘルダーリンの病状は、統合失調症性の早発性の神経解体であり、この見立ては一般にはそのとおりだと思われる。だがこの疾患の大半は、奇妙な経験を内在させてはいるが、そのまま詩的創造性や芸術的才能に結びつくわけではない。しかしリズム性と運動性だけで言語がつながるような表現は、こうした病態ではしばしば見られることであり、それは詩的表現の一つのモードと同じ根をもつのである。また病的気質があってもそれがただちに疾病に結びつくわけではない。分裂気質と分裂病質には相当の隔たりがあるが、緊張病的な資質と創造性の間には、間接的な連動がある。この間接的連動の内実は、経験のモードを取り出すことによってはじめて明らかになるような性格のものである。言語を運用するさいの経験の作動のモードと言語とともに進行している経験の作動のモードに見られる経験の特異さのなかに、詩人であることとの否応のなさが含まれていると思える。

ヘルダーリンの『ヒューペリオン』（一七九七‐九八年）は書簡体の作品であり、彼の唯一の散文小説である。第一部はヒューペリオンが友人のベラルミンに宛てた書簡であり、第二部はディオティーマという女性への思いを綴った書簡からなる。ディオティーマは、ヘルダーリンの家庭教師先の夫人であり、ヘルダーリンが心より敬愛したズゼッテ・ゴンタルトがモデルと言われている。ヒューペリオンが、トルコ支配下にあったギリシャの解放戦争に参加し、戦場から書信をおくる設定になっている。だがこうした解放戦争がこの小説に筋の展開をあたえてはおらず、またこの作品に筋の展開のようなものはほとんどない。作品そのものは、書簡の体裁をとった独白文の系列に近い。独白の連なりのなかに、警句、洞察、人間観察を込めようとした自己表出である。作りとしては珍しい作品ではないが、問題はこの独白の内容である。それはだいたい以下のような調子である。

およそどんなものも人間ほど高く育つことはない、人間ほど深く滅びることはない。ときには自分の苦悩を深淵の闇とくらべ、幸福をエーテルとくらべる。しかも、それでもまだ言いつくされはしないのだ。(Ⅲ 17)[1]

草木にむかって人間は語る、自分もかつてはおまえたちのようだったと。清らかな星たちにむかって語る、自分は別の世界ではおまえたちのようになるだろうと。そのくせ人間は自然の事物を砕き、細工を事としている。生きたものがいったん分解してしまったあとでも、壁や塀のようにそれを組み立てることができるつもりでいる、そしてそういう骨折りによって万事が少しも改善されなくても、いっこうそのやりかたを変えようとしない。しかし結局、人間のすることは、ひとつの小細工にすぎない。(Ⅲ 39)

このタイプの文章がひたすら延々と続くのである。通常の経験からは、いくつかの箇条書きのように要約してしまいたくなる文章である。要約してしまいたいという誘惑は、一般的にこれらが経験としては受け取ることはできず、意味としてしか取れないことに由来している。だがこれらを意味として理解したのでは、いっさいの経験の動きを追跡することなく、外から配置するだけになる。ここにあるのは、擬人法と万有一体感と人間の別様の可能性と自然への回帰と、さらになによりもあらゆる文のなかに含まれている自己超越への陶酔の情感である。これらはすべて一般にはこうした文章に当てはまっている。だがこれらはいわゆる意味としての概念的配置であるために、部分的にはいつも当てはまるのである。

こうした意味区分では、そのことで何かがよりわかるようになるわけではない。なによりもヘルダーリンの文章全体が、どこか溢れかえるほどの否応のなさや高揚感に満ちている。人間の経験の枠をつねに超え出てしまうほどの溢れかえりなのである。それは高揚感として感じ取られているが、こうした情態に疎遠な者からすれば、自己陶酔に感じられてもやむをえないのである。情態は、基本的には情感の一種だが、世界に感じ取られている点で、感情のような内感ではない。不安や退屈以外にも、イロニー、崇高のようなものがあり、溢れかえる高揚感も世界に感じ取られている情態である。

みずからに溢れ、みずからをつねに超え出てしまう力は、本当のところ行く当てがあるわけではない。そのためどこかへと到達することのない自己超越である。そのことの半面が、実際の人間の悲惨さを露呈させ、それを際限なく批判的に追及することである。このとき陶酔ではなく、いじましいほどの批判精神が前景に出ることがある。ニーチェがヘルダーリンにみずからの先行者の一人を見出していたのは事実である。だがニーチェは、人間の弱さに敏感であり、この弱さを糊塗し、みずからから見えなくする文化の後ろめたさやそのひ弱さに思いが向いてしまう。そしてそれを内観心理学のかたちで展開し、価値観の転倒を訴えた。だが弱さの告発は、一時的な心地よさや解放感をあたえても、それじたいで希望へとつながっていくのではない。

ヘルダーリンの場合には、こうした人間への洞察がまるでない。これほど人間の可能性を語っているように見えながら、人間観察を行なっているような気配がまるでないのである。それは思いを綴る若書きの文章であれば、起こりうることであり、修練次第で変わっていく。だがこれは若書きでそうなっているのとは、なにか事情が違う。

同時代のヨーロッパ文芸界の大スターだったゲーテは、同時代の多くの人の原稿や草稿を託されて読んでいる。ヘルダーリンの原稿も、シラーから渡されて読んでいる。そして人間への洞察のなさを指摘している（Ⅳ533‐537）。小説である限りは、一般的に人間をよく観察し、この観察が人間の記述のベースになっていくはずだが、それがないというのだ。ゲーテの『箴言』やパスカルの『パンセ』のような記述は、たとえヘルダーリンが訓練を積んだとしても、彼からは出てきそうにない。だがゲーテはそれ以上に、ヘルダーリンの草稿に奇妙な違和感を感じ取っている。なにか経験の質が違うのである。

もともとヘルダーリンは膨大な書簡を書くタイプの人であり、どのように雑事に追われていても、二週間に一度は手紙を書いている。そこには収入の乏しさを嘆く文面や、自分の企画を延々と書き記す行文が並んでいる。世渡りや人間関係の作り方がうまいとは思えない。つまり本人の必死の努力に見合う結果がでるような人物ではない。むしろ自分のいくぶんかの成功のために、必死にかけずり回っている印象が強い。そこにはごく普通の人間がおり、あがき続けることの息苦しさと美しさがある。

ところが文章を書く場面では、こうした感情の動きはどこかに行ってしまう。文章を書くということは、ヘルダーリンにとってある種の出来事的なトランス状態に入ることである。あるいは自分の経験の動きにある種の変数を入れることである。またそうしなければ書けないのであろう。そしてこのトランス状態は、何度でもそこへ行くことが本人にとって限りない充実であり、喜びであるような場所であったと思われる。これが天性の詩人である理由である。それは自分自身にとって緊急である以外にないような場所で、なお言葉を紡ぐことである。

おそらくその場所で人間への洞察を磨いたとしても、ヘルダーリンの経験では、それにふさわしい記述にはならず、詳細な人間経験へと進んでいくこともなかったと思われる。というのもヘルダーリンには、人間がみずからを育てていく「高さ」や滅びの「深さ」が問題となっているのであり、それは人類に備わった宿命の質を問うようなものになっているからだ。この宿命の質を感じ取るところにヘルダーリンの資質がある。このとき人間の内部の習性や習慣となった愚かしさ、懸命さ、賢明さ、感情のゆがみ、いく種類もの倒錯、正義、美徳の機微は、いずれも測定誤差に入ってしまう。もろもろの感情が測定誤差に入ってしまうような本能に近い自己高揚感がある。

はっきりと感じ取れることがある。ヘルダーリンの作品には、高揚感、あるいは対極の絶望感はあるにもかかわらず、感情がまるでないのである。おそらく現実生活で唯一愛をもってかかわり、愛そのものだと言ってもよいディオティーマへの書簡でも、愛する者への高揚感はあるが、感情はまるで動いていない。愛が語られていても、感情は動いていないのである。形容される感情は、喜びと悲しみだけである。実際には高揚感のさなかでの歓喜であり、落ち込むほどの「沈み込み」である。心の運動性の躍動のことが、感情的な語をつうじて語られているだけである。この躍動は本来感情とは異なるあり方をしている。高揚感の激しさ、絶望の深さはあり、激しさとは自分自身にとっての隙間のなさであり、深さとは距離のない隔たりである。いわば心の躍動がそれとして言語のリズムや振動に引きうつされているのであり、このときこの隙間のなさと距離のなさを直接示すのが、「自然」である。

そのため繰り返し語られる自然も、いっさいの感情がともなっていない。美しい自然でもなければ、人間を無限抱擁し、時として無残に人間を破壊してしまうような自然でもない。それに代わって、みずからが世界に存在することの本来性にかかわるような何かを感じ取っているのである。自然が比喩として活用される場合、通常の経験からは、およそ理解しにくい事態が語りだされていく。「わたしはわたしの英雄たちを慕った、羽虫が光を慕うように。危険と知りながらそばに近づき、逃げてはまた近づいた」(Ⅲ 15)。「友よ、希望のない生活とはなんであろう。炭火からすぐに飛び跳ねてすぐに消える火花、一瞬音が聞こえるがすぐになりやむ冬の突風、つまりそれがわれわれの姿ではないか」(Ⅲ 18)。「大洋の怒濤が至福のものたちを護る島々の岸を洗うように、安息のない私の胸はこの天使のような少女の平和を慕って波打った」（Ⅲ 52）。これらの比喩の良し悪しを語っても仕方ない面がある。ただ英雄への想いを羽虫に喩えることは稀であり、炭火から飛び跳ねてただちに消える火の子と、断続的に吹く突風が同じものの比喩になることも稀であり、思い慕う心が、島々を洗う大洋に喩えられることも稀である。普通に読むと、とても優れた比喩とは思えない。

ところが実際には、これらは視覚的なイメージ像の類似性から作られた比喩ではないのだ。イメージは浮かぶのだが、それは何かの視覚的、意味的類似性ではなく、むしろ羽虫の動き、火の子の動き、島を洗う波のような「動きのイメージ」で比喩が成立している。すると自然とは、全体や理念ではなく、むしろいっさいの躍動の姿として、この躍動を直示している。この場合には、躍動の度合いがあることになる。羽虫の動きはせわしなく、火の子の動きは消えうせるようにはかなく、島を洗う波は際限のない反復の動きをしている。こうした動きのモードや動きの激しさの度合いは、視覚イメージではなく動態イメージになっているのだ。

人間の「育つ高さ」や「滅びの深さ」も類似した動態イメージであり、それぞれに度合いがある。一般にこうした度合いが「強度」と呼ばれるものである。こうした動態イメージを経験の本筋とする限り、これを形式的に論理化することはできない。またこうした躍動する自然は、運動性の感覚によって直接感じ取られている以上、たんなる自然観ではない。どのような意味でも自然についてのたんなる認識が問われているのではなく、それじたいが生でもある精神とその躍動と地続きであるような自然である。こうした躍動の強さの度合いを計量し、そこに接続するプロセスを考案することができる。いわば躍動の可能性を現実の姿へと変えていくプロセスがあるに違いない。

詩劇「エンペドクレスの死」(一七九九年)は、細切れに構想していたものを、ある段階で一挙に作品にしたものである。戯曲の台本のようになっており、実際映画にもなっている。人物像は、典型的な自然哲学者である。だが自然を論じる哲学者ではなく、自然のなかで、自然とともに生きる哲学者である。「生きていらっしゃる? そうですわ! 生きていらっしゃるわ! あのかたは/遠い野を昼となく夜となく歩いていらっしゃるわ。あのかたの身を覆う屋根は/雷雲だし、あのかたのおやすみになる寝床といえば/地面なのですわ。風があのかたの髪の毛を吹きまくり、/雨が涙といっしょになってお顔からしたたり落ち、/あのかたが影もない砂漠を行かれるときには、/お着物はやがて暑い真昼に/太陽が乾かしてくれるのですわ。/あのかたは歩きなれた道はお求めにならずに、岩山のなかで/獲物によって身を養っていて/あのかたと同じようにうとんじられ、みんなからうさんくさく思われている人々、/そういう人々のところへ行かれるのです。その人々は呪いのことはなにも知らずに、/あのかたに自分たちの粗末な食物を与えて、/また先のさすらいのための体力をつけてあげるのです。/こんなふうにあのかたは生きていかれる! 悲しいこと! それもたしかではないのよ!」(III 291) これは人間の制度や人間の習性を超えてなお生きていることの自然性に即した生である。あるいは社会から脱し、人間であることの時代的な限定を一挙に超え出てしまうことのある種のプロトタイプでもある。

エンペドクレスが死を選ぶ理由は、ことさら明確にならない。だが記憶に残る名言はある。「おそすぎないうちに自分の力でわかれのときを/選んだ者たちだけが、いつまでも一体となっているのだ。」（Ⅲ 315）「過ぎ去る！　とどまるということは／氷に閉ざされた流れのようなものではないか。／愚かなことだ！　聖なる生の霊がいったい／どこかで眠ってとどまっていることがあろうか？／そしてそれを、あの純粋なものを、おまえが束縛しておけるとでも思うのか？／つねに変わることなく喜ばしいものは、決して／牢獄のなかでいたずらに不安におののいていたり、／絶望して自分の場所にぐずぐずしていたりはしないのだ。どこへ、とたずねるのかね？　それは世界の歓喜のなかを／渡り歩かなくてはならないのだ、そして終わりはない。」（Ⅲ 336）

死とは、この終わりのない渡り歩きのことである。終わりがあるのは観察者にとってだけである。不安や絶望のような人間的な感情に浸るのではなく、むしろまったく別様に経験を動かすのである。この別様にという経験の場所が「自然」であり、経験の動きのモードは生存そのものに根ざした「詩的」ということである。そのため詩的に生きるということは、言語の問題ではなく、表現の問題でもない。散文的に描けば、なにか別のことを描いてしまい、論理的に語ったのでは傍らを通り過ぎてしまうような経験がある。このときそれじたいで詩的であることは、言語の生にとって一種の運命である。

ヘルダーリンは、イエナに滞在して、フィヒテの授業を聴き、人間の内奥の真髄を知ったと思い、ひとときき興奮性の感動に占められた時期がある。当地で、シェリングにもヘーゲルにも出逢っている。同年齢のヘーゲルとは、チュービンゲンの神学校で同窓生でもあった。ヘルダーリンには、一時、強い哲学癖があった。それは例外的なことではなく、一七九〇年代の前期ロマン主義と呼ばれる時期の文学者は、いずれもかなり哲学的であり、哲学者以上に哲学的であった。「ドイツ観念論最古の体系構想」はヘーゲルの草稿一覧のなかに含まれるが、書誌的にこの文章は当初ヘルダーリンが書き、ヘーゲルが書き写してそのままになったことが明らかになっている。

ヘルダーリンは、なんらかの理由で、哲学から一挙に撤退する。そのあたりの事情をうかがわせる文章や書簡は残っていない。だが間接的に推測することはできる。「『詩』はと、わたしは自信をもって答えた。『哲学の発端であり終わりである。ミネルヴァがユピテルの頭から生まれたように、哲学は無限にして神的な存在の詩的表現から発生したのだ。そういうわけで、神秘な源泉では別れていたものが、結局また詩において合流するのだ』」(Ⅲ 74)。これはヒューペリオンがディオティーマに語る一節である。神的な存在と哲学は、詩において合一する。だがどのような意味で合一するのかは、別の問題である。哲学的冷静さと情熱の合一ではない。また洞察と行為の合一でもない。

人間の場合、論理的に一般化したり、特殊化したりするが、いずれもことがらの固有性からはずれてしまう。瞬間における経験の統一という事態は、論理的配置や論理的機構のなかに組み込みようのない事態である。しかもそれはそもそも言語になじまない事態でもある。瞬間の言語は存在しないからである。ヘルダーリンは、その存在しようのない言語を語りだすのである。こうしたトリックさえもなお哲学の影を帯びている。「存在しない言語」とは、配置できない経験を配置することの限界で語っているだけだからである。ここではすでに哲学に留まることとの不可能な地点が、示唆され、また実際に到達されてもいる。哲学的な図式で配置をあたえることによっては、まさに不連続点になってしまう経験がある。どのように言葉を尽くして語っても到達できないことがある。

そしてその地点でしか実行できない経験がある。その一つが、最高の敵意による最高の和解である。

　言語とともにある経験の進行のなかで経験は組織化され、まさに言語とともにあることによって経験は普遍化されて、ただちに筋違いの局面へと入る。このとき言語をつうじて語ったのでは、すでに経験は普遍化された局面を動いているだけであり、経験は一つの惰性である。このとき言語を拒否するのではなく、言語の普遍化と普遍化への寄りかかりだけを括弧入れするやり方があるに違いない。言葉がすでに呪縛であれば、呪縛を解くだけではなく、呪縛とともにある経験のさなかで、呪縛との間に隙間を開き、なお語りだせる言語があるに違いない。

　一般的にいえば、ヘルダーリンの経験は、創発そのものの瞬間を捉えようとする言語であり、繰り返し創発の場面に触れ、創発の現実性に留まろうとする言語である。創発のさなかにみずからあることを、ヘルダーリンは「個体」と呼んだのである。だが創発は、瞬くまに掻き消されるか、繰り返しの惰性のなかで一般化してしまう。そのことに敏感だったヘルダーリンは、繰り返し個体へと向かおうとした。一点で立つ三角錐や、空間の内から空間へと出現する稲妻のような光や、言葉そのものの生まれる瞬間や、はじめて立ち上がる幼児のように、出現のさなかにおいて出現することじたいを個体と呼び、繰り返しその場所に向かおうとした。こうした場面では、身体そのものも変容し、神経さえも解体させて、なおそこから生まれていくものにみずからなるような緊迫感がある。それこそヘルダーリンが詩人である証であった。そこにはときとしてリズムがあり、身の丈を超える速度あり、そして予想外の解体がある。そしてそうしたなかにあってみずから自身に隙間を開くことはできる。だが天性の性急さと体調の悪さから、ヘルダーリン自身は、こうした隙間を開くことはなかったように思われる。天性の性急さで、苦しい時には休むべきところを、さらにみずからを追い込んでしまい、回復に代えてみずからを消尽したのである。そしてそのことを運命のようにみずからに課したのである。だがそれ以外にもいくつもの選択肢があったはずである。

休養は、怠惰でもなければ、仕事の先送りでもない。新たな選択を獲得するためには、必死になっている自分自身との隙間を開かなければならない。極端な集中と緊張のさなかにあっても、なお別様に自分を感じ取ることのできる隙間はある。そのために、自分自身の過去の作品を何度も想起しながら、それを再組織化することはできる。想起とは過去に生きることではない。想起をつうじた経験の再組織化によって、現在の自分自身との隙間を開き、新たな選択肢を獲得することができる。その意味で想起とは、自分自身の未来を拓くことでもあり、次の踏み出しを感じ取ることでもある。そして毎日の日常で、ほんのごく些細な、これまでやったことのない身体動作を導入してみることができる。横に歩いてみるとか、後ろ向きに歩いてみるとかでもよい。多くの身体感覚が出現してくるはずである。

こうして希望の内実が、どこに実を結ぶのかがおよそわかってくる。システム的な経験は、どのような哲学的な配置やシステムの機構での説明があたえられたとしても、まさにそれを括弧入れすることによって、一歩踏み出すことが必要となる。この踏み出しをおのずと行なってしまうものこそ、詩人である。このとき哲学の図式やシステムの機構にしたがって、それに合わせて踏み出しが行なわれるのではない。そのときあらかじめ目標とされたことがあるにしても、それが結果として到達されるように踏み出すのである。だがそのときまさに結果として目標が到達されるだけではない。目標に到達するとはどのようなことなのかの理解をも手にしている。その理解は、目標に到達するには多くの回路があること、そのことはプロセスの継続の予期を含んで、行為的な選択をつうじて実行されること、まさにそのことによって到達された目標は、つねに次のステップとなることである。プロセスのさなかでの選択のためには、みずから自身の高揚においてさえ、隙間を開く訓練が必要となる。意識の本性に照らして、選択のための隙間を開くのである。そこから現実の経験の展開は、詩人にはなおすべて残されたままだったのである。こうしてあとにはシステムの作動だけが残される。

# 注

## 序章

（1）イメージ全般については、以下を参照。乾敏郎『イメージ脳』（岩波書店、二〇〇九年）、ジュゼッペ・カリオーティ『イメージの現象学』（鈴木邦夫訳、白揚社、二〇〇一年）、乾敏郎・安西祐一郎編『イメージと認知』（岩波書店、二〇〇一年）。

（2）「現実性」という言葉の範囲は、かなり広い。この語の多義性、多面性にかかわる分析としては、以下を参照。入不二基義「現実の現実性」（西日本哲学会編『哲学の挑戦』春風社、二〇一二年所収）。

（3）半側無視は、脳損傷時には比較的よく出現する。そうだとすると正常時にもこうした無視が広く関与しているだろうと想定される。ロバートソン、ハリガン『半側空間無視の診断と治療』（佐藤貴子・原寛美訳、診断と治療社、二〇〇四年）参照。

（4）ミシェル・アンリは、この現われなさを現象学的に問い続ける試みを行なった。もっともわかりやすい著作は、以下である。ミシェル・アンリ『身体の哲学と現象学』（中敬夫訳、法政大学出版会、二〇〇〇年）、同『見えないものを見る』（青木研二訳、法政大学出版局、一九九九年）、またポール・オーディ『ミシェル・アンリ』（川瀬雅也訳、勁草書房、二〇一二年）も参照。なお生命的働きについての考察として、アンリは、メーヌ・ド・ビランをみずからに先行するものと考えていた。メーヌ・ド・ビラン『人間の身体と精神の関係』（掛下栄一郎監訳、早稲田大学出版部、一九九七年）、同『人間学新論』（増永洋三訳、晃洋書房、二〇〇一年）参照。

（5）ダーヴィッド・カッツ『触覚の世界』（東山篤規・岩切絹代訳、新曜社、二〇〇三年）、新田義弘『思惟の道としての現象学』（以文社、二〇〇九年）、特に第二部参照。

## 第一章

（1） このあたりの議論については、以下を参照。岩村吉晃『タッチ』（医学書院、二〇〇一年）、山口創『皮膚感覚の不思議』（講談社・ブルーバックス、二〇〇六年）、篠原正美「触覚の生理学」、清水豊「触覚の心理物理学」（内川恵二編『聴覚・触覚・前庭感覚』朝倉書店、二〇〇八年所収）。樋口貴広・森岡周『身体運動学』（三輪書店、二〇〇八年）、仲谷正史・筧康明・白土寛和『触感をつくる』（岩波書店、二〇一一年）、また Yuta Ogai, Ryoko Uno and Takashi Ikegami, "From Active Perception to Language", in: *The 3rd International Symposium on Mobiligence*, pp. 382-386, 2009.

（2） 中原中也「いのちの声」（吉田熙生編『中原中也全詩歌集 上』講談社、一九九一年）。引用は、現代語表記に代えてある。

（3） カルロ・ペルフェッティ、宮本省三、沖田一彦『認知運動療法』（小池美納訳、一九九八年）、またペルフェッティ『身体と精神』（小池美納訳、宮本省三・沖田一彦監訳、協同医書出版、二〇一二年）参照。ペルフェッティとともに認知運動療法の開発を進めてきた理学療法士フランカ・パンテによれば、この医師とセラピストの出会いの場面（一九六〇年代）で、すでにペルフェッティは、閉眼で物に触る訓練を行なっていたようである。池田由美『認知神経リハビリテーションの歴史的展開と可能性』（博士論文、二〇一二年）第二章。ここではパンテへのインタヴューをもとに、認知運動療法の歴史的展開が概観されている。

（4） メルロ＝ポンティ『知覚の現象学』（竹内芳郎・小木貞孝訳、みすず書房、一九六七年）、同『見えるものと見えないもの』（滝浦静雄・木田元訳、みすず書房、一九八九年）、またアラン・コルバンほか監修『身体の歴史Ⅰ』（鷲見洋一監訳、藤原書店、二〇一〇年）参照。

（5） 河本英夫『メタモルフォーゼ——オートポイエーシスの核心』（青土社、二〇〇二年）、関連するものとして、人見眞理『発達とは何か』(青土社、二〇一二年)。人見眞理は、リハビリの臨床のなかで独力で、「デュアル・エクササイズ」の構想を作り出していた。

(6) フーヴェルトゥス・テレンバッハ『味と雰囲気』(宮本忠雄・上田宣子訳、みすず書房、一九八〇年)。

(7) 松原貴子・沖田実・森岡周『ペインリハビリテーション』(三輪書店、二〇一一年)、またデイヴィド・モリス『痛みの文化史』(渡邉勉・鈴木牧彦訳、紀伊國屋書店、一九九八年)。

(8) ヴィクトール・ヴァイツゼッカー『ゲシュタルト・クライス』(木村敏・浜中淑彦訳、みすず書房、一九七五年)。

(9) ウィリアム・ジェームズ『心理学』(今田恵訳、岩波書店、一九九二年)第一三章参照。

(10) ガブリエル・ウルフ(Gabriele Wulf)『注意と運動学習』(福永哲夫監訳、水藤健・沼尾拓訳、市村出版、二〇一〇年)参照。

(11) 荒川修作、マドリン・ギンズ『建築する身体』(河本英夫訳、春秋社、二〇〇四年)、同『死ぬのは法律違反です』(河本英夫・稲垣諭訳、春秋社、二〇〇七年)。

(12) 人見眞理『発達とは何か』(青土社、二〇一二年)第九章参照。

(13) ジル・ドゥルーズ『差異と反復』(財津理訳、河出書房新社、一九九八年)、ドゥルーズ、ガタリ『アンチ・オイディプス』(宇野邦一訳、河出文庫、二〇〇六年)、また小泉義之・鈴木泉・檜垣立哉編『ドゥルーズ/ガタリの現在』(平凡社、二〇〇八年)参照。

(14) 生態心理学関連の著作は、膨大な量がある。ジェームズ・ギブソン『生態学的知覚システム』(佐々木正人・古山宣洋・三嶋博之監訳、東京大学出版会、二〇一一年)、同『生態学的視覚論』(古崎敬ほか訳、サイエンス社、一九八五年)、エドワード・リード、レベッカ・ジョーンズ編『直接知覚論の根拠』(境敦史・河野哲也訳、勁草書房、二〇〇四年)、佐々木正人・三嶋博之編訳『アフォーダンスの構想』(東京大学出版会、二〇〇一年)。

(15) 現象学の試行錯誤は断続的に続いており、それは現象学そのものが多くの課題と可能性を抱えていることに関連している。ディディエ・フランク『現象学を超えて』(本郷均ほか訳、萌書房、二〇〇三年)、ダン・ザハヴィ『フッサールの現象学』(工藤和男・中村拓也訳、晃洋書房、二〇〇三年)。

## 第二章

(1) プロップ・ロシャ『乳児の世界』(板倉昭二・開一夫監訳、ミネルヴァ書房、二〇〇四年)、ウーシャ・ゴスワミ『子供の認知発達』(新曜社、二〇〇三年)、ジャネッティ・アトキンソン『視覚脳が生まれる』(金沢創・山口真美監訳、北大路書房、二〇〇五年)、大藪泰・田中みどり・伊藤英夫編著『共同注意の発達と臨床』(川島書店、二〇〇四年)参照。

(2) ヘーゲル『精神現象学』(長谷川宏訳、作品社、一九九八年)五九―六二頁。

(3) マトゥラーナ、ヴァレラ『オートポイエーシス――生命システムとは何か』(河本英夫訳、国文社、一九九一年)、河本英夫『オートポイエーシス――第三世代システム』(青土社、一九九五年)、河本英夫『システム現象学』(新曜社、二〇〇六年)、河本英夫『臨床するオートポイエーシス』(青土社、二〇一〇年)参照。

(4) ダニエル・スターン『乳児の対人世界』(小此木啓吾・丸田俊彦監訳、神庭靖子・神庭重信訳、岩崎学術出版社、一九八九年)。また十川幸司『来るべき精神分析のプログラム』(講談社、二〇〇八年)第一章も参照。

(5) レフ・ヴィゴツキー『「発達の最近接領域」の理論』(土井捷三・神谷栄治訳、三学出版、二〇〇三年)一五―二七頁、同『子どもの心はつくられる――ヴィゴツキーの心理学講義』(新読書社、二〇〇二年)、また一般書として、明神もと子『ヴィゴツキー心理学』(新読書社、二〇〇三年)、高木光太郎『ヴィゴツキーの方法』(金子書房、二〇〇一年)参照。

（6）ジャン・ピアジェ『知能の誕生』（谷村覚、浜田寿美男訳、ミネルヴァ書房、一九七八年）第六章、他にピアジェ『認知発達の科学』（中垣啓訳、北大路書房、二〇〇七年）も参照。
（7）これらについては、加藤義信・日下正一・足立自朗・亀谷和史編訳『ピアジェ－ワロン論争』（ミネルヴァ書房、一九九六年）ことに第四章5節参照。
（8）ニコライ・ベルンシュタイン『デクステリティ――巧みさとその発達』（工藤和俊訳、金子書房、二〇〇三年）参照。
（9）H. Colman, J. Nabekura, J. W. Lichtman, "Alterations in Synaptic Strength Preceding Axon Withdrawal," *Science*, vol. 275-17, January 1997, pp.356-361.
（10）こうした機構整備に欠くことのできないいくつかの資料だけを掲げる。グザヴィエ・スロン『認知神経心理学』（須賀哲夫・久野雅樹訳、白水社、一九九五年）、ジェラルド・エーデルマン『脳は空より広いか』（冬樹純子訳、豊嶋良一監修、草思社、二〇〇六年）、クリストフ・コッホ『意識の探求』（土谷尚嗣・金井良太訳、岩波書店、二〇〇六年）、ディヴィッド・チャーマーズ『意識する心』（林一訳、白揚社、二〇〇一年）、甘利俊一監修、岡本仁編『脳の発生と発達』（東京大学出版会、二〇〇八年）、大隅典子『脳の発生・発達』（朝倉書店、二〇一〇年）、ワイルダー・ペンフィールド『脳と心の正体』（塚田裕三・山河宏訳、法政大学出版局、一九八七年）参照。
（11）たとえば多賀厳太郎「脳と行動の初期発達」（『発達心理学研究』第二二巻四号、二〇一一年）三四九―三五六頁参照。
（12）ジェラルド・エーデルマン『脳は空より広いか』（冬樹純子訳、豊嶋良一監修、草思社、二〇〇六年）参照。
（13）マトゥラーナ、ヴァレラ『オートポイエーシス――生命システムとは何か』（河本英夫訳、国文社、一九九一年）二三五―二三六頁。
（14）人見眞理「現われ考」『現代思想』（青土社、二〇〇九年一二月）二一〇―二一三頁、同「リハビリのポイエティーク」(『現代思想』青土社、二〇一〇年一〇月)一八八―一九九頁。

(15) 竹下秀子「あおむけで他者、自己、物とかかわる赤ちゃん」(『発達心理学研究』第二〇巻一号、二〇〇九年)二九―四一頁。

(16) 「鏡像段階」については、ピエール・コフマン編『フロイト&ラカン事典』(佐々木孝次監訳、弘文堂、一九九七年)、なおメルロ=ポンティ『幼児の対人関係』(木田元・滝浦静雄訳、みすず書房、二〇〇一年)も参照。

(17) ミラー・ニューロンについての議論は多い。ジャコモ・リゾラッティ、コラド・シニガリア『ミラーニューロン』(柴田裕之訳、茂木健一郎監修、紀伊國屋書店、二〇〇九年)、子安増生・大平英樹編『ミラーニューロンと〈心の理論〉』(新曜社、二〇一一年)、また発見史としては、マルコ・イアコボーニ『ミラーニューロンの発見』(塩原道緒訳、早川書房、二〇〇九年)。

(18) 共同注意については、ムーア、ダンハム(Moore & Dunham)『ジョイント・アテンション』(大神英裕訳、ナカニシヤ出版、一九九九年)、大藪泰・田中みどり・伊藤英夫編著『共同注意の発達と臨床』(川島書店、二〇〇四年)。

(19) 綾屋紗月・熊谷晋一郎『発達障害当事者研究』(医学書院、二〇〇八年)。この著作には、不思議な印象の残る箇所がある。熊谷晋一郎は、脳性麻痺であるため、多くの体性感覚は形成されていないと感じられる。ところが綾屋紗月の発するもろもろ経験に、的確な言語表現を見出し、それによって綾屋紗月は、自分にふさわしい言語を獲得していく。このプロセスは、熊谷晋一郎にとって身体感覚を二次的に獲得していくプロセスであるように思える。熊谷晋一郎『リハビリの夜』(医学書院、二〇〇九年)、綾屋紗月・熊谷晋一郎『つながりの作法』(NHK出版、二〇一〇年)も参照。

(20) 古典的な事例としては、テンプル・グランディン『自閉症の才能開発』(カニングハム久子訳、学習研究社、一九九七年)、グランディン、スカリアノ『我、自閉症に生まれて』(学習研究社、一九九三年)、ニキ・リンコ、藤家寛子『自閉っ子、こういう風にできてます!』(花風社、二〇〇四年)、軽度発達障害(アスペルガー、広汎性発達障害）については、ウタ・フリス『自閉症とアスペルガー症候群』（富田真紀訳、東京書籍、一九九六年）、青木清三『ぼくらの中の発達障害』（ちくまプリマー新書、二〇一二年）、田中康雄『軽度発達障害』（金剛出版、二〇〇八年）を参照。なお杉山登志郎編著『アスペルガー症候群と高機能自閉症の理解とサポート』（学習研究社、二〇〇二年）、マイルズ、サウスウィック『アスペルガー症候群とパニックへの対処法』（富田真紀監訳、東京書籍、二〇〇二年）も参照。

### 第三章

（1）荒川洋治『荒川洋治詩集』（思潮社、一九七六年）四〇―四一頁。

（2）Larry R. Squire（ラリー・スクワイア）『記憶と脳』（河内十郎訳、医学書院、一九八九年）特に一一章参照。なお記憶一般についての考察としては、ジェームズ・マッガウ『記憶と情動の脳科学』（大石高生・久保田競監訳、講談社、二〇〇六年）、塚原仲晃『脳の可塑性と記憶』（岩波書店、二〇一〇年）、久保田競編『記憶と脳』（サイエンス社、二〇〇二年）、山鳥重『記憶の神経心理学』（医学書院、二〇〇二年）を参照。

（3）この点については、河本英夫『システム現象学』（新曜社、二〇〇六年）、特に第五章。

（4）フランセス・イエイツ『記憶術』（玉泉八州男監訳、水声社、一九九三年）。

（5）アレクサンドル・ルリヤ『偉大な記憶力の物語』（天野清訳、岩波書店、二〇一〇年）、記憶力を強靭にするためのノウハウ本はとても多い。前野隆司『記憶』（ビジネス社、二〇〇九年）などを参照。

（6）E. Tulving, "How many memory systems are there ?" *American Psychologist*, vol.40, 1985, pp.385–398. Tulving, "E., Memory and consciousness," *Canadian Psychologist*, Vol.26, 1985, pp.1–12.

（7）スープレナント、ニース『記憶の原理』（今井久登訳、勁草書房、二〇一二年）、第二章参照。

（8）J. Jonides, et al. "The mind and brain of short-term memory," *Annual Review of Psychology*, vol. 59, 2008, pp. 193–224.

(9) 渡辺哲夫『フロイトとベルクソン』(岩波書店、二〇一二年)参照。
(10) ベルクソン『物質と記憶』(田島節夫訳、白水社、一九六五年)五一頁。
(11) 同上、五三頁。
(12) 同上、七七頁。
(13) 同上、九五―九六頁。
(14) H・リープマンについては以下を参照。宮本省三「リープマンの遺産」(『認知運動療法研究』第三号、二〇〇三年)三〇―四九頁。フランカ・パンテ『認知運動療法講義』(小池美納訳、宮本省三編集、協同医書出版、二〇〇四年)第六章。
(15) 人物誤認一般については、トッド・ファインバーク『自我が揺らぐとき』(吉田利子訳、岩波書店、二〇〇二年)第三章参照。
(16) 個体同定はすべての属性の集合のさらに先にあるという議論は、物知覚の場面でも、指示による個体特定でも同じように成立する。論理的には、属性の要素集合から個体そのものは出てこないことを起点にした議論である。新山喜嗣「Capgras 症状と私の同一性――属性を欠如する「このもの性」の視点から」(『臨床精神病理』第二二巻二号、二〇〇一年)一二九―一四五頁参照。
(17) 精神疾患を帯びた場合の頻繁に出現する人物誤認は、個体の同一性認定が、通常の場合とは異なっていると考えた方がよい。緊張病性の疾患で、頻繁に「人物誤認」風の発話が出現することがあるが、個体の同一性が特殊な指標でロックされており、それに反すれば、「偽物」だと断言されやすいと考えられる。
(18) オリバー・サックス『心の視力』(大田直子訳、早川書房、二〇一一年)一二二頁参照。サックスは、人物誤認は「失認症」の変容態だと考えている。
(19) フロイト「心理学草案」(『フロイト全集 3』総田純次訳、岩波書店、二〇一〇年)。
(20) ブロイアー「アンア・O嬢」(『フロイト全集 2』芝伸太郎訳、岩波書店、二〇〇八年)。

(21) ブロイアー、フロイト「ヒステリー諸現象の心的機制について」(『フロイト全集 2』同上) 一〇頁。
(22) 河本英夫『システム現象学』(新曜社、二〇〇六年) V章1節参照。
(23) ワーキング・メモリの障害は、かなりの部分が発達障害と重なる。トレイシー・アロウェイ『ワーキングメモリと発達障害』(湯澤美紀・湯澤正通訳、北大路出版、二〇一一年)、横田圭司ほか『発達障害における精神科的な問題』(日本文化科学社、二〇〇一年) 参照。
(24) ジルボルト・テイラー『奇跡の脳』(竹内薫訳、新潮社、二〇〇九年) 二九—四〇頁。
(25) オリバー・サックス『左足をとりもどすまで』(金沢泰子訳、晶文社、一九九四年) 一七五—一七六頁。

## 第四章

(1) ルートヴィヒ・クラーゲス『意識の本質について』(千谷七郎訳、勁草書房、一九六三年)、同『精神と生命』(平澤伸一・吉増克實訳、うぶすな書院、二〇一一年)、また中畑正志『魂の変容』(岩波書店、二〇一一年) も参照。
(2) スティーヴン・グールド『個体発生と系統発生』(仁木帝都・渡辺政隆訳、工作舎、一九八七年)、特にI章3節を参照。
(3) アルノルト・ゲーレン『人間学の探究』(亀井裕・滝浦静雄ほか訳、紀伊國屋書店、一九九九年)、またゲーレン『人間』(平野具男訳、法政大学出版局、一九八五年)、さらに関昌家・鈴木良次『手と道具の人類史』(協同医書出版、二〇〇八年) を参照。
(4) 現在の自然人類学については以下を参照。赤澤威編著『ネアンデルタール人の正体』(朝日新聞出版、二〇〇五年)、内村直行『われら以外の人類』(朝日新聞社、二〇〇五年)、印東道子編『人類大移動』(朝日新聞出版、二〇一二年)、内田亮子『生命をつなぐ進化のふしぎ』(ちくま新書、二〇〇八年)、京都大学霊長類研究所編著『新しい霊長類学』(講談社、二〇〇九年)、さらにクリストファー・ストリンガー、ロビン・

マッキー『出アフリカ記――人類の起源』（河合信和訳、岩波書店、二〇〇一年）、スティーヴン・オッペンハイマー『人類の足跡 一〇万年の全史』（仲村明子訳、草思社、二〇〇七年）。

（5）人間の発明品については、言語は当初より間主体的であるため、発明者は不明である。かりに二人の間に言語が形成されても、誰が発明者なのかは不明である。絶対超越は、繰り返し主題となるが、最近ではエマニュエル・レヴィナスが繰り返し取り上げた。絶対に届かないものを放棄すれば人間であることをやめることになるような位置から、法的戒律（モーゼの十戒）が生まれたという。

（6）アンリ・ベルクソン『創造的進化』（真方敬道訳、岩波書店、一九七九年）第四章、五章参照。

（7）ルートヴィヒ・クラーゲス『リズムの本質』（杉浦実訳、みすず書房、一九七一年）。

（8）成瀬悟索『動作療法』（誠信書房、二〇〇〇年）、同『動作のこころ』（誠信書房、二〇〇七年）。

（9）成瀬悟索『姿勢の不思議』（講談社、一九九八年）。

（10）ダニエル・デネット『解明される意識』（山口泰司訳、青土社、一九九八年）、同『心はどこにあるのか』（土屋俊訳、思草社、一九九七年）。

（11）チャーマーズ『意識する心』（林一訳、白揚社、二〇〇一年）、またスーザン・ブラックモア『「意識」を語る』（山形浩生・守岡桜訳、NTT出版、二〇〇九年）参照。

（12）クリストフ・コッホ『意識の探求』（土谷尚嗣・金井良太訳、岩波書店、二〇〇六年）。

（13）エーデルマン『脳は空より広いか』（豊嶋良一監修、冬樹純子訳、草思社、二〇〇六年）。

（14）『土方巽全集I』（河出書房新社、一九九八年）一七〇頁、また稲田奈緒美『土方巽 絶後の身体』（NHK出版、二〇〇八年）、田中泯『僕はずっと裸だった』（工作舎、二〇一一年）を参照

（15）土方巽『病める舞姫』（白水社、一九九二年）七頁。

（16）ニジンスキー『ニジンスキーの手記』（鈴木晶訳、新書館、一九九八年）五〇頁。また鈴木晶『ニジンスキー 神の道化』（新書館、一九九八年）も参照。

(17) プッチーニ、ペルフェッティ『子どもの発達と認知運動療法』(小池美納・松葉包宣訳、宮本省三・沖田一彦監訳、協同医書出版、二〇〇〇年)。

(18) 大野一雄『稽古の言葉』(フィルムアート社、一九九七年)、なお大野一雄ほか『大野一雄』(青樹社、一九九七年)、大野一雄舞踏研究所『大野一雄 百年の舞踏』(フィルムアート社、二〇〇七年)、大野慶人・大野一雄舞踏研究所『大野一雄 魂の糧』(フィルムアート社、一九九九年)を参照。

(19) 三上賀代『器としての身體』(ANZ堂、一九九三年)、また土方巽アーカイヴ編『土方巽[舞踏]資料集』(慶應義塾大学アート・センター、二〇〇〇年)、鷲見洋一・前田富士男ほか『〈バラ色ダンス〉のイコノロジー』(慶應義塾大学アート・センター、二〇〇〇年)、森下隆『土方巽 舞踏譜の舞踏』(慶應義塾大学アート・センター、二〇一〇年)、志賀信夫編『Corpus No.4 身体表現批評 特集土方巽』(書苑新社、二〇〇八年)参照。

## 第五章

(1) グレゴリー・ベイトソン『精神の生態学 下』(佐藤良明・高橋和久訳、思索社、一九八七年)、特に「学習とコミュニケーションの論理的カテゴリー」参照。

(2) 荒川修作、マドリン・ギンズ『建築する身体』(河本英夫訳、春秋社、二〇〇四年)参照。またマドリン・ギンズ+荒川修作『ヘレン・ケラーまたは荒川修作』(渡辺桃子訳、新書館、二〇一〇年)も参照。

(3) レジリアンスについては、加藤敏・八木剛平編著『レジリアンス――現代精神医学の新しいパラダイム』(金原出版、二〇〇九年)、小林聡幸『行為と幻覚』(金原出版、二〇一一年)、また日本サンゴ礁学会編『サンゴ礁学』(東海大学出版会、二〇一一年)、加藤敏編『レジリアンス・文化・創造』(金原出版、二〇一二年)も参照。

(4) 岩佐庸ほか編『生態学事典』(共立出版、二〇〇三年)一三二頁左列。

（5）水島昇『オートファジーの謎』（PHPサイエンス・ワールド、二〇一一年）。
（6）レヴィ＝ストロース『野生の思考』（大橋保夫訳、みすず書房、一九七六年）。
（7）クレーについては、作品を一挙に完成させないための多くの工夫をもっていたと思われる。アトリエを五個所ほどに分散させ、作りかけの作品をつねに宙吊りにしたまま、巡回しながら少しずつ手を入れていくのである。なおケルステン監修、池田祐子・三輪健仁編『パウル・クレー』（日本経済新聞社、二〇一一年）、前田富士男『パウル・クレー　造形の宇宙』（慶應義塾大学出版会、二〇一二年）も参照。
（8）ゲーテについては、河本英夫『ゲーテ自然学再考』（海鳴社、一九八四年）、また向井周太郎『生とデザイン』（中公文庫、二〇〇八年）、石原あえか『科学する詩人』（慶應義塾大学出版会、二〇一〇年）、また二見史郎『ファン・ゴッホ評伝』（みすず書房、二〇一〇年）を参照。
（9）寺田寅彦については、池内了編『寅彦と冬彦』（岩波書店、二〇〇六年）、池内了『寺田寅彦と現代』（みすず書房、二〇〇五年）、また次項の選択性については、彦坂敏明・村山悟郎『Trans Complex 情報技術時代の絵画』（京都芸術センター、二〇一二年）。
（10）R. J. Nude, B. M. Wise, F. F. SiFuentes, G.W. Milliken, "Neural Substrates for the Effects of Rehabilitative Training on Motor Recovery After Ischemic Infarct," *Science*, vol. 272, 1996, pp.1791–1794.
（11）認知機能を有効に活用する試みとしては、典型的にはイタリアのサントルソで「認知神経リハビリテーション」を展開したカルロ・ペルフェッティの構想がある。ペルフェッティ『脳のリハビリテーション』（小池美納訳、沖田一彦・宮本省三監訳、協同医書出版社、二〇〇五年）、またフランカ・パンテ『認知運動療法講義』（小池美納訳、宮本省三編集、協同医書出版、二〇〇四年）、宮本省三『リハビリテーション・ルネッサンス』（春秋社、二〇〇六年）、ピエローニ、フォルナーリ『「認知を生きる」ことの意味』（小池美納訳、沖田一彦編集、二〇〇三年）も参照。また基本的な運動能力のある者に対して、環境情報からの制御を行なうような認知訓練の活用は、以下を参照。柏木正好『環境適応』（青海社、二〇〇四年）、さらに森岡周

『リハビリテーションのための神経生物学入門』（協同医書出版、二〇一三年）、久保田競・宮井一郎『脳から見たリハビリ治療』（講談社、二〇〇五年）を参照。

（12）身体行為と世界とのかかわりについては、石合純夫『高次脳機能障害』（医歯薬出版、二〇〇三年）、山鳥重ほか編『高次脳機能障害マエストロシリーズ第一巻　基礎知識のエッセンス』（医歯薬出版、二〇〇八年）、鈴木孝治ほか編『高次脳機能障害第四巻　リハビリテーション介入』（医歯薬出版、二〇〇六年）、マイヤーズ『右半球損傷』（宮森孝史監訳、協同医書出版、二〇〇七年）、動作形成については、中澤公孝『歩行のリハビリテーション』（杏林書院、二〇一〇年）、パトリシア・デイヴィス『ライト・イン・ザ・ミドル』（冨田昌夫監訳、額谷一夫訳、シュプリンガー・ジャパン、一九九一年）、土屋和雄・高草木薫・荻原直道編著『身体適応』（オーム社、二〇一〇年）、発達障害についてはフェリシエアフォルター『パーセプション』（冨田昌夫監訳、額谷一夫訳、シュプリンガー・フェアラーク東京、一九九三年）、片麻痺のような複合障害については、岩崎正子「急性期における成人片麻痺治療に関して」（『神経現象学リハビリテーション研究』第一巻、二〇一二年）一七―三四頁。

（13）池田由美「認知神経リハビリテーションの歴史的展開と可能性」（博士論文、二〇一二年度）、特に第六章。

（14）ヒューリングス・ジャクソンについては、アンリ・エー『ジャクソンと精神医学』（大橋博司ほか訳、みすず書房、一九七九年）参照。精神科医クラウス・コンラートの言う「乗り越え」は、反省ではなく、別様の経験のモードに移行することである。コンラート『分裂病のはじまり』（山口直彦ほか訳、岩崎学術出版、一九九四年）参照。

（15）稲垣諭『リハビリテーションの哲学あるいは哲学のリハビリテーション』（春風社、二〇一二年）。

（16）人見眞理『発達とは何か』（青土社、二〇一二年）。

（17）マトゥラーナ、ヴァレラ『オートポイエーシス――生命システムとは何か』（河本英夫訳、国文社、一九九一年）。

(18) 河本英夫『オートポイエーシスの拡張』(青土社、二〇〇〇年、eブック、アマゾンジャパン、二〇一三年)。
(19) 河本英夫『システム現象学』(新曜社、二〇〇六年)。
(20) プログラムの設定では、イムレ・ラカトシュに倣えば、中心にニュートンの三法則のようなコアがあり、その周辺に応用事例の集合がある。応用事例の蓄積が、プログラムの前進である。しかしコアを組み替えながら全体的な見え姿を変えて、なお進み続けるプログラムは存在する。
(21) オートポイエーシスをある種の記述的枠取りとして活用する議論では、議論にばらつきが生まれやすい。興味深いものだけを取り上げておく。西垣通『基礎情報学』(NTT出版、二〇〇四年)、同『続 基礎情報学』(NTT出版、二〇〇八年)、同『集合知とは何か』(中公新書、二〇一三年)、小松丈晃『リスク論のルーマン』(勁草書房、二〇〇三年)、福井康太『法理論のルーマン』(勁草書房、二〇〇二年)、石戸教嗣『ルーマンの教育システム論』(恒星社厚生閣、二〇〇〇年)、佐藤俊樹『意味とシステム』(勁草書房、二〇〇八年)。
(22) 河本英夫『メタモルフォーゼ——オートポイエーシスの核心』(青土社、二〇〇二年、eブック、アマゾンジャパン、二〇一三年)。
(23) マトゥラーナ、ヴァレラ、前掲 (17) 二三一頁。
(24) メイナード・スミス、エレーズ・サトマーリ『進化する階層』(長野敬訳、シュプリンガー・フェアラーク東京、一九九七年) 第四章参照。
(25) 河本英夫『オートポイエーシス——第三世代システム』(青土社、一九九六年) 二〇七頁参照。

## 終章

(1) 本文中の頁表記は、邦訳された『ヘルダーリン全集』(全四巻、河出書房新社、一九六六年。新装版、二〇〇七年) の巻数と頁である。

# あとがき

日々の生活のなかでも、どこか自明なことに思えて、ほとんど気にもかけずにいることがらは多い。そのなかにも、決定的に個々の経験にかかわってしまっているものがある。たとえば発達は、定常発達したものにとっては、ふだんはまったく感じ取ることもできない。それでも時として「老い」が急に加速したとき、はじめてそれとして自分自身に感じられるようになる。老いを成熟や熟練と言い換えても、本当のところあまり差はない。自分自身にとってかつてのような経験の速度感がなく、自在な躍動も感じられない。だがなにかのっそりという感じで経験は動き続けている。こうした場面で、発達の否応のなさ、紛れもなさを感じ取ることがある。こうしたことがらは、通常は制御の仕方がわからないために疑似自然的なものに見える。そこには感触としてしか感じ取れないが、決定的に経験に関与しているような特質があるに違いない。ここ数年、私自身は二度の大きな手術を経ているが、こうした主題は手術前後から一貫して考えてきたものである。

本書は、そうした特質を組み込んだ経験を考察するために、触覚性感覚、発達、記憶、動作、さらには能力の形成を取り上げている。いずれも生にとって最も重要なことでありながら、それとして単独で取り出すことができないために、難題中の難題となっている。たとえば記憶は、ほぼすべての経験に関与しているはずだが、どこまでが記憶でどこから先が新たな経験なのかを判別することは難しい。それによって認知科学的な実験事実を確定するために、大幅な制限が生じており、容易なことでは解明できない領域になっている。こうした記憶の固有性を判別できないことが、むしろ記憶そのものが有効に機能するために必要なのだと思えるほどである。そのため手法としては、経験のさなかで経験を内的に分析していく現象学を、さらに拡張しながら進むことになった。その場合でも、本来現われてこないものを何度も現われの一歩手前まで呼び出すようにして考察していくよりなかった。

こうしたテーマでは、オートポイエーシスの定式化をもう一段階、組み替えて進む必要が感じられた。ここでの変更も、小さなものではない。というのもオートポイエーシスの仕組みから見て、触覚、発達、記憶、動作、能力が何であるかを記述し、それらがわかるだけではなく、どのようにしてそれらを再組織化し、有効に作動させるかまで踏み込まなければならないからである。つまりオートポイエーシスは、認知だけではなく、実践的行為（調整能力）の形成や新たな能力（制作）の形成にまで踏み込まなければならないのである。そのさい、認知、実践的行為、制作へと下降するのではなく、むしろ制作、実践的行為、認知へと組織化しながら上昇していくことが必要となる。そして本書は、そうした課題に敢然と踏み込んだつもりである。

素材としては、リハビリ関係や精神医学関係のデータ、さらには認知科学、神経システムの議論、さらにはさまざまな哲学の構想を活用した。システムのあり方を描くためには、こうした多くの領域での材料を欠くことができない。本書は経験のベースをリハビリのデータに置き、そこから人間、社会、世界への考察の仕方を試行錯誤したものである。

ここ数年の間に、世界レベルの能力を備えていた、私の「相棒」とよぶべきパートナーたちが相次いで亡くなった。荒川修作は、二〇一〇年五月に、声も出なくなり最後は呼吸もできなくなって死んだ。理学療法士の人見眞理は、二〇一二年二月に、肺炎をこじらせて死んだ。肺炎は、ガン、脳卒中につぐ第三位の死亡原因である。彼らとは、膨大な時間をかけて議論を続けた。彼らの書き残したものは、多いとは言えない。しかし会話のなかでは、とても多くのことが話題となり、語り残していた。それらについては本書のなかでできるだけ組み込むようにした。

今回も、多くの人の協力の下に作業を進めた。花村誠一（東京福祉大）さんとは、カップリングの状態が長期間続いている。加藤敏（自治医大）さんとは、何度もさまざまな企画を協力して行なった。また稲垣諭（自治医大）、池田由美（首都大学）、岩崎正子（都立多摩総合医療センター）、大越友博（芳賀赤十字病院）の各氏とは、神経現象学リハビリテーション研究センターの運営で、絶えず協力して作業を行なっている。そこには多くの一般会員の協力もある。また認知運動療法のメンバーとは機会に応じて、協同作業が続いている。それ以外にも、池上高志（複雑系物理学）、木本圭子（複雑系アート）、緒方登士雄（動作療法）の各氏とは、常日頃協力を続けている。各氏には記して感謝したい。

本書は、時に応じて書いてきた多くの元原稿を部分的に組み込みながら、何度も再編し、書き足した草稿群から成っている。初出の姿を留めているものはほとんどないが、組み込まれている元稿の書誌的事項を示しておきたい。過去の草稿群は、実際、想起するたびに再編されてきている。

第一章　「創発と現実性」（『思想』二〇一〇年七月）、「痛みのシステム現象学」（『現代思想』二〇一一年八月）
第二章　「発達論の難題」（『発達心理学研究』第二二巻、二〇一一年）
第三章　「精神療法はどこに向かっているのか」（『臨床精神病理』二〇一一年九月）
第四章　「言語は身体に何を語るかⅠ」（『白山哲学』二〇一一年三月）、「経験の可能性の拡張とレジリアンス」（『日本病跡学会誌』二〇一一年一二月）
第五章　「生命システムの論理」（『現代思想』（二〇一二年七月）、「臨床美術の可能性」（『臨床美術ジャーナル』二〇一二年一〇月）
終　章　「人類の社会実験――ヘルダーリン『エンペドクレース』」（『現代思想』二〇一一年六月）、「詩人という使命Ⅰ」（『白山哲学』二〇一二年三月）

末尾になるが、今回も新曜社編集部の渦岡謙一さんには、ひとかたならずお手数をとっていただいた。いつものように丹念な読み込みをやっていただいた。それでもなお謎の残り続けている箇所は、そもそもことがらがそうしたものだと理解してやっていただいたと思う。つまり編集としては、余分な作業までやっていただいたことになる。衷心より、感謝の言葉を送りたい。

二〇一三年一二月

河本英夫

## ま　行



## や　行



## ら　行



## わ　行

## は　行

## な　行

## た　行

# 事項索引

## ナ　行



## ハ　行



## マ・ヤ　行



## ラ・ワ　行

# 人名索引

**著者紹介**

河本英夫（かわもと ひでお）

1953年、鳥取県生まれ。1982年、東京大学大学院理学系研究科博士課程修了。1996年、東洋大学文学部教授（現在に至る）。
主な著書：『自然の解釈学――ゲーテ自然学再考』（海鳴社）、『諸科学の解体――科学論の可能性』（三峰書房）、『オートポイエーシス――第三世代システム』（青土社）、『オートポイエーシス2001』（新曜社）、『オートポイエーシスの拡張』（青土社）、『メタモルフォーゼ――オートポイエーシスの核心』（青土社）、『遍在の場・奈義の龍安寺・遍在する身体』（奈義町現代美術館）、『システム現象学――オートポイエーシスの第四領域』（新曜社）、『哲学、脳を揺さぶる――オートポイエーシスの練習問題』（日経 BP 社）、『飽きる力』（NHK 出版）、『臨床するオートポイエーシス』（青土社 ）など。
主な翻訳：ダント『物語としての歴史』（国文社）、マトゥラーナ、ヴァレラ『オートポイエーシス』（国文社）、ヤニッヒ『制作行為と認識の限界』（共訳、国文社）、荒川修作・マドリン・ギンズ『建築する身体』（春秋社）、荒川修作・マドリン・ギンズ『死ぬのは法律違反です』（共訳、春秋社）など。

**損傷したシステムは　いかに創発・再生するか**
オートポイエーシスの第五領域

初版第1刷発行　2014年3月3日

著　者　河本英夫
発行者　塩浦　暲
発行所　株式会社 新曜社
〒101-0051 東京都千代田区神田神保町3-9
電話（03）3264-4973・Fax（03）3239-2958
E-mail:info@shin-yo-sha.co.jp
http://www.shin-yo-sha.co.jp/
印刷所　亜細亜印刷
製本所　イマヰ製本所


ISBN978-4-7885-1370-9　C1010